U0874723

本书既是“智慧出版时代报告”高端论坛的成果展现，也是融合出版的一次具体实践。

智慧出版时代报告

『献礼建党百年，致敬「十四五」』特别奉献

国家新闻出版署智慧出版与知识服务重点实验室
广东高等教育出版社 组编

杨海平 柯积荣 张新新 主编

广东高等教育出版社
Guangdong Higher Education Press
·广州·

图书在版编目（CIP）数据

智慧出版时代报告／杨海平，柯积荣，张新新主编. —广州：广东高等教育出版社，2023.4

ISBN 978-7-5361-7357-6

Ⅰ. ①智…　Ⅱ. ①杨…　②柯…　③张…　Ⅲ. ①电子出版物—出版工作—研究报告—2021—2022　Ⅳ. ① G237.6

中国版本图书馆 CIP 数据核字（2023）第 009159 号

出版发行	广东高等教育出版社
	地址：广州市天河区林和西横路
	邮编：510500　营销电话：（020）87553335
	http://www.gdgjs.com.cn
印　　刷	广东信源文化科技有限公司
开　　本	787 毫米 ×1 092 毫米　1/16
印　　张	15
字　　数	286 千
版　　次	2023 年 4 月第 1 版
印　　次	2023 年 4 月第 1 次印刷
定　　价	168.00 元

前言

在中国共产党建党百年和“十四五”开局之际，为回顾总结我国数字出版业的发展历程和发展成果，汲取时代力量，谋划数字出版高质量发展新格局，推动我国数字出版向智慧出版新时代迈进，一场以“献礼建党百年，致敬‘十四五’，智慧出版时代报告”为主题的高端论坛活动从2021年12月启动以来，引起出版传媒界的广泛关注。该论坛活动由国家新闻出版署智慧出版与知识服务重点实验室和广东高等教育出版社主办，南京大学出版研究院、重庆市委党建门户网“七一客户端”协办，北京北大方正电子有限公司、广东时代传媒集团有限公司、珠海启裕软件科技有限公司等协助。国家新闻出版署智慧出版与知识服务重点实验室主任、南京大学出版研究院副院长杨海平教授，全国数字出版主任联盟副秘书长、广东高等教育出版社数字出版中心主任柯积荣编审共同主持了系列报告。

本次高端论坛分16期持续举行，每期特邀一位专家以线下或线上的方式进行主讲，分别是中宣部出版局原副局长、一级巡视员、编审、中国画报协会会长刘建生，中国新闻出版研究院数字出版研究所所长、三级研究员、编审王飚，江苏凤凰出版传媒股份有限公司副总经理、编审、南京大学客座教授宋吉述，北京北大方正电子有限公司副总裁、中国音像与数字出版协会常务理事兼融合出版工委副主任刘长明，全国政协委员、中国新闻出版研究院院长魏玉山，韬奋基金会理事长、中国出版协会副理事长、中国出版集团公司原总裁、南京大学出版研究院院长聂震宁，全国政协委员、中国图书进出口（集团）有限公司总经理、国际出版商协会（IPA）版权保护委员会委员、中国音像与数字出版协会常务理事林丽颖，高等教育出版社副总编辑、编审、中国音像与数字出版协会副理事长、全国新闻出版信息标准化技术委员会委员张泽，人民教育出版社党委常务副书记、人教数字出版公司董事长、人教数字教育研究院院长、编审、中国音像与数字出版协会副理事长王志刚，社会科学文献出版社副社长、中国音像与数字出版协会常务理事、北京市新闻出版广电行业领军人才、北京印刷学院硕士生导师谢炜，中宣部传媒监管局原局长、原国家新闻出版广电总局新闻报刊司司长、学术出版新技术应用与公共服务实验室主任、中国期刊协会副会长李军，中共重庆市委当代党员杂志社总编辑、编审、中国期刊协会副会长、南京大学等高校硕士研究生导师杨树弘，中宣部文改办原副主任、一级巡视员高书生，南京大学出版社社长、编审、中国大学出版协会副理事长、华东地区大学出版协会理事长、教育部出版专业教指委秘书长金鑫荣，上海理工大学教授、博士生导师、中国画报协会副会长张新新，南京大学出版研究院副院长、教授、博士生导师、国家新闻出版署智慧出版与知识服务重点实验室主任杨海平。

论坛得到了许多优秀出版集团的大力支持，其中广西出版集团积极组织旗下各家公司人员参会，将论坛作为其继续教育模块的重要组成部分。论坛受到了政产学研用各界的高度重视，先后得到《中国新闻出版广电报》、学习强国、中国社会科学网、网易新闻等60余家主流媒体报道。

论坛于2022年8月19日闭幕。闭幕会上，中宣部出版局安乐处长发表讲话，对这次高端论坛的精心策划组织、广泛宣传发动以及所取得的成效给予高度评价和充分肯定。他指出："举办这样一个站位高、水平高的论坛，以智慧出版为主题，回顾历史，展望未来，对我们贯彻落实出版业'十四五'规划和出版深度融合的实施意见，推动数字出版高质量发展有着积极意义。这次论坛最显著的特点就是名家云集，各位专家倾囊相授，为我们提供了一系列定位准确、方向明确、深入浅出、引人入胜的精彩讲座。系列论坛一经播出，取得了很好的成果，业内认可度高，反响强烈，观众踊跃参会，不仅得到了媒体的广泛关注和报道，也成为一些出版单位继续教育模块的重要组成部分，受到各界的高度重视。"并呼吁出版单位要主动作为，多举办这样的活动，办出更多质量高、影响广的学术活动，为出版业的深度融合发展做出更加积极的贡献。广东高等教育出版社党支部书记、董事长施美彬和总编辑黄红丽出席了闭幕会，施美彬在致辞中表示，本次论坛实现了前沿性、创新性、科学性、独特性的预期目标和预期成果。

为了满足业界需要，将高端论坛的学术成果予以整理，由广东高等教育出版社出版，以融合出版的形式展示各位专家的文字稿、课件和报告视频。广东高等教育出版社陈日轩、陈灏昌，实习生邓韬、杨昊佳以及南京大学研究生团队季云琪、李玲、罗德荣、覃周亚、王露莹、魏茹桑、吴瑞琳、朱小曼、朱安琪等参与了成果整理和编校的大量工作，同时参与高端论坛的筹备、组织和宣传相关工作，助力本书的成功出版和高端论坛的圆满举办。

作为学术出版的一次积极实践，南京大学杨海平教授团队和广东高等教育出版社携手合作、共同努力，力争打造一本创新性的精品融合出版物，为出版业的融合发展添砖加瓦。由于编者的水平有限，不足之处，敬请批评指正。

目 录

学习领会习近平新时代中国特色社会主义思想，扎实推进数字出版繁荣发展

刘建生

讲座时间： 2021年12月29日

主讲人简介： 刘建生，中宣部出版局原一级巡视员、副局长，编审，现任《中国大百科全书·新闻出版卷》副主编、国家新闻出版署审读员、中宣部专职巡视组长、中宣部离退休干部党支部书记、中国画报协会会长。

内容提要： 报告从党和政府对数字经济、媒介融合顶层设计的角度切入，介绍了国家对融合出版工作的重要部署；从媒介融合的意义、特点、路径、背景、框架多个方面入手，阐述了如何全面、精准、贯彻落实习近平总书记实现媒介融合的要求；从媒介融合基本原则、具体举措、政府方策三个方面展开，详细介绍了习近平总书记亲自审定的媒介融合发展文件中的具体思路；从文化建设和开拓创新两方面入手，介绍了写入党的十九届六中全会《中共中央关于党的百年奋斗重大成就和历史经验的决议》中的数字化内容；从“十四五”规划和2035年远景目标规划要求持续展开，展示了“十四五”规划中的整体安排；从发展数字经济背景、近年来我们所走过的路径、发展数字经济的理由、数字技术融合的操作，印证了数字出版发展的历史脉络。并以重庆市委党刊集团、中国激光杂志社、卓众传媒有限公司、励讯集团的案例为“他山之石”，介绍了行业内出版业融合发展的经验和启示。结合自身探索和工作体会，从1997年海燕出版社的数字融合出版实践、王选院士对海燕出版社出版数字化的指导、图书馆学家陈源蒸先生对实现复合出版的努力出发，回答了出版业应该融合什么、怎样融合等问题，总结了25年来融合出版发轫、发展实践给人们的重要启示。报告以习近平总书记的殷切寄语结尾，强调“一切创作技巧和手段都是为内容服务的”对出版工作者的特别意义，点明内容为王和创新之间的关系。

关键词： 融合出版　数字出版　媒体融合

非常高兴能有机会参加融合出版论坛，要特别感谢邵行总裁、长明副总裁和方正电子市场部的各位老师，为我们的线上线下交流提供这么好的条件，这也是我参加很多电视电话会议或者现场直播会议少有的极好场所之一。感谢杨海平院长和柯积荣主任给我这么一个机会，本来我们的主角应该是中国新闻出版研究院数字出版研究所王飚所长，他是这些方面的专家，但是一定要让我把一些政策性的内容先给大家通报，讲一讲媒介融合、数字出版理念、指导思想方面的内容，尤其是习近平总书记的重要论述和重要指示，同时谈谈我们贯彻落实的体会。我欣然接受，权且为专家的专业报告做开场。

我今天给大家汇报的主要有两个层面：第一个层面是关于融合出版的重要论述和重要安排。一是习近平新时代中国特色社会主义思想体系中关于融合出版的理论、理念和要求；二是政府方面的方策、规制和具体部署；三是融合出版的范例，点到为止，这些典型网络上都有很生动的介绍。第二个层面是融合出版的轨迹和启示。一是结合个人经历，谈谈我对数字出版、媒介融合实践的体会，因为我和我以前工作过的单位从事融合出版起步比较早，有过一段珍贵的探索和体验；二是介绍目前融合出版的顶层设计，尤其是分管出版工作的建春部长的思路和要求，明白我们要在哪些方面使劲；三是力图找到一些规律和路径，推动融合出版向纵深发展。

一、关于融合出版的重要论述和重要安排

（一）习近平总书记的重要论述

“媒介融合”这个概念是习近平总书记多次提出、多次强调的，他对融合的大背景、融合的意义、融合的形式都有很多重要指示和论述。

1. 媒介融合的意义

大家看到的“全程媒体、全息媒体、全员媒体、全效媒体”——“四全”的判断，是习近平总书记归纳出来的。在现代社会中，信息“无处不在、无所不及、无人不用”，也是他做的总结。后来，有人补充了一个“无”——“无时不有”。基于此，习近平总书记要求我们加快构建融为一体、合而为一的全媒体传播格局。出版行业的“一体化”正是从这里出发的。

2. 媒介融合的特点

习近平总书记说，这不是一个取代关系，而是迭代关系；不是谁主谁次，而是此长彼长、共同进步；不是谁强谁弱，而是优势互补。习近平总书记专门讲道，融

合不是简单的嫁接，要尽快地从相加阶段迈向相容阶段，从“我是我、你是你”变成“我中有你、你中有我”，最后成为“我就是你、你就是我”，达到完全相融。

3. 融合的具体路径

习近平总书记多次谈道，要坚持一体化发展，实现各要素有效整合，运用各种手段、方式方法，包括技术应用平台终端，实现信息内容共融共通互通。针对移动化、多向化、交互化倾向，习近平总书记提出移动优先，要求将人工智能运用到所有的过程中间去。

4. 融合的价值和意义

习近平总书记列举了网民的数量、手机网民的数量，以及上网手机的占比。现在中国网民已经达到 10.11 亿人，手机网民（用手机上网的）已经达到 99.6%。所以习近平总书记说，每个人都可能成为信息源，以前是人找信息，现在是信息找人。因此，习近平总书记要求我们全力推动媒体融合发展，使主流媒体具有强大的传播力、引导力、影响力、公信力，形成整个社会网上网下同心圆，让全体人民在理想信念、价值理念、道德观念上紧密团结在一起。

5. 融合的框架

习近平总书记讲，导向为魂，移动为先，内容为王，创新为要。这方面有很多论述，他讲到要坚持一体化发展方向，加快从相加迈向相容；实现有效融合，共赢共通；催化融合质变，放大一体效能；打造一批具有强大影响力、竞争力的新型主流媒体。

6. 融合的扩展

习近平总书记在视察高新技术企业时候专门讲道，要把我们的数字化扩大到整个数字经济范畴，加强自主创造、自主创新，发展高端制造、智能制造，把制造业和实体经济通过数字化的运作，由量大变成质强，扎扎实实向前推进。

（二）政治局集体学习时的部署

习近平总书记主持十九届中央政治局第 34 次集体学习，主题是推动我国数字经济健康发展，南京大学校长、中国科学院院士吕建教授做了现场讲解，也回答了各位委员提出的问题。习近平总书记做了重要讲话，谈了几个大的方面。

1. 数字经济的背景

习近平总书记讲，数字经济发展速度之快、辐射之广、影响之深前所未有。要充分发挥海量数据和丰富应用场景优势，促进数字技术和实体经济深度融合，赋能传统产业转型升级，推出新产业、新业态、新模式。

2. 数字经济的发展

习近平总书记回顾了我们所走过的路径，党的十八大以来，党中央高度重视数字经济，推出很多具体举措，推动互联网大数据人工智能和实体经济深度融合；建设数字中国智慧社会；推进数字产业化和产业数字化；打造具有国际竞争力的数字产业集群。

3. 发展数字经济的理由

习近平总书记从三个层面做了充分论述：数字经济事关推动构建新发展格局；数字经济事关推动建设现代化经济体系；数字经济事关推动构筑国家竞争新优势。

4. 发展数字经济的部署

关于发展数字经济的部署，习近平总书记讲得更具体，主要包括以下几点。

（1）加强核心技术攻关。

（2）加强新型基础设施建设，加快建设高速泛在、天地一体、云网结合、智能敏捷、绿色低碳、安全可控的智能化综合数字信息基础设施。

（3）推动数字经济和实体经济融合。

（4）推动互联网大数据人工智能同产业深度融合，增强产业链关键环节的竞争力，加速产品和服务迭代。

（5）加强数字经济发展的理论研究，要对涉及数字技术和数字经济发展的问题提出对策建议。

5. 把握好数字经济发展机遇

习近平总书记强调，要加强形势研判，抓住机遇，赢得主动；要求各级领导干部提高数字经济的思维能力和专业素质，增强发展数字经济的本领，要提高全民全社会素质素养和技能，夯实我国数字经济发展的社会基础。

（三）媒体融合的国家方策

习近平总书记两次主持中央全面深化改革领导小组、中央全面深化改革委员会会议，审议通过《关于推动传统媒体和新兴媒体融合发展的指导意见》《关于加快推进媒体深度融合发展的意见》，亲自审定了媒介融合发展具体部署。在召集十九届中央政治局第12次集体学习时，实地考察了人民日报社全媒体时代应对和媒体融合发展情况，习近平总书记特别强调，推动媒体融合发展、建设全媒体成为我们面临的一项紧迫课题。根据习近平总书记的指示精神，中共中央办公厅、国务院办公厅印发了《关于加快推进媒体深度融合发展的意见》。

1. 媒体融合的基本原则

要始终坚持正确的政治方向，坚持突出协调，坚持一体化发展，坚持先进技术支撑。具体举措有以下几点。

（1）充分利用、积极利用新技术，发展应用技术新业态，提高技术研发水平。

（2）加强内容建设，创新采编流程，优化信息服务。

（3）重组媒体组织结构，构建现代传播体系，发挥市场机制作用，加强人才队伍建设，健全媒体管理体制。

（4）提供组织保证，加大支持力度，形成工作合力，加强评估考核。

2. 媒体融合政府方策

（1）加强统筹规划。

（2）加快构建融合发展的技术标准。

（3）培育融合新业态。

（4）鼓励有较强实力的单位，利用大数据、云计算、人工智能的前沿技术，发挥内容资源的优势，推动推出更多适合网络传播的原创产品。

（5）推进资源聚集整合。

（6）打造一批深度融合的创新企业、骨干企业。

（7）推进媒体单位的机构融合、业务融合、资源要素融合“三个融合”。

（8）出台促进融合发展的扶持政策和配套措施。

3. 媒体融合的科技支撑

习近平总书记在谈到科学技术的时候，强调要激发创新活力，为科学家、科技工作者搭建舞台，让创新成果源源不断涌现出来；要坚持需求导向和问题导向；要推动重要领域关键技术攻关；要建立健全科学评价体系、激励机制；要创新人才教育培养；通过推进激发创新活力，把巨大的创新潜能有效释放出来；要主动地融入全球的创新网络。这些对于媒体融合中的科技支撑同样具有指导意义。

（四）“十四五”规划中的具体安排

1. 攻坚关键核心技术，提高创新链整体需求

（1）加强技术研究，瞄准人工智能、量子信息、集成电路、生命健康、脑科学、生物育种、空间科技、深地深海等前沿领域。

（2）制定实施战略性科学规划和科学工程，推进科研院所、高校企业科研力量

优化配置。

（3）推进国家实验室建设，重组国家重点实验室体系，布局建设综合性国家科学中心和区域性创新高地。

（4）促进企业创新，强化企业创新的主体地位，推进产学研深度融合。

（5）发挥企业家在技术创新中的作用，鼓励加大研发投入，加强共性技术平台建设。

2. 激发人才创新活力

（1）尊重劳动，尊重知识，尊重人才，尊重创造。

（2）健全以创新能力、质量、实效、贡献为导向的科技人才评价体系。

（3）健全创新激励和保障机制，构建充分体现知识技术等创新要素价值的收益分配机制，完善科研人员职务发明成果，在权益分享中要体现出来。

（4）加强创新型、应用型、技能型人才培养。

（5）实施知识更新工程，落实技能提升行动，支持发展高水平研究大学，加强基础研究人才培养。

（6）实行更加开放的人才政策。

3. 完善科技创新体制机制

（1）优化国家科技规划体系和运行机制，推动重点领域项目基地、人才、资金一体化。

（2）加大研发投入，加强知识产权保护，完善金融支持体系。

（3）弘扬科学精神和工匠精神，加强科普工作。

4. 数字化整体推进

（1）推动数字产业化和产业数字化，推动数字经济和实体经济深度融合，加强数字社会、数字政府建设，提升公共服务、社会治理等方面数字化、智能化水平。

（2）建立数据资源、产权交易、跨境传输、安全保护等基础设施制度和标准规范，推动数据资源的开发利用。

（3）保障国家数据安全，加强个人信息保护。

（4）提升全民数字技能，实现信息服务全覆盖。

（5）积极参加数字领域的国际规则与标准的制定。

（五）远景规划和六中全会决议中的相关内容

1. 远景规划设计数字化

2035年远景规划将加快数字化发展、建设数字中国单列成篇，将打造数字经济新优势单列一章，要求充分发挥海量数据和丰富应用场景优势，促进数字技术与实体经济深度融合，赋能传统产业转型升级，催生新产业、新业态、新模式，壮大整个经济发展的新引擎。

2. 十九届六中全会《决议》讲到的数字化

（1）在文化建设方面，党高度重视传播手段建设和创新，推动媒体融合发展，提高传播力、引导力、影响力、公信力，明确提出过不了互联网这一关就过不了长期执政这一关，明确要求要营造清朗的网络空间。

（2）在开拓创新方面，提出要不断推进理论创新、实践创新、制度创新、文化创新以及其他各方面的创新，要求勇于推进改革，准确识变、科学应变、主动求变，永不僵化、永不停滞。数字出版需要不断往前推进。

（六）相关出版单位推进数字化情况介绍

1. 重庆市委党刊集团

重庆市委党刊集团坚持抓实技术创新支撑，立足自身发展实际，时刻保持技术敏感，建设全媒体的融合的“中央厨房”，实现信息中心、研究中心、各种媒体形式资源互通，杂志、报纸、公众号、网站联动互动，探索将先进技术嵌入党刊全媒体生态全过程，目前是我们党刊系列数字融合方面的领头羊。

2. 激光杂志社

激光杂志社是一家科技期刊，目前拥有七刊两网，成为世界激光界理论研究和实践的先头部队。激光杂志本身印数是非常有限的，但是它的数字化、信息化渠道丰富，它向12个方向拓展的融合出版融合媒体传播，取得非常骄人的成绩，并建立了一个以中国光学期刊网为中心的集培训、理论研究、论坛、展会、技术推广为一体的综合体，已经在世界上形成了较大的影响力。

3. 卓众出版集团

卓众出版集团通过改革拥有的24份杂志、1份报纸、3个网站，让媒介融合全面开花，实现融合媒体营收2亿元，其中数字业务占70%。这种集团推进的方式，有许多可取之处。

4. 励德·爱思唯尔

励德·爱思唯尔是跨国公司，它将图书、期刊、网络平台、数据库服务融为一体，2020年的营收是70亿美元，其中数字业务占90%。

从国内外这些单位的情况看，他们已经尝到了甜头，且受益匪浅，并且把路径走得很宽、走得很远，数字化的进程很深。这些例子对我们的融合出版非常有启发。当然，我们现在各地各部门的出版集团、出版单位也对融合出版做了很多有益的尝试，但是我们所有单位融合出版的水平、融合的深度广度，与中央的要求距离还是很大的，我们还要继续努力。

二、融合出版的轨迹和启示

（一）我与数字出版的简单经历

我于1985年开始从事编辑工作。20世纪80年代末期至90年代初，社会上已经开始慢慢地普及计算机，286、386、486、586，奔腾1、奔腾2，我们一直跟着走。直到后来美国的康柏计算机一体机出现，让我们耳目一新。能上网，能看图片，能连接视频、音频，让我们喜出望外。因为当时我所在的海燕出版社（简称海燕社）收益不错，有一定经济条件，尽管计算机当时是4万元一台，我们还是为每个人单独购置了一台，在办公室作为计算机启蒙练习使用。大家的热情很高，包括一些50多岁的老师都学得很快，录入法有的都会了好几套。于是我们开始考虑怎么样利用计算机技术，通过局域网，用数字化重整我们的出版流程，重新设计我们的出版模式。

1997年，我们的思路和愿望在王选先生和北大方正公司的支持下，已经初具雏形，形成了一定的范式，而且有了阶段性的成果。这是大家现在在网上还能看到最初的融合出版开始的时间。我们当时的实践——编辑工作电脑化和网络技术的综合应用曾处于全国出版业的前列。有了网络出版，海燕社注意到开发原版书的资源，将图书内容向音像电子出版物、网上阅读等多媒体转化，成为国家首批50家互联网出版单位之一。海燕社所出版的《神奇的雅鲁藏布江大峡谷》，这本从网上直接走下来的图书，获得了中宣部“五个一工程奖”和“中国图书奖”。后来，网上运作的多媒体光盘工程形成的同名光盘，在第8届莫比斯多媒体光盘国际大奖赛中获得提名奖。正式投入运营后，在香港回归之前，我们从局域网上正式走下来一套四卷本的“青少年香港丛书”，吸引了香港各主要媒体负责人到社里参观考察。海燕社的技术改造，受到中宣部和新闻出版署的特别重视，分管部长和署长、出版局长召集全国的出版社，到海燕社召开现场会。

将计算机技术和数字技术全程运用于出版所有环节，在当时的影响还是比较轰动的，因为大家对数字化、计算机化接触比较少，我们当时也只是考虑计算机化，提高质量和速度，并没有想更多的东西，当时的软件也远没有达到今天的水平。王选先生派了北大方正公司的 19 位专家和博士住到我们那儿攻关，进行现场研究、探索、开发。王选先生嘱咐他们，出版社需要什么，你们就要做出来什么。好在我们的确请到了一位高手与他们合作。这位从社科院走出来的古文化研究专家是一位计算机高级“发烧友”，又对出版编辑管理无所不通，后来成为海燕社副总编辑、总编辑。这支特殊的团队，先是经历了 3 个月的技术攻关，又做了 3 个月的试运行与修改，最后才形成我们自己的内部网络系统，直接使用四色胶片印刷，或者进入即时印刷系统。

王选先生亲自主导和指挥了海燕社的技术改造，包括派去的研发人员，都是他亲自点将。最后又多次亲自动手，审改、调整海燕社数字化改造的整体方案，对我们的方案做了仔细推敲、反复打磨。王选先生对数字出版海燕局域网的评语：“这是一份完善的出版社系统计算机改造解决方案，从软件和硬件方面反映了相当的先进性和实用性，把出版社的管理与生产、制作、发行集成在一个完整的计算机网络环境中，是现代出版业发展的方向。”现在读起这段话，依然备感亲切。王选先生是有预见性的，他认为，“尤其是其中的电子出版物部分的集成，既充分利用了投资，又开辟了一个新的出版领域，走在了全国出版业的前列，反映了当今出版业的大趋势”。王选先生说，“我认为这一方案在思路上是正确的和领先的，在技术上是成熟的和可行的”。

（二）陈堃銶老师、陈源蒸老师和北大方正公司的努力

王选先生去世以后，其夫人陈堃銶老师继续对我们指导。王选先生生前一直认为，如果没有陈堃銶，便没有汉字激光照排系统。但在系统研制成功并且广泛应用之后，向来淡泊名利的陈堃銶选择了退居幕后。她将自己的精力更多地投入对年轻人的培养中，包括指导我们的数字出版系统。陈堃銶老师现在已经退出程序设计一线，但是以陈堃銶老师和王选院士为奠基人的北大方正公司，如今已经成为中国极具影响力的高科技企业。汉字激光照排技术奠定了北大方正公司的发展基础和方向，也让创新这一基因深深植入了北大方正公司的文化之中。北大方正公司的业务起源

于汉字激光照排，继激光照排之后又在远程传版、彩色印刷系统、新闻采编流程管理系统、CTP 系统、数字喷墨印刷，以及字体、字模、字型拓展等技术领域取得一系列创新成果。这几年，国内外在融合发展技术领域的创新成果很多，中国印刷出版行业的数字化任重道远，陈堃銶老师和王选先生的创新精神将继续引领着我们向前发展。

作为出版业的老同志，我们出版业的从业者都深深感激北大方正公司对整个出版业的贡献，比如告别铅与火，还有激光照排。没有北大方正，没有王选先生，我们可能还会在迷茫和探索中苦苦挣扎。没有汉字输入系统的创造，我们做计算机化、网络化、数字化都会是空谈。

回顾融合出版的历史，我还想介绍一位老同志——我们部里的老同事陈源蒸先生。陈源蒸先生和北大方正公司一直有着密切联系。陈源蒸先生有一个基本观点，他说："数字出版的本质是内容为王，知识信息是出版业发展的源泉，但我国目前的数字出版出现了技术为王的趋势。掌握数字技术和网络平台的技术商、渠道商成为发展数字出版的主宰，控制了数字出版产业，这是一个不好的苗头。"陈源蒸先生主张，"要正确认识出版数字化转型的方向，把数字技术对传统出版业务改造当作着力点，从源头上根本解决问题"。

陈源蒸先生原来是北京大学图书馆学系的老师，后来被部里选调过来，在出版局专门抓技术改造、科技创新以及数字化。他最早提出复合出版理念，而且念念于兹，矢志不移。他有几本专门著述讨论数字化转型，其中《数字复合出版技术探索》（北京出版社，2013 年）影响最广。陈源蒸先生已经 80 多岁了，我特别感佩老先生的精神。

因为种种原因，陈源蒸先生倡导的复合出版工程只是开了个头，没有继续下去。所以到目前为止，我们还是感觉到没有一套非常成熟的完整的复合出版系统，能够把我们所有出版单位的出版环境做一个基本改造。比如，就像我刚才介绍的，当编辑把所有的稿子做完之后，我们能不能直接印制出纸质书，直接成为数据库，直接成为光盘，技术上应该没什么问题，特别是北大方正公司发明了很多专利技术，但是在整合技术，形成一个复合性的综合体方面来讲，应该说目前还不是很理想。

有人提出来说复合出版是不是老套了，老先生将何去何从？陈源蒸先生回答："我们现在的努力已经有了新的进展，正在进行冲刺，虽然有困难，但是我们都很有信心会取得预期成果，可能用不太多的时间就会有好的消息。"希望陈源蒸先生的愿景能够尽早实现，希望通过现成成熟技术的运用和调度，为所有出版单位建造一个非常适宜的复合出版模式。

实践出版融合从 1997 年已经走到了今天，中央财政介入以后投入了那么多支持，地方财政也给了很多支持，各出版集团、出版单位自身也做了一些工作，应该说方方面面足够尽心尽力。但是，目前我们还是没有看到一个特别理想的、完全整体化的融合状态，和国外相比，距离没有缩小多少。对于出版融合，我们应该考虑一些什么，应该汲取一些什么？既包括有益的经验，也包括我们走弯路的教训。

（三）融合出版的攻坚战

为安排 2022 年出版工作，中宣部副部长张建春同志对融合出版做了如下总结和部署。

他首先回顾了党的十八大以来，在以习近平同志为核心的党中央高度重视下，包括数字出版在内的数字经济和媒体融合发展召开的一系列会议，出台的一系列文件，作出的一系列决策部署。《中华人民共和国国民经济和社会发展第十四个五年规划纲要》明确提出壮大数字出版产业，把发展数字出版上升到国家战略高度，为数字出版守正创新实现高质量发展指明了前进方向，提供了根本遵循。所以近年来数字出版蓬勃发展，社会影响力不断提升。数字出版已经成为出版业高质量发展的新引擎、弘扬社会主义核心价值观的新阵地、人民群众精神文化的新家园。

同时，张建春同志归纳了很多需要我们汲取的经验和教训，下一步路怎么走，他讲了几个方面。

1. 坚持一体化发展方向，促进传统出版与数字出版深度融合

习近平总书记强调融合发展关键在融为一体，合而为一，要求尽快从相加阶段迈向相融阶段，“融为一体、合而为一”关键就在于这个“一”字，这是传统出版与数字出版融合的最终目标，也是推进数字出版发展的基本要求。我们可以举一个最简单的例子，比如说在出版集团、出版单位，做数字出版的就是技术部的人，做传统出版的还是做传统出版，“你就是我、我就是你”的目标在目前远未达到。

2. 从根本上解决“合而不融”的问题

张建春同志讲传统出版与数字出版合而不融的问题目前仍然十分突出，许多传统出版单位仍然存在着较强的惯性思维和路径依赖。由于理念落后，技术应用短板，面向新阶段，面对新业态，传统出版与数字出版必须朝着一体化的方向发展，在深度融合上动真格、出真招、见实效。要树立一体化发展的思维理念，以理论创新、

思维创新、思想更新引领内容、技术、业态、模式、管理、人才等全方位创新，真正形成“你就是我、我就是你”的共识，以达成习近平总书记明确的目标。

3. 一体化是一个系统工程

要解决理念上的问题，重塑促进一体化的体制机制，实现渠道平台经营管理的一体化，集中主力部队、精锐力量抓数字发展，进一步破除各环节壁垒，释放生产力，构建传统出版与数字出版内容协同生产的传播新体系。要优化促进一体化的发展环境，在产业政策、行业规划、管理措施、标准规范、版权保护、人才培养等方面一体部署一体推进。

4. 把握好千载难逢的环境和机遇

张建春同志提醒大家，要坚持系统创新，构建数字出版产业新形态。当前我们的数字出版已经多年持续高速发展，在一些重要领域形成了绝对优势，势头很好。同时，现已进入全面提质增效的关键期，处于“蝶变”的临界点，这个时候需要的是彻底摆脱路径依赖，从点的突破向面的扩展发力。我们需要的是全方位系统性升级，真正构建适合数字出版高质量发展的新形态。要顺应数字时代技术变革大势，乘势而上，系统谋划、创新创造，形成高质量推进数字出版的内需动力和有效行动。落实中央关于融合出版、融媒体、媒介融合的要求，要从一点一滴做起。

三、结语

2021 年 12 月 14 日，在中国文联十一大、中国作协十大开幕式上，习近平总书记说：“今天，各种艺术门类互融互通，各种表现形式交叉融合，互联网、大数据、人工智能等催生了文艺形式创新，拓宽了文艺空间。我们必须明白一个道理，一切创作技巧和手段都是为内容服务的。科技发展、技术革新可以带来新的艺术表达和渲染方式，但艺术的丰盈终究有赖于生活。要正确运用新的技术、新的手段，激发创意灵感、丰富文化内涵、表达思想情感，使文艺创作呈现更有内涵、更有潜力的新境界。”融合出版，这是根本。

请扫码观看讲座视频

疫情防控常态化下的数字出版发展趋势

王　飚

讲座时间：2021 年 12 月 29 日

主讲人简介：王飚，中国新闻出版研究院数字出版研究所所长、三级研究员，编审。系国家社科基金项目评审专家，中宣部“原动力”原创动漫出版扶持计划评审专家、出版物内容质量评审专家，原国家新闻出版广电总局新闻出版改革发展项目库评审专家、数字化转型升级评估工作组专家，国家动漫精品工程暨中国文化艺术政府奖评审专家，北京市宣传文化引导基金评审专家、新闻出版高级职称评审专家、动漫游戏项目评审专家、项目库评审专家，入选文化部动漫高端人才库、北京市出版“百人工程”。

内容提要：报告首先从国际环境和国内环境两个角度入手，介绍了疫情防控常态化下国内外数字出版环境现状，接着从“出版产业融合发展迈向深入”“有声读物成为数字出版的重要增量”“出版知识服务水平显著提升”“数字教育出版发展与调整并行”“数字营销方式成为出版品牌建设新路径”“数字内容产品‘走出去’成绩突出”“出版应急管理保障体系逐步建立”七个层面入手，展现了疫情防控常态化下我国数字出版发展的主要态势，最后从“数字内容质量趋向精品化”“数字内容生产分发迈向数据化、智慧化”“数字内容产业生态链条迈向生态化”“数字内容呈现趋向视听化”“数字内容服务体验趋向场景化”“数字版权管理迈向体系化”六个方面展开，阐释了疫情防控常态化下我国数字出版发展的整体趋势。

关键词：数字出版　发展趋势　疫情防控常态化

我和大家分享疫情防控常态化下数字出版发展的趋势。从2020年初新冠肺炎疫情开始暴发以来，我们刚开始都以为这可能是短时间的一个事件，结果到现在已经两年了，马上就要进入第三个年头，疫情还在持续。疫情的暴发对全球的经济社会各个领域的发展都带来了深远影响。尤其是对全球出版业带来巨大的影响，具体来说是疫情严重扰乱了出版业的日常经营活动，出版产业链受损严重，供应链停滞，流通不通畅，直接导致整个图书市场销量急剧下降，对业务板块造成了巨大冲击。好多行业展会相继被迫取消或者延后，版权销售活动无法正常开展，这是一个整体的情况。在疫情期间，数字经济充分发挥了经济社会发展稳定器的作用。宅经济、云经济、无人经济、直播带货这些线上经济形态得到了快速发展。我们一方面讲疫情给经济社会发展按下暂停键，但是给这些线上经济的发展按下了快进键，数字消费需求得到了巨大的培育，也加速推进了各个传统产业的数字化、网络化、智能化进程。相对于传统的新闻出版业，数字出版的数字化、智能化、虚拟化特点，在疫情期间表现是比较突出的，所以在满足特殊时期的人民精神文化需求方面发挥了重要作用。在疫情防控常态化情况下，国内数字出版出现了一些新的特征和趋势，值得我们关注和思考。

今天跟大家分享三个方面的内容，一是疫情防控常态化下，国内外数字出版的发展环境；二是疫情防控常态化下，我国数字出版的发展态势；三是疫情防控常态化下，我国数字出版发展的整体趋势。

一、疫情防控常态化下，国内外数字出版的发展环境

从国际环境来讲，首先是世界经济出现了深度衰退，受新冠肺炎疫情的冲击，2020年全球GDP增长率按购买力评价计算是–4.4%，是“二战”结束以来世界经济最大幅度的一个产出萎缩，整个经济形势的不确定性明显增强。伴随着经济的深度衰退，其次是多国的失业率明显上升。疫情暴发前，世界主要经济体失业率都处于历史低位。暴发后很多国家的失业率明显上升，尤其是2020年秋冬到2021年的两次疫情的反弹，导致失业状况进一步恶化。以美国为例，疫情失控引发了大规模失业，超过2 000万人在短期内失去工作。再次是全球主要经济体中有部分出现了通货紧缩，全球宏观经济总体上表现为总的需求不足，美国消费者价格指数的CPI同比增长率从2019年9月的1.7%上升到2020年1月的2.5%，疫情暴发后，通货膨胀率迅速下降。到了2020年5月，CPI同比的增长率是0.1%。最后是国际贸易显著

萎缩，2020 年全球货物贸易额同比下降了 5.6%，这是 2008 年国际金融危机以来货物贸易的最大同比降幅。疫情和疫情防控的常态化导致各国的供给和需求同时减少。国际的直接投资呈现一个断崖式下跌的现象，疫情不仅使投资机会减少，而且使已有的国际投资项目也不得不推迟或者取消。联合国贸易和发展会议发布了一个报告，2020 年全年外国直接投资较 2019 年相比下降 42%，比 2009 年全球金融危机后的低谷还跌了 30% 以上，可以看到疫情对全球的经济影响确实特别明显。还有全球金融市场的大起大落，主要经济体的资本市场出现大幅震荡，美国的股市在 2020 年 3 月经历了 4 次熔断，各国的中央银行都实施了大力度的货币宽松政策，并对实体经济进行救助，推动了各国股市重新走高。还有全球的债务水平也呈现快速攀升的趋势，而且发达经济体的政府债务水平上升幅度比较明显，高于新兴市场的经济体。综上，世界经济的恢复程度和增速反弹力度，我们现在看来都取决于新冠肺炎疫情本身的发展趋势，所以经济形势的不稳定性依然存在。这是第一个经济环境。

第二个方面是技术发展环境。首先是技术的创新速度在不断加快，由于计算能力以及大数据的发展，生物科学、3D 打印、人工智能这些技术引擎得到空前的发展。比如说集成电路领域现在已经进入后摩尔时代。在先进制造领域，以智能感知、智能控制、自动化柔性化生产为特征的智能工厂大量涌现，3D 包括 4D 打印技术快速发展，先进机器人、工业互联网技术广泛应用于制造业，个性化定制、柔性化生产、制造业服务化等成为一个新的趋势。其次是技术和相关产业产生了一个深度融合的现象，全球科技发展总体呈现出跨界融合、协同联合、包容聚合的突出特点。科学技术之间、不同技术之间、自然科学与人文社会科学之间的交叉融合日益凸显。科技创新加速突破地域、组织、技术的界限，人工智能、云计算、大数据的这些新技术领域正在和不同产业之间进行深度融合，持续推动整个经济社会加速向数字化转型。各种智能终端，包括可穿戴设备也不断推出，远程办公、远程教育、远程医疗、无人酒店、无人超市、无人餐厅也在飞速发展，推动经济社会全方位向数字化转型。

第三个方面是经济科技的创新应用呈现多元化，新技术的价值不断地在新的应用场景中得到充分展现。以通信技术为核心的新一代信息技术正处在一个重要的突破关口，比如芯片和元器件是信息技术发展的基石，其制程工艺不断提高，处理速度越来越快，存储能力越来越强，能耗越来越低，但是图形处理器现场可编程的门阵列、神经网络芯片也在加速发展。5G 时代到来以后，集成电路在智能手机、汽车等各种终端领域及其基站网络架构环节的应用场景带来了更多的发展机会。

从出版业来讲，第一个方面是疫情严重扰乱了出版业的日常经营，产业链流通不畅。尽管我们的出版商可以展开远程工作，以确保正常运营，但覆盖面更广的供应链面临着一系列挑战。比如印刷商因订单取消和供应短缺遭遇了相关财务困难，全球货运的物流体系受到干扰，依赖出口的出版商就无法完成国际订单，分销商和批发商经营也受到限制或停业。从大型的连锁书店超市和独立的社区书店都面临着供应短缺的问题，回款也推迟了，对许多中小型出版商的生存造成严重威胁。美国书商协会有个数据，就是疫情暴发以来每周都有一家独立书店倒闭，它预计全美有20% 的独立书店会消失。当然同时线上零售也在发展，新的商业形态、新的消费形态和销售模式正在形成，部分独立书店开始尝试电子商务。

第二个方面是电子书和有声读物的出版形态加速发展。由于线下受到影响，读者在线购买和阅读数字产品的需求在不断增加。一方面这个需求以前一直存在，另一方面因为疫情导致图书馆关闭，也迫使读者转向数字借阅。相关数据显示，2020 年美国有声读物的收入达到 13 亿美元，同比上涨 12%，电子书销售同比也增长了 17%。2021 年 1—6 月英国有声书的销量比 2019 年同期增长 71%，这都是比较突出的现象。这是因为疫情期间学习时间增多，数字文化产品的消费就大大增加了。可以看到跟前面讲到的实体图书的下滑相比，电子书呈现出逆势上扬的趋势。

第三个方面是数字化趋势明显，公共图书馆、书店关门了，图书馆的电子借阅加速了电子书的普及，人们对图书类型的偏好也在与时俱进。图书出版销售在加快适应新的常态。在亚洲出现了将阅读和在线社交同行推荐相结合新的数字产品形态，例如照片的自动打印应用，还有一个是出版商才能采取的数字优先战略，如大众出版商就更加倾向于线上销售。教育出版商也在适应大家居家以家庭为基础的教学和学习，同时把学生和教师的需求都纳入产品开发的范畴当中。独立书店也在加快发展电子商务的步伐，并且通过本地化服务小众突破销售，提高竞争力。从国际出版商来看，他们在加速持续拓展数字化业务布局。2020 年以来，各大国际出版商为了应对新冠肺炎疫情防控常态化，纷纷采取数字优先战略，并且拓展了多维度的业务布局。比如说在教育出版领域，疫情使出版服务受到严重冲击，国际出版商因此更加重视在线教育业务，持续增加在线交易的业务比重。比如在培生教育集团的四大业务板块当中，目前只有全球的在线教育业务是正向增长，在专业出版领域开放获取（OA）得到更多的重视，布局 OA 出版业务成为不少学术出版集团的发展中心。另外，人工智能在学术内容开放获取方面也得到初步应用，为学者和出版商带来新的机会。大众出版商加大线上营销布局，来应对在疫情期间读者的阅读习惯、购书方式的变化，以满足用户不断增加的数字阅读的需求。

讲完国际环境再讲国内环境。首先讲整个出版业总体的形势，就是2020年以来在政策扶持市场需求和新冠肺炎疫情的冲击下，整个生产运营模式发生了一个根本性的变革，体现在融合发展取得了一些实质性的突破，出版业进入了新的发展阶段。比如出版供给侧结构性改革迈向深入，图书市场的结构现在发生了明显的转变。从2020年的全国图书市场占有率来看，国家级出版社和省市级国有出版集团还是占据第一梯队，规模较大的民营出版机构占据第二梯队，其他的地方出版单位市场空间比较小，在第三梯队。从2020年的图书市场占有率看，出版集团排名前三的是中国出版集团、江苏凤凰出版传媒集团和中国国际出版集团。出版单位排名前三的是中信出版社、北京联合出版公司和人民教育出版社。民营出版单位前三名的是新经典文化股份有限公司、北京磨铁文化集团股份有限公司和中南博集天卷文化传媒有限公司。强者恒强的趋势还是比较明显的。

具体到数字出版，整个发展环境主要有以下几方面：第一个方面是文化建设在全局工作上升到了新的高度，数字化战略深入推进。党的十九届五中全会明确提出到2035年建成社会主义文化强国的远景目标，并对如何实现这个目标作出了全面谋划和全面部署，明确了建设文化强国的具体时间表和路线图，这是继党的十七届六中全会首次提出建设社会主义文化强国以来，明确了到2035年要建成文化强国，这就为我国在全面建设社会主义现代化国家新征程当中，推动建设文化强国提供了一个行动指南，也明确了前行的方向。国家“十四五”规划纲要已经正式颁布，这个规划纲要同“十三五”规划纲要相比，字数从6万多字增加到8万多字，对整个经济社会的发展提出了总体的布局谋划。对文化建设方面，从提高社会文明程度、提升公共文化服务水平、健全现代文化产业体系这三个方面作出了更加全面具体的部署。同时明确提出要实施文化产业的数字化战略，加快发展新型文化企业、文化业态、文化消费模式，壮大数字创意、网络视听、数字出版、数字娱乐、现场演播等产业。在“十三五”规划的表述中，讲到要加快发展数字创意、网络视听、数字出版等产业，现在的表述的关键词是“壮大”，也就是认为这个产业已经发展到一定规模。同时还提出积极发展对外文化贸易，开拓海外文化市场，推动优秀传统文化产品和影视剧、游戏等文化产品走出去。2021年以来，文化和旅游部发布的《“十四五”文化产业发展规划》《“十四五”文化和旅游发展规划》，以及

《“十四五”公共文化服务体系建设规划》等多个与文化相关的政策规划相继出台，数字文化在其中都占据了一个突出位置。出版业的“十四五”规划也即将出台，有关出版产业的数字化和数字产业化也是一个重头戏。我们认为“十四五”时期将是文化产业迈向高质量发展和数字文化产业腾飞发展的一个重要阶段。我们将加速改变发展方式，优化产业结构，转换增长动能。数字出版作为新时期文化发展的一个新动能和重要方向，将在发展数字文化、发展数字经济、构建数字社会、建设数字中国、建设数字文明方面充分发挥重要作用。

第二个方面是数字经济充分发挥着宏观经济稳定器、缓冲器和加速器的作用，发展的潜能在持续释放。2020 年我国数字经济实现了 9.7% 的高速增长，是同期 GDP 增速的 3.2 倍多，在整个 GDP 占比当中达到 38.6%。2020 年全国 GDP 突破了 100 万亿元人民币，数字经济占比将近 40%，就是将近 40 万亿元的体量。2021 年数字经济有望突破 40% 的大关，达到 40 多万亿元。在国家“十四五”规划纲要中，把加快数字化发展、建设数字中国单列一篇就是第五篇，强调了打造数字经济新优势，提出充分发挥海量数据和丰富应用场景优势，催生新产业、新业态、新模式，壮大经济发展的新引擎。整体看来，整个“互联网 + 文化”保持快速增长，文化新业态发展持续向好。国家统计局公布的数据显示，2020 年全国规模以上文化及相关产业企业的营收达到了 9.85 万亿元，比上年增长 2.2%。其中包括数字出版在内的文化新业态特征较为明显的 16 个行业小类实现了营业收入 3.14 万亿元，增长了 22.1%，增长速度相当快。2021 年 6 月，国家统计局发布了《数字经济及其核心产业的统计分类（2021）》，界定了数字经济的概念内涵。这个标准围绕习近平总书记提出的数字产业化和产业数字化两个方向，决定了数字经济及核心产业的基本环境。数字出版归类在“04 数字要素驱动业”下属的“0404 数字内容与媒体”中的“040408 数字内容出版”的分类条目下。对数字内容出版概念的界定是各种录音制品、电子出版物以及利用数字技术进行内容编辑加工，并通过网络传播数据产品的出版服务。可以看到数字出版是数字经济的一个重要分支，在国家大力发展数字经济的总体战略之下，数字出版具有广阔的发展空间和机遇，在营造良好的数字生态、促进数字经济发展、建设数字中国方面也必将展现更大的作为。

第三个方面就是先进技术加快应用落地，为数字出版提供了重要支撑。这里有几个关键词，一个是新基建，新冠肺炎疫情没有阻挡新基建的推进步伐。2020 年以来，我国在 5G、量子科技、区块链、人工智能等前沿技术实现持续突破。举个例子，就是在国家政策支持下，2020 年中国移动、中国电信、中国联通三大电信运营商在 5G 网络的建设投入了 1 800 亿元人民币，截止到 2020 年 10 月，累计开通国内 5G 基站超过 70 万个，终端连接数超过 1.8 亿个。还有一个就是 5G 的大规模商用在加快推进。5G 技术的传输优势，我们认为会极大地改善数字出版物的制作传播效率和阅读体验，颠覆用户的需求薄弱点。从人工智能方面来看，产业应用进一步迈向深入。人工智能的相关工具为数字出版的生产传播监管环节提供一个重要支撑。包括自动化的文本分析、校稿技术、受众统计分析技术、自动文本标记技术、预测分析技术、内容个性化技术、内容翻译技术等多个领域都得到了很好应用，有助于提高生产效率、供给水平和内容质量。

从技术来看，凭借分布式、不可篡改性、时序性等特性，区块链技术现在已经成为一个重要的版权保护技术。区块链和人工智能技术的结合，将会给共治、共享、共赢的知识产权保护服务模式提供可靠性技术保障。2021 年，中共中央、国务院印发了《知识产权强国建设纲要（2021—2035 年）》，明确提出在 2035 年建成知识产权强国。还有一个是数字孪生技术。2020 年 4 月，《关于推进“上云用数赋智”行动培育新经济发展实施方案》出台，“上云”“用数”“赋智”三个关键词，数字安全技术被提到与大数据、人工智能、5G 等技术并列的高度，同时我们启动了“数字孪生创新计划”。数字孪生技术可以有效地打通物理世界和数字世界，它是融合了三维建模、仿真与优化、物联网与传感器、人工智能和虚拟现实等多种新技术的复合型技术。之前热议的元宇宙，有很多东西也是跟数字孪生技术密切相关的。打通了物理世界和数字世界，就让数据信息和场景来实现流程化、可视化、个性化这些需求和现实场景的有效融合，使得数字与文化的结合存在极大可能性。比如说可以用在非物质文化遗产和古籍史料的数字修复、复原和可视化呈现，比如说应用在游戏、娱乐产品当中，让用户和内容产品之间建立深度的交互关系，获得更加沉浸式的文化消费体验。前不久我参加中国游戏产业年会，看到这些技术的应用不仅是设想，而且已经变成现实，各个大厂都在这方面不断发力，而且新的产品也在不断推出，很多东西已经超出我们的想象，颠覆了我们的认知。

第四个方面是数字内容的消费持续升级。疫情加速培育了多元市场。在新冠肺炎疫情影响下，宅经济兴起，数字阅读、游戏、网络视频、线上直播、线上购物、在线课程、云端看展成为我们生活工作娱乐的一个常态。以前网络的应用是青年人居多，现在各个年龄阶段都跟网络产生联系。昨天我们还在杭州开会，讲到未成年人沉迷网络，现在全国有 1.83 亿未成年人，1/3 在 10 岁之前就“触网”了，而且现在 90% 以上都有各种上网终端，其中 2/3 是手机，1/3 是平板，老年人现在的“触网”也比我们想象的深入得多。我们跟腾讯负责游戏业务的人员交流，他说我们现在把沉迷游戏的老年人的年龄段放到 55 岁了，以前是 60 岁以上的，我们非常关注他们沉迷游戏的状态。未成年人沉迷游戏是一个问题，现在 55 岁以上的老年人对游戏的沉迷也会成为一个问题。所以，数字消费跟我们的生活场景联系得太紧密，市场得到了极大培育，消费需求日益旺盛。中国互联网络信息中心 2020 年年底发布的第 47 次《中国互联网发展状况统计报告》数据显示，截至 2020 年 12 月，中国网民规模达 9.89 亿人，互联网普及率达到 70.4%，我们现在是全球第一网络大国。手机网民的规模达 9.86 亿人，手机上网的比例达到 99.7%，其中网络视频是排名第 2 位的互联网应用，用户规模是 9.27 亿人，网民使用率达 93.7%；短视频用户是 8.73 亿人，网民使用率达 88.3%，这是 2020 年增幅最大的一个互联网应用。只要看到周围的人都在刷抖音、看快手，大家就知道这个变化了。到了第 48 次《中国互联网发展状况统计报告》，也就是 2021 年 6 月的报告显示网民规模突破 10 亿人了，互联网普及率达 71.6%，在全球也是高水平。手机网民规模也不出意外地突破了 10 亿人，占总体网民规模 99.6%。数字娱乐消费的娱乐化、移动化、可视化的特点都是明显的。

中国新闻出版研究院 2021 年发布的第 18 次全国国民阅读的调查结果显示，2020 年中国成年国民包括书、报、刊和数字网络在内的各种媒介的综合阅读力为 81.3%，比上年增加了 0.2 个百分点，其中数字化方式的接入率达 79.4%，同时人均手机的接触时长进一步增长，手机接入率达到 76.7%，每天的接触时长超过 100 分钟，前两年还是 80 多分钟，大家可能觉得 100 分钟好像挺长，其实就是 1 小时 40 分钟，但每天上网超过三四个小时的大有人在。还有阅读方式，有 31.6% 的国民有听书习惯，这个比例从原来的 20% 增长到现在接近 1/3，有 6.7% 的国民会将听书作为阅读方式优先选择，有声内容遍布居家、出行、亲子多个场景。2020 年度的数字阅读白皮书显示，2020 年数字阅读行业的整体市场经济规模达到 351.6 亿元，其中大众阅读的规模是 326.7 亿元，数字阅读用户规模达到了 4.9 亿人，人均电子书阅读量为 9.1 本，人均有声书的阅读量为 6.3 本，平均单次电子阅读的时长达到 79.3 分钟。还有一个很好的数据，就是有 26.8% 的阅读付费的用户每月平均花费在 100 元以上，说明大家愿意为优质内容付费，而且这个比例还在不断增加。

二、疫情防控常态化下，我国数字出版的发展态势

第一，出版产业融合发展迈向深入。新冠肺炎疫情防控步入常态化，整个产业呈现比较良好的发展态势。出版单位也在积极地顺应疫情防控常态化下的发展新形势、新的环境和新的需求，加快推进出版业转型和融合发展，在数字教育、网络文学、有声读物、知识服务等领域都呈现出良好的发展势头，数字出版在弘扬主流价值、传承中华优秀传统文化、满足人民精神文化需求方面都在起着重要作用。

首先，新冠肺炎疫情加速了出版产业融合发展的深度和广度。新冠疫情的暴发让出版业更深刻地认识到融合发展的必要性，所以以龙头企业为代表的出版单位积极应用新技术，加快出版流程的改造，创新产品形态和服务模式，拓展新兴业务，延伸产业链条。2020 年 9 月，中共中央办公厅、国务院办公厅联合出台了《关于加快推进媒体深度融合发展的意见》，对出版业融合发展和深度融合发展提出了新的更高的要求。主管部门通过各项举措来推进出版融合发展迈向纵深。国家新闻出版署开展了关于科技与标准重点实验室的申报工作，通过在出版产业链各个环节建设一批专业领域的实验室和跨领域的综合性实验室，以技术创新推动出版内容、形式、方法、手段全方位创新。2021 年 2 月，42 家科技与标准重点实验室名单正式公布，国家新闻出版署的智慧出版服务重点实验室就是其中之一。同时，为了落实国家“十四五”规划纲要，大力实施数字化战略，2021 年 5 月，国家新闻出版署启动了出版融合发展示范工程。这里面包括数字出版精品遴选推荐计划和出版融合发展示范单位人才推荐计划工作，通过示范引领、分类指导、突出重点、扶优助强，带动出版业整体融合发展的能力和水平的提升。整个的出版融合发展顶层设计和总体部署日益健全。2021 年，出版融合发展示范单位已经正式公布了，体现了这一两年来的整个发展趋势和特色。大型出版集团在融合发展的理念、内容、技术、模式、机制等方面进行全方位创新。比如我们刚才提到的中国出版集团、江苏凤凰出版传媒集团，还有山东省出版集团，都把融合发展作为一把手工程来进行部署。江苏凤凰出版传媒集团于 2020 年设立融合发展专项资金，用于资助具有引领性和带动性的融合出版项目，主要涵盖该集团的教育益出版、大众出版，出版产业链创新延伸的方向，与该集团的传统出版形成了优势互补。2020 年底，山东省出版集团和山东省教育厅及腾讯公司达成战略合作框架协议，依托双方的优势共同推进“互联网 + 教育”，同时也牵头申报了山东数字融合出版创新创业共同体项目，经过山东省人民

政府的审批，已经开始运作了。这是山东省 30 家数字融合创新创业共同体中唯一入选的出版方面的国有文化企业，将充分围绕着出版产业数字化和数字出版产业化发挥龙头作用。

出版单位也在积极探索大数据、云计算、人工智能在出版服务中的应用，加快建立实现融合发展的组织架构、传播体系和管理体制，探索运用数字资源的更深入表达内容，垂直打磨数字内容产品，融媒体出版物有声读数字教材、云课堂、数据库产品、AR、VR 产品等多种形态进入市场。2020 年国家新闻出版署数字出版精品遴选计划有 46 个项目入选，在主题出版、大众出版、专业学术出版、教育出版、少儿出版领域，都涌现出了一批导向正确、内容优质的数字出版项目，充分体现了数字出版在服务大局、服务群众当中的新作为，反映了出版业坚持改革创新、加快深度融合发展方面取得的实践成果。比如说人民日报出版社的“习近平用典”系列融媒体出版物，就是主题出版在数字时代下的一种创新表达。这个产品以“习近平用典”第一、第二辑作为蓝本，借助互联网传播优势，更快更广地传播党的声音，为广大读者学习领会习近平新时代中国特色社会主义思想提供了极大的便利，体现了数字出版在主题宣传中发挥日益重要的作用。人民音乐出版社推出的“方舱之声”抗疫立体数字出版平台，以音乐治疗助力抗疫。教育出版方面，教辅领域的融合发展成效比较突出，一方面，数码印刷和云处理系统的教辅实现真正按需出版，可以做到一本起印，按客户的需求量印刷，且印刷成本不变、交付灵活。另一方面，随着媒介技术和教育出版的不断融合，数字教材教辅也衍生出新的硬件需求，促进了硬件的快速发展。目前针对学前阶段的故事机、早教机、陪伴机器人、绘本阅读机器人，还有针对基础教育（K12）阶段的手写笔、电子书包、点读笔，应该说比较好地满足了不同阶段的用户需求。

还有一种是基于大数据的 O2O 出版模式逐渐成熟，用户与读者通过网站移动客户端以及出版社实体书店、体验店、出版单位留下很多消费行为数据，出版单位根据数据收集、监控、分析，将用户数据变成出版业的资金流和需求信息来指导生产活动。通过加深对读者的深入了解，提高了研发产品和市场的匹配度。同时出版单位的 IP 运营和跨界运营的理念也更加深入，着力来推进优质内容和多元产品形态、版权形式来呈现，把出版科技和文化创意有效结合，像游戏、影视、文化旅游和文化金融领域的延伸，拓展产业链条，来开拓融合发展的新路径。

第二，有声读物成为数字出版的一个重要增量。听书现在是一个新的阅读风尚，

2020年以来有声读物被赋予了新动能、新活力。一方面，疫情影响导致用户居家的线上娱乐活动的需求提升，移动数字阅读用户规模是4.94亿人，同比增长了4.56%，人均有声书的阅读量为6.3本，比上年增长5.5%，付费的音频收入占有声阅读收入的6成以上，整个用户和市场规模正在稳步增长，带动了相关企业的技术创新，引导有声读物向智能化的方向发展。另一方面，听书能够有效契合新时代大众阅读需求，跑步、做饭、上下班、睡前的时候，各种场景下都能发挥伴随性特点，听上一段，这也充分填补了现在快节奏的都市生活中吃饭、等候等碎片化时间。同时在0~8岁的儿童市场和盲人市场中，更是有着传统书籍和电子书没有办法比拟的优势。2020年6月，国家新闻出版署印发了《关于进一步加强网络文学出版管理的通知》，加强对有声读物行业上游链条的内容规范管理，对健康发展提供了技术保障。2020年10月，中宣部印发《关于促进全民阅读工作的意见》，促进有声读物的全民公共服务设施建设，优化阅读体验。2020年，国家新闻出版署组织开展了有声读物精品出版工程的评审工作，加大对有声阅读产业的引导和支持，鼓励有声读物精品内容生产，2020年评出55种，2021年评出37种。在这样的蓬勃发展形势下，越来越多的出版机构、传媒机构加大有声读物的布局，尝试以听代读或者听读并行，依托优质出版资源，在优质音频内容的开发、音频版权管理、知识服务以及有声IP融合方面找到了一个突破口，这也是获得更多资本的青睐形成新的发展格局。比如说除了我们耳熟能详的喜马拉雅、蜻蜓、荔枝这些平台以外，中央广播电视总台旗下的云听现在也呈现出一个良好的发展趋势。还有一个就是长音频现在也是行业竞争的新热点，行业平台市场2020年规模统计达272.4亿元，增幅达到了54.9%。2020年腾讯音乐收购了懒人听书100%的版权；字节跳动推出了"番茄畅听"，也入局了这个领域；网易云音乐上线的"声之剧场"，主打的新IP改编了广播剧和有声书。现在有个新的趋向，不仅是跟以前电子书一样读一下原版文字，更多融入很多场景化的东西，这个行业布局都在积极地构建，所以有声读物在精品化、智能化、场景化这些方面取得了显著的突破。

第三，出版知识服务水平显著提升。刚才讲到出版单位这几年持续地做积极有效的转型升级工作，为知识服务发展奠定了坚实的基础。我们的数字化系统、资源库建设已经取得阶段性成果，各种各类的垂直领域知识服务平台纷纷涌现，已经具备了向用户提供知识资源服务的基本能力。服务的内容也由提供简单的文献获取向根据信息动态重组为用户提供有效的解决方案转变。专业出版社积极响应知识服务发展要求，通过发力编辑、创作、科研等环节，全方位提高知识服务能力。还有我们行业间的合作逐渐增多，加速了专业领域的内容资源的有效聚合。各种先进技术，人工智能、大数据技术在出版知识服务产品中得到广泛应用，围绕着学术成果的展示、知识发现、学术评价、个性化定制方面构建全方位知识服务生态体系。我们新闻出版研究院也作为一个国家知识资源数据库的建设单位，积极推动和大家合作做这方面的工作。

第四，数字教育出版的发展与调整并行。2020 年疫情暴发期间，线上学习成为刚性需求，各地的学校积极响应教育部“停课不停学”的号召，通过线上方式进行授课，首先为 K12 的教育市场带来一个高速发展机遇。数据显示，K12 在线教育的行业渗透率和月活在 2020 年 2 月达到了峰值，行业渗透率是 39%，用户达到 3.4 亿人。在疫情高发期间，K12 教育行业中平均每个活跃用户使用 APP 的时长最高值达到了 243.3 分钟，也就是说在 6 小时以上，到 2021 年 10 月，K12 的活跃用户达到了 2.02 亿人，同比增长 44.2%。除了数学、语文、英语和学科教育，学前启蒙教育的素质教育也成为一些新的热点，除了音乐、美术以外，还有“少儿编程”“数理思维”也成为众多 K12 平台的热门课程。传统出版单位正在积极把握用户学习需求向线上迁移的机遇，加快推进数字教育方案产品和模式的创新，打造集教学资源学科工具教学应用于一体的数字化教育平台，满足课前、课中、课后的预习、复习、课堂教学、测试、测验、考试、作业等多种应用。受疫情的影响，我们的就业压力剧增，职业教育逐渐成为一个刚性需求，国家层面也高度重视职业教育，并且积极支持职业教育的线上化，为在线职业教育带来了新发展机遇。同时，新职场人对知识产品的付费意愿和职业技能提升需求日益加大，这是一个继续学习的过程，职业教育成为数字教育的重要新赛道，涵盖 IT 应用、财会、教师等职业技能培训，还有各类职业资格考试、语言学习、公务员考试等市场的日益细分化。虽然 2020 年我国数字教育发展迅猛，但也处于不断调整中，平台口碑、课程价格、授课效果等重要因素都在影响用户的选择。2021 年有一个很重要的政策就是“双减”。2021 年 7 月，中共中央办公厅和国务院办公厅印发了《关于进一步减轻义务教育阶段学生作业负担和校外培训负担的意见》，第一个主旨是全面减压作业的总量和时长，第二个主旨是对学科类校外培训中各种乱象进行治理，全方位地规范校外培训行为。我们觉得这个意见会在数字教育市场进行一个全新的调整，数字教育出版在整个的赛道市场格局方面要面对新一轮的变革。

第五，数字营销方式成为出版品牌建设的新途径。受到新冠肺炎疫情的影响，线下出版供给和销售渠道受阻，倒逼出版社加速进行营销体系升级，出版社开始借助电商平台、短视频平台、微信服务号拓展新媒体营销渠道，同时要借助具有沟通性、差异性、创造性、体验性的短视频和网络直播形式，有大量的作者、作家、学者们进入了线上直播间，进行知识分享和图书推荐，所以也频频地出现了现象级的营销事件，可以说取得了初步成效。虽然这些营销尝试伴随着疫情防控的常态化，线下销售渠道逐步恢复，出版单位从中也认识到线上渠道在品牌建设方面的优势，从刚开始的初步试水，现在开始转向常态化布局，短视频营销、直播电商、社群营销等数字营销新模式已经成为当前出版单位的一个标配、一个重要建设手段。各个出版单位充分运用自有的 APP、视频、直播等媒介渠道，并且积极开通了微信公众服务号、小程序、阅读学习社群等具有聚客引流功能的新型线上运营方式，初步实现了内容的全方位传播、品牌的多维度展示，然后在新媒体营销方面也在加速形成更加专业的运营体系和运营机制，比如积极地组建新媒体团队、短视频制作团队，打造视频营销矩阵，同时根据不同的产品细分市场进行精准营销。从编辑、营销人员到总编辑，我们的出版人都走向前台变身主播，也实现了出版物生产和营销的能力提升，比如机械工业出版社华南公司在 2020 年 2—8 月已经策划了 700 场直播活动，在天猫、京东和当当平台同步推广，实现了传播效应和销售转化的双收获。中信出版集团策划一个跨国直播，一周内全网播放人数达到近 900 万人次，并且直播以后还注重内容的二次分发，通过各类媒体矩阵持续发挥效应，结合小型直播活动，形成在图书品牌营销的第二轮高潮。可以看出，在这方面开始形成更加专业的运营体系和运营机制，进行积极探索，这对我们来讲是一个非常可喜的现象。

第六，数字内容产品“走出去”成绩突出，出版单位在日趋完善的融合发展的政策体系引导下，也积极响应国家“一带一路”倡议，积极地运用数字新业态、新渠道，突破传统“走出去”模式，已经形成了融合发展国际化的新路径。数字内容产品也是中华优秀传统文化“走出去”的一个重要的主力军，在增强国家软实力、扩大中华文化影响力和传播力方面发挥重要作用。为此，出版单位做了一些新的尝试，比如人民文学出版社疫情期间 ZOOM 会议的新形式、新工具，实现线上线下图书宣传的联动，拓宽了国际化合作渠道。它跟英国出版单位合作举办冯骥才云上课堂活动，一共有超过 7 万名的海内外读者参与。浙江大学出版社的《新型冠状病毒肺炎临床救治手册（浙大一院临床实践经验）》制作成 11 个语种的电子版在全球平台发布，这个探索以数字出版和线上贸易为核心的国际合作出版的新模式，为全球抗疫做出了应有的贡献。还有比较突出的两个方面：一个是网络文学，一个是网络游戏。网络文学作品，通过图书出版、IP 改编、在线翻译、海外本土化传播和投资收购合作平台等方式实现了有效对外传播，拓展了出海航线，为传承中华文明、传播中华优秀文化方面做出了突出贡献。截止到 2020 年底，我国已经成功向海外输出网络文学作品超过 1 万部。从覆盖的地域和国家来看，我们在全球的五大洲都有辐射，在亚非拉的市场基本形成，在东南亚国家和英、美、加拿大等国家的影响力最大，比如说，起点国际全球的累计访问用户达到 5 400 万人，上传了 1 300 部翻译作品，中文在线的海外阅读用户累计达到 3 000 万人，掌阅的海外平台的阅读用户累计超过 3 000 万人，日均阅读超过 60 分钟。网络游戏方面，随着中国游戏企业对移动游戏玩法的创新和游戏体验建立的优化，整个研发水平不断提升，游戏质量也越来越高，“出海”的步伐持续加快。伽马数据统计，2020 年自主研发的移动游戏海外市场的实际销售超过 130 亿美元。2021 年同比超过了 46%，数据是 180 亿美元，又实现了大幅度增长。发行能力在全球游戏市场也保持一个领先优势。2021 年上半年海外游戏移动发行商中，来自中国的发行商占将近 1/4，排名全球第一。2021 年，App Annie 有一个年度全球发行商 50 强的榜单，中国发行商占据 15 席，腾讯和网易位于第一和第二，这是连续四年全球排名前两位的发行商。

第七，出版应急管理保障体系逐步建立。在新冠疫情防控阻击战最严峻的时刻，全国的经济社会活动都按下了暂停键，正常的出版营销活动处于“封冻”状态，但是我们依然有超过半数的出版单位快速行动，回应社会对疫情防控知识的迫切关切。数字出版在行业构建应急出版机制，纸数同步、媒体融合、后疫情时期创新发展等方面冲锋在前，进行创新实践，在助力疫情防控出版服务上有突出表现。出版业应急响应有两种模式：一是快速推出了疫情防控的主题出版物，二是重组和开放知识资源平台。其中，疫情防控的主题出版物主要以数字出版物形态为主。在此次的应急响应主题出版中，频频出现“一个内容创意、多种产品形态”的出版物，体现了基于云端的“云上协同、网上互动、屏上阅读”的融媒体出版服务特征。专业出版单位在应急方面表现出色，充分发挥自身优势，依托在科技出版领域的丰富深耕成果，形成了特色知识数据库、知识服务产品，多家出版社推出了战疫选题出版物的电子版、有声版、视频版等网络版本，设置中医、按摩、康复、心理等专业在线学习专题，每天定时更新、定时推送，引导读者用户增强自我防范意识和防护能力，掌握正确的防护知识，同时帮助读者消除了很多恐慌的情绪。在这个应急响应过程中，超过 50 家出版社建立了多个轻量型的应用平台，这表明出版单位在努力跟进，从原来的固定端平台向移动端平台迁移。据统计，科技类 23 家出版社开放了 45 个平台，平均每家接近两个。同时，为了满足全国师生居家学习的需求，教育出版社发挥了信息化和数字化学习资源的优势，通过开放数字化教学资源和教学资源库，紧急上线配套音、视频课程，同时借助二维码技术，将纸质内容转移到了线上平台。尤其在疫情严峻的时刻，充分考验了出版单位快速策划生产融媒体出版物的能力，以及出版组织机构快速调适的张力，从供给侧生产端延伸到服务端的综合传播能力，基于云端的信息化、大工业的生产方式，使出版队伍经历了实战的锤炼，团队工作方式正在改变传统出版人才的成长方式，应该说这是我们得到的一个最大的收获。

三、疫情防控常态化下，我国数字出版的整体趋势

2021 年，习近平总书记在乌镇全球互联网大会发出的贺信上强调，中国愿同世界各国一道，共同担起为人类谋进步的历史责任，激发数字经济活力，增强数字政府效能，优化数字社会环境，构建数字合作格局，筑牢数字安全屏障，让数字文明造福各国人民，推动构建人类命运共同体。习近平总书记的讲话为数字出版发展擘画蓝图，指明方向。我们认为在疫情防控常态化下，数字出版要肩负起更大的时代责任和使命。所以我们认为，今后数字出版将呈现出以下六个方面的发展趋势。

第一，数字内容趋向精品化。2021 年下半年以来，国家及相关部门针对文艺领域，特别是网络游戏、短视频、网络直播，加强了治理力度，出台了一系列政策和相关举措。2021 年 12 月 28 日，在第二届中国 · 江苏游戏产业高质量发展论坛上，有一个未成年人保护工作的专题论坛，我们总结概括了一下，从 2003 年原国家新闻出版总署发布的在游戏里面必须登载《健康游戏忠告》开始，18 年来一共出台相关的政策，不完全统计是 13 项。仅国家新闻出版署 2021 年就出台了 5 项政策，反映出国家在加强网络意识形态领域监管治理方面的决心，也意味着网络文明建设成为数字文化建设的首要任务和新时代精神文明建设的重要落脚点。2021 年 9 月，中共中央办公厅、国务院办公厅印发《关于加强网络文明建设的意见》，从加强网络空间思想引领、网络空间文化培育、网络空间道德建设、网络空间行为规范、网络空间生态治理、网络空间文明创建等方面，对网络文明建设提出了新的要求。内容是数字出版高质量发展的重要核心和立足点，这个意见对数字出版发展提出了新的要

求，也为我们数字化发展指明了方向。近年来，国家新闻出版署自2019年起组织出版实施的“数字出版精品遴选推荐计划”，面向网络文学、有声读物等领域实施的精品出版工程，比如“优秀现实题材和历史题材网络文学出版工程”“有声读物精品出版工程”这些推优工程来引导数字出版精品化发展。我们也可以看到现在人民群众对数字内容需求的日益旺盛，但是随着文化审美品位不断提升，对内容供给的品质也在不断提出更高的要求。近年来，无论是网络文学、有声读物还是知识服务产品，都呈现出明显的精品化趋势。以网络文学为例，网络文学作品已经开始逐步摆脱过去一些玄幻、虚幻、穿越的套路，越来越多的网络文学作品开始从现实生活中取材，从优秀传统文化中来汲取养分，更加接地气。现实题材在网络文学作品中的占比也越来越高，现在基本上突破50%以上。网络游戏方面，通过加强游戏版号管理，鼓励引导精品生产，功能性游戏、云游戏成为网络游戏发展的重要方向。游戏企业纷纷加大对先进技术研究和关键应用的投入，同时积极把好导向关，我们一直强调，游戏首先是意识形态的主阵地、核心价值观的传递器，然后才是一个产业化发展的重要增长点和先进技术的集大成者，同时也是走出去的一个重要方向。但是精品化现在是行业共识，在刚召开的游戏产业年会上也看到越来越多的内容精致、画面精美、制作精良的游戏开始面世。

第二，数字内容生产分发迈向数据化、智慧化。日益旺盛多元的数字内容消费需求，催生了人们对内容供给方式的更高要求，所以现在我们更加强调内容、用户、场景三者之间的精准匹配。这就倒逼出版业在生产方式、服务模式、运营机制等方面创新升级。出版单位也逐渐迈向生产协同化、智能化，渠道融合化，服务实时化，产品社交化，出版业正在加快构建以数据智能化为关键要素的内容供给链条，通过对海量数据的获取、处理、分析，获取更加精准的用户画像，精准洞察把握市场需求，为业务赋能，实现业务流程的数据化、自动化、智能化，生产、创作、分发、营销的分众化、精准化和定制化，我们看到技术和数据对出版供给链条的赋能作用日益加大。通过对海量数据的获取分析，我们的企业能够获得更加有价值的资源和信息，从而有效地应用于内容生产。随着5G、云服务、物联网的应用推进，即时连接和实时服务正在成为内容管理方式的标配。人工智能技术也正在深入融合到我们的策划、创作、分发传播、市场分析、营销推广各个环节，正在深刻改变内容的生产方式和运营模式。内容和读者用户之间能够实现更加深度的理解，建立起更加密切的互动关系。随着用户信息需求的提升，驱动数字内容的分发方式也从单一的算法迈向“算法 + 身份认同”新的阶段。还有在区块链技术的加持下，新的数字内容体系正在加速构建，这将有效促进数字内容价值和提升，所以建立健全数字内容价值评估体系的重要性更加凸显，真正的数据资产怎么样实现价值，怎么样去实现版权的保护和应用都是新的话题。

第三，数字内容产业生态链条迈向生态化。由于数字文化消费需求的变化，行业发展的底层逻辑和市场格局都将发生明显的变化。新技术、新需求赋能催生了新的数字文化业态和产品形态，涌现了新的消费市场，数字内容产业链条得以延展。还有不同出版文化领域之间的深度融合，社交网络和网络社群的快速发展，以及数字内容和其他内容的加速融合，并且深度嵌入各类消费场景中，实现了数字内容生态延长的延展，扩大了数字内容的传播半径。这种内容传播逐渐打破了特定受众群体和有限场景下产品形态的局限性，将实现更为广泛的传播，也推动我们的出版企业聚焦新市场的需求，拓展新的业务，构建多维度、多场景的出版知识服务体系，实现供给链、产业链、价值链重塑。5G 的大规模商用，以及国家文化大数据体系建设的提速，会成为我们推动文化领域技术应用范式、行业竞争方式和大众消费方式转变的重要力量。出版业将在技术赋能下迎来更多的发展机会和新的竞争赛道，数字出版乃至整个数字内容产业的各个细分领域的格局都将迎来新一轮的洗牌，这是我们的一个基本判断。

第四，数字内容呈现趋向视听化，视听化内容在数字内容占比将会有较大提升。全媒体的视听化内容，通过多媒体、多元素、新手段、新技术的综合应用，已经得到了大众的认可，成为互联网经济中发展最快的传播形态。我们刚才讲到短视频，它在传播的时候是最快的，视听类产品的内容在感染力方面具有非常大的优势，有利于增加用户对内容的注意力和吸引力，在内容生产的营销中都将发挥日益重要的作用。为了编写出版业“十四五”规划，我们在线上做广泛的调研，有一位特别有名的网络文学网站的负责人讲，现在推荐网络文学作品，如果说没有短视频伴随，它的推广效果会大打折扣。也就是说我们有很多东西，现在不完全是以文字来取胜，需要短视频助力。据 2020 年下半年统计，全国新增网民中的 1/4 是因为网络视听类应用接触互联网，特别是短视频，有 20.4% 即 1/5 的人第一次上网用的就是短视频应用。目前这个视听内容也逐渐进入一个沉淀期，内容精品化趋势明显。同时我们讲音频、短视频、中长视频、音频和网络直播的视听化的内容和图、文等文本内容之间会形成更加匹配的耦合方式。同时在 5G 商用和虚拟 / 增强现实、3D 等技术的加持下，也会为用户提供一个更加优质、层次丰富的视觉感官体验。未来，我们认为视听内容将与出版业有更加深度的融合，从而引发一些新的增长点。

第五，数字内容服务体验趋向场景化。随着万物互联时代的到来，未来任何连接网络的终端载体，都可以成为承载信息、获取内容的载体，而且彼此连通，可以基于不同终端、不同场景、不同需求来实现自由切换，做到内容和终端、场景的精确匹配。比如物联网快速发展，穿戴智能设备，车站网、智能家居等这些新场景已经逐渐融入了大众生活，前两天我买的洗衣机就已经可以跟我的手机联网，上班前只要把衣服放在里边，通过手机设置，下班前可以洗好，用了多少度电、什么时候洗好、用了多少水，我都清楚。当然这是一个很小的应用，智能家居将来的应用场景更大，这就极大地拓展了我们获取文化、信息、知识的场景，比如现在有声读物的应用，有 60 多家车企开始植入喜马拉雅 APP 作为车载内容，这是一个很值得注意的现象。未来，我们认为在云计算、大数据、人工智能这些技术的支撑下，出版企业可以实现不同的业务场景和用户的需求，比如对我们的出行、线下图书馆、书店、地铁站、医院、旅游景点，甚至包括随便一个街头，这些场景都进行定制化的供给，实现各种不同类型的文本和场景的精准匹配，构建一站式的知识文化服务生态体系，满足人民群众更多层次、多元化、多维立体的精神文化需求。这些正在到来，不是说有场景，是正在到来。

第六，数字版权管理迈向体系化。我们认为区块链将有力地推动数字版权保护和价值的提升。运用区块链进行数字作品的存证、追踪监测及其取证，同时可以对内容生产传播全流程进行有效记录。数字出版产品在区块链网络上生成的数据均被定义权属关系，通过区块链标识、智能合约、通证技术等来保证数据对象的唯一性、真实性和完整性，从而为数字内容作品版权归属明晰提供一个有效的技术手段。同时，区块链可以赋予每个作品独一无二的数字身份信息，将作者信息等关键的作品信息的记录存储在区块链上，确保数据不可篡改，有力确保数字出版产品从创作、制作、传播、交易、运用等各个环节的安全性和可靠性。借助区块链分布式思维，在数字版权资产管理的过程中，进行数字版权资产存在性证明，所有的数据可以逆向追溯，各个环节均可确认、举证与追责，这就可以有效地建立数字版权的信用机制。搭建基于区块链技术的版权保护平台，我们可以实现数字版权的确权、监测、侵权取证、诉讼、结算等服务的全流程管理。目前利用区块链取证的法律效力已经得到了知识产权法院、互联网法院等司法机构的认可和采纳。基于区块链技术的数字版权的共治、共享、共建的全生态全生命周期管理体系逐步构建，将助力版权行业更加高效、健康地运转。所以基于区块链的数字版权的产权有望迎来更大的发展空间。

再次感谢南京大学和广东高等教育出版社举办的活动，我们将继续以实际行动纪念建党百年，致敬“十四五”。我今天跟大家进行的分享就到这里，如有不当之处，敬请各位老师、各位同学给予批评指正，谢谢大家！

请扫码观看讲座视频

践行“十四五”规划，推进融合发展

——关于《出版业“十四五”时期发展规划》中融合发展内容的认识与思考

宋吉述

讲座时间： 2022 年 3 月 1 日

主讲人简介： 宋吉述，江苏凤凰出版传媒股份有限公司副总经理，兼任北京学科网股份有限公司董事长等。1994 年进入出版系统工作，先后任集团出版部副主任、教材部副主任、译林出版社副社长、江苏电子音像出版社社长、江苏凤凰数字传媒公司总经理等职务。2008 年以来，长期兼任集团数字化中心主任，负责数字出版、集团信息化工作，对出版业数字化转型、出版信息化建设等问题做了一些研究，被南京大学、南京师范大学等聘为产业教授或兼职教授。

内容提要： 报告主要介绍了《出版业“十四五”时期发展规划》中关于融合出版的表述，并指出“数字化是《规划》中贯穿始终的主线，是时代发展的大背景和大趋势”。认为规划中所提出的“着力推出一批数字出版精品”是基础，“大力发展数字出版新业态”是重点，“做大做强新型数字出版企业”是关键，“完善数字出版科技创新体系”是保障。报告还将“十四五”规划与前期规划进行了对比分析，揭示了“十四五”规划的新思路、新要求，并结合江苏凤凰出版传媒股份有限公司的相关经验，对出版社如何推进融合出版提出了实践建议。

关键词：“十四五”规划　融合发展　数字出版

我主要就三个方面来交流关于《出版业“十四五”时期发展规划》（以下简称《规划》）的想法：一是《规划》中关于融合出版的一些表述；二是怎么理解《规划》中融合出版的内容；三是从出版实践出发，或者从一个基层工作者的角度，谈谈如何按照《规划》要求推进融合出版工作。

一、《规划》中关于融合发展的内容

2021 年 12 月 30 日，国家新闻出版署印发了《出版业“十四五”时期发展规划》。《规划》共 11 部分，第一部分讲总体的指导思想、基本原则和主要目标，最后两部分是关于保障部署的内容，中间的八部分分别就八个方面的主题做了详尽论述。融合出版是其中重要的组成部分，主要体现在第一部分“目标”和第四部分“壮大数字出版产业”方面。但我们要注意到，数字化是贯穿《规划》的一条主线，并不仅仅体现在这两个部分。这也很好理解，因为数字技术的发展推动了出版业各环节、各领域的发展，这是时代的大背景，在《规划》中的体现肯定不限于某一个具体的方面。例如，在《规划》第二部分“做强做优主题出版”，提出的一项重要工作是“建好用好‘新时代　新经典——学习习近平新时代中国特色社会主义思想重点数字图书专栏’”。在第五部分“促进印刷产业提质增效”中提到要“集中优势资源突破喷墨数字印刷等关键核心技术，解决一批‘卡脖子’问题”，“分期建设中国数字印刷大数据中心”，用新技术来提升印刷业。在第六部分“加强出版公共服务体系建设”中提出了“农家书屋数字化提升工程”。这些都表明数字化是贯穿《规划》的一条主线。

《规划》中对融合出版的专题论述集中在第一部分“深刻把握出版业发展新任务新要求”和第四部分“壮大数字出版产业”这两部分。首先是在总体目标里面，《规划》大致提出了四个要点：第一，是就行业整体而言的，要充分发挥数字技术赋能引领作用，使内容生产传播数字化水平显著提升；第二，在业态创新方面，提出的目标是数字出版、按需印刷等新业态、新模式更加多元，数字出版的精品供给更加丰富；第三，在发展成效方面，提出数字化营收占比持续提高，行业融合发展进一步深化；第四，在市场主体建设方面，提出要重点培育 10 家左右的新型出版企业。这个目标跟“十二五”“十三五”的《规划》相比，似乎更切合实际。

《规划》的第四部分“壮大数字出版产业”，提出了融合出版的四项重点任务和一个专项工作——“出版融合发展工程”。四项重点任务中，一是着力推出一批数字出版精品，也就是要求重视产品研发，重视精品和龙头产品打造。二是提出要大力发展数字出版新业态。新业态是什么？首先是数字化技术赋能出版业，催生传统出版与数字出版相融合的新业态。其次是针对数字化场景，推出新的文化服务，比如精准匹配用户需求和应用场景，推广互动式、服务式、场景式传播，打造数字出版的新产品、新服务、新模式，也就是数字出版。同时，鼓励跨界，实现“出版+”，提高产业附加值，拓展产业新领域。三是提出要做大做强新型数字出版企业。《规划》认为数字出版企业要具有技术领先、融合度高、精品聚集、示范性强等特点。同时，《规划》中也提出要打造国家级龙头企业以及国家级数字出版平台，建设数字出版基地。四是提出要健全完善数字出版科技创新体系，提出了加强产学研的合作、加强新技术的推动、新技术的应用以及扶持出版企业进行技术创新等。需要注意的是，其中提出要推动建立行业数据服务规范，构建出版业数据服务体系，开展面向政府、企事业单位、个人的数据服务，这一点融合了当前比较热门的数字经济概念。

该部分最后专列一项重点工程，即“出版融合发展工程”，借此落实推进前述四方面工作。该工程包含六个小项：一是重大出版融合发展项目，主要是聚焦一些国之大者的大工程。二是文化传承融合出版工程，包括古籍数字化等工作。看得出来，《规划》对传统文化和古籍数字化特别重视，在多处提到。三是数字出版内容精品工程，其中包括从2019年就已经开始实施的“数字出版精品遴选推荐计划”。该计划已经实施三年，列入“十四五”规划意味着后续还会持续推进此方面工作。四是出版融合发展示范单位和大型数字出版平台的建设。融合发展示范单位2022年刚评选出了第一批。从《规划》中可以看出，“十四五”期间要遴选出20家综合实力强的融合出版旗舰单位、30家优势突出的特色单位。在2012年就进行过数字出版示范单位的评选，起到了一定推动效果，“十四五”期间继续推进类似评选，可能就示范单位的评价和推动激励机制以及示范引领效应的发挥等方面做进一步探讨完善。五是出版业科技与创新示范项目，主要是科技标准建设等方面，目的是建立全面完整的创新科技体系。六是报业创新问题。

二、如何理解《规划》中融合发展内容

如何理解《规划》中数字出版或者融合发展的内容？本人认为可以从三个方面来看：一是与前期规划内容的比较，二是从当前时代背景来理解，三是对重点任务的内在逻辑做一些分析。

（一）与前期规划内容的比较分析

早在“十五”规划中就体现了数字化的相关内容。时任国家新闻出版总署署长石宗源在一篇介绍“十五”规划的文章里提出，“十五”要运用高新技术加快出版业信息化步伐，认为随着高科技发展应用，许多传统的出版方式都会被淘汰，而新兴的出版方式能够获得更加广阔的生存空间和发展空间。数字技术、网络技术在新闻出版业越来越广泛应用，正在形成一个新的出版形态。网络时代的出版业是一个全新的概念，它在很大程度上突破了传统的出版观念。在用技术升级各个环节方面，文章提到要加强磁、光、电等新媒介的研究，积极开发新的出版媒体，要实现出版物编辑制作流程数字化、印制自动化、管理网络化，加快出版产业的信息化步伐。[1]从中可以看出两点：一是“十五”规划中提到的数字化主要包括两个相关联的方面。既要培育网络时代的出版业，他认为网络时代出版业完全突破了传统的出版观念，又要用新的技术强化传统出版业的各个环节，用技术结合来改造升级传统出版业。后期规划里面提到的数字化工作、数字出版工作的核心也基本上可以概括为这两方面。二是“十五”规划起草于 2001 年，当时一些出版单位连电脑使用都不普及，规划中能对数字化有此描述是非常超前的。当然，“十五”期间对数字出版、数字化的表述，总体还是处于萌芽阶段。

“十一五”规划中首先明确提出了“数字出版”的概念。在其提出的发展战略中，有一条就是大力发展数字出版，积极实施数字出版战略。同时，规划中还提出了数字化具体发展目标。例如，“到‘十一五’末，建设 4~15 个数字出版产业基地，形成 10~20 个网络出版强势企业”，这些目标总体还是非常超前的。时任国家新闻出版总署署长龙新民在解读文章里指出，要利用新技术来推动产业发展，“大力发展以数字化内容、数字化生产和网络化传播为主要特征的新媒体，努力冲击世界数字媒体技术制高点”。[2]

“十二五”规划非常明确地定义了数字出版的概念，认为数字出版是出版业与高新技术相结合产生的新兴出版业态，其主要特征为内容生产数字化、管理过程数字化、产品形态数字化和传播渠道网络化。由于其存储海量、搜索方便、传输快捷、成本低廉、互动性强、环保低碳等特点，已经成为新闻出版业的战略性新兴产业和出版业发展的主要方向，也是国民经济和社会信息化的重要组成部分。大力发展数字出版产业，已成为我国实现向新闻出版强国迈进的重要战略任务。这意味着到“十二五”期间，对数字出版的认识基本完善。我们要注意到，“十二五”还推出了数字出版的专门规划。这种总分结合的情况“十三五”也有，侧面显示了对数字出版的重视。

“十二五”规划对数字出版确定了比较高的发展目标。例如，“到‘十二五’期末，力争实现数字出版总产达到新闻出版产业总产值的25%”。这方面的关键问题是要明确数字出版的范围。如果以中国新闻出版研究院自2011年起每年发布的《中国数字出版产业报告》来看，其所统计的数字出版产值很快就超越了新闻出版业总产值的25%。2010年4月27日，时任国家新闻出版总署署长柳斌杰在为党的干部教育培训和思想理论建设服务暨庆祝中共中央党校出版社成立30周年座谈会上表示：2009年我国数字出版的产值已经超过了传统出版业的产值，增幅达到50%。[3]但如果仅从数字图书、报刊等与传统出版结合紧密的数字出版范围来看，产值比例要达到25%，挑战还是非常大的。其他目标，例如“在全国形成10家左右各具特色、年产值超百亿的国家数字出版基地或国家出版产业园区，建成5~8家集书报刊和音像电子出版物于一体的海量数字内容投送平台，形成20家左右年主营业务收入超过10亿元的具有国际竞争力的数字出版骨干企业”，这些如果只算严格的出版企业的话，可能到现在还有很大差距。所以综合来讲，“十二五”规划所定的目标还是比较高的。

2017年公布的《新闻出版广播影视“十三五”时期发展规划》，有个非常鲜明的特点就是把媒体融合的思想融入规划中，对于数字化的总要求、总描述集中在推动媒体融合发展上。梳理一下习近平总书记媒体融合思想的发展过程就能看出，“十三五”规划强调媒体融合符合大的时代背景。值得注意的是，“十三五”也有数字出版专题规划，其中吸收了媒体融合的理念，同时也保留了过去数字出版的提法。一方面，提出要推动传统出版与新兴出版的融合，打造一批融合的复合型出版机构，是媒体融合理念的贯彻；另一方面，在目标、重点任务中基本还是以数字出版为主体。例如，在发展目标中提出“数字出版营业收入年均增速度不低于17%”，在重点任务、重点项目方面也主要是数字出版项目，强调对新业态、数字出版新模式的探索。[4]

在回顾“十五”到“十三五”的各期规划中可以发现，“十四五”规划跟前期有一脉相承之处，但是也有一些不同着力点。这些差别大致体现在以下四个方面。

第一，从转型升级到融合发展，对于出版业数字化发展的定义、边界和目标逐渐清晰。从“十五”模糊地提出“网络时代的出版”概念，“十一五”提出“数字出版”，“十二五”明确“数字出版”，“十三五”突出“媒体融合”，关注重点是不同的。“十四五”规划提出“产业数字化水平迈上新台阶”，其包含的意思是非常广泛的。比如出版科技创新与成果转化能力明显增强，数字技术赋能引领作用充分发挥，内容生产传播数字化水平显著提升，这些都是对产业全方位的升级。从转型升级到融合发展，对数字化的描述总体上是逐渐清晰的。同时，对于数字出版产业范围的认识也在不断深入。从中国新闻出版研究院发布的数字出版产业年度报告来看，数字出版收入非常高，范围也很大，包括网络动漫、博客类应用、移动出版和在线教育等。对此，出版业一直有人认为，这些都不是严格意义上的数字出版，只有其中的数字期刊、电子书等与出版结合比较紧密的才算是数字出版。我个人认为，既然作为新业态，那么眼光远一点，范围大一点也不为过，代表了一种发展的眼光，假如我们一直固守在与传统出版相近的几个方面，反而可能打不开思路。

融合发展体现了我们对当前出版业态的总体认识。前面的《规划》里面常常提到要传统出版产业转型，其实就隐含了一个意思，即数字出版是未来的一种产业方式，传统图书出版业已经不行了，新的出版形态要替代它。但目前看，虽然传统出版业增幅下滑，增长不明显甚至停滞，但消灭淘汰还是很难的。所以为什么提融合发展，就是要认识到出版业可能在很长一段时期内都是三种形态产品并存：第一种是传统出版物，如图书、期刊；第二种是融合性出版物，即与传统出版物相结合的数字产品，它比传统出版物增加一些新的数字化功能，如电子书、听书；第三种是数字出版形态，即完全脱离传统出版来进行的创新化服务。从这个角度来讲，强调融合发展更加合理。当然，并不是说纯互联网的数字出版形态不好，相反很多都是未来的发展方向，只是传统出版业短期内不一定能做到。在传统出版业转型升级的过程中，大家都能明显感觉到推动一个出版社转型，无论是产品上还是运作方式上都存在很大困难，特别是直接转到理想的互联网化的数字出版状态是非常难的。在这种状态下，推进融合发展，可能更加有利于产业的发展以及各种转型的落地，达成小目标。

第二，对发展目标的认识更加贴近实际。“十一五”“十二五”都提出了非常高的目标，这些高目标不仅当期难以完成，有的到现在也很难说已经达到。“十四五”的目标理智了很多。“十四五”规划提出充分发挥数字技术引领作用、数字出版的新业态更加多元、数字化营收占比持续提高，这些要求总体比较宏观抽象，重点培育10家左右国家数字出版基地或国家出版产业园区，没有限定多少亿产值，也没有说明必须是传统出版社，就更好实现一些。从“十二五”“十三五”出版业数字化发展的实际情况来看，“十四五”的这种描述也许更加贴合实际。

第三，对技术创新的认识更加客观。前期规划中提到了大量的技术创新工作。其实对于当前的数字出版或者融合发展来讲，出版业最大的困难不是技术，融合发展并不需要最先进的技术，主要是应用性的技术，融合发展的困难主要是技术应用场景、产品、价值、模式的探索。“十四五”规划中提到的技术创新工程较少。

第四，推进行业融合发展的方式更加贴近实际。从“十一五”开始，规划中都列了很多重大项目，不少项目都是国家新闻出版广电总局或者国家新闻出版署直接参与，“十四五”规划中虽然也列了重点工程，但大多是“推荐”“遴选”“示范”等工程，强调了国家新闻出版署的引导推动作用。中国新闻出版研究院魏玉山院长曾经在一个采访里提出变化的主要原因是国家新闻出版署归属中宣部后，职能和定位都有所调整。这其实也体现了政府在产业发展中的作用以及推进方式等的变化。[5]

（二）对当前时代背景的把握

作为“十四五”时期的出版业发展纲领，《规划》必然体现了当前的时代背景与思想，因此要深入理解《规划》内容，就必须对当前的时代背景和出版业融合发展状况有全面准确把握。

首先要深刻领悟习近平总书记关于媒体融合的重要论述。《中国出版》上有一篇文章，比较详细地梳理了习近平总书记媒体融合思想的形成过程。2013 年 8 月 19 日，习近平总书记在全国宣传思想工作会议上首提媒体融合。2014 年 8 月 18 日，中央全面深化改革领导小组审议通过《关于推动传统媒体和新兴媒体融合发展的指导意见》，媒体融合迅速上升至国家战略。2015 年 4 月，国家新闻出版广电总局、财政部联合印发了《关于推动传统出版和新兴出版融合发展的指导意见》。[6] 因此在 2017 年发布的“十三五”规划中突出媒体融合是必然的。同时，近些年提出的高质量发展理念也对“十四五”规划内容产生了深远影响。

其他国家文件中对数字化的描述和论述，也必然影响到《规划》。特别重要的是《中华人民共和国国民经济和社会发展第十四个五年规划和 2035 年远景目标纲要》以及《“十四五”数字经济发展规划》这两个文件。《“十四五”数字经济发展规划》明确提出，数字经济是继农业经济、工业经济之后主要的经济形态，数字经济发展的策略就是要推进产业数字化和数字产业化两个方向。这两个方向都体现在出版业“十四五”规划中，甚至都能找到原话。

“十四五”规划还非常重视数字技术发展，但在《规划》中并没有提出具体的数字技术工程，这与“十二五”“十三五”不同。中国新闻出版研究院魏玉山院长在采访中也提到，数字技术这几年发展非常快速，有可能一个大项目还在研究的过程中，过两年它就过时了，或者新的技术又来了，这时候其实应该更加重视产业自身的创新能力。[5] 所以“十四五”规划里没有列具体技术开发工程，而是提出了要促进产业技术开发创新保障体系的建设。

《规划》也体现了对出版业融合发展现状的准确把握。“十三五”期间，融合发展一方面取得很多成绩，中国新闻出版研究院公布的2020年我国数字出版产值1.1万亿元[7]，规模非常大。但另一方面，传统出版形态变化不大，产业环节的更新也不够，整个行业的获得感不强。从江苏凤凰出版传媒股份有限公司（简称凤凰传媒）来看，虽然数字化有发展但总体产值还不高，传统出版与数字出版“两张皮”的情况大量存在。同时，我们也要看到，全国真正的数字出版企业还是不多，体制机制方面还存在很多问题。因此，《规划》提出了四大任务——产品、业态、主体、创新体系，基本上回应了当前出版融合发展的现状与问题。

（三）规划中重点任务的内在逻辑

下面我们对规划中所提出的四个重点任务的内在逻辑进行一些分析。

第一，推出一批数字出版精品是基础。如何理解？首先，这一提法切中了当前融合出版的一些基本问题。集中体现在以下方面：一是出版业虽然在技术创新方面不占优势，但提到数字出版大家都会更多关注技术创新，而实际上最重要的不是技术，而是内容和运营的问题。二是很多项目都叫平台，大得不得了，但是具体的产品、可用的产品非常少。很多项目，甚至获奖的数字出版项目，都有盲目求大的情况。许多项目不是一个出版社能做完，甚至一个集团都做不完，平台多产品少，长期发展是不行的。所以规划开宗明义，首先提数字出版产品是非常有针对性的。其次，隐含了融合发展的思路性问题。我们要看到，对技术公司来说，其内容优势没有，切入数字出版的角度就是技术，着力于平台打造。但从出版社来看，最为擅长做内容、做产品。在这样的情况下，出版社必须考虑“先搭台还是先唱戏”的问题。如果先把戏唱好，借台子经营，最后戏多了，自然就形成了自己的平台。

第二，大力发展出版新业态是重点。首先，前文强调了产品的重要性，但如果没有形成良好的业态，就不可能实现转型升级，业态创新非常关键。什么叫业态？它不是只有几个产品，而是应该有丰富的产品、成熟的模式和规模化的产值。如果以此标准为目标，传统出版社的业态创新任务还是非常艰巨的。其次，什么是新业态？《规划》里提了三个“新”，就是“技术赋能产业链——传统出版新，新产品新服务——数字出版新，跨界融合——产业领域新”。前面两个“新”在历年的规划里面都强调了，后面“跨界融合”的“新”，能够在当前状态下提出来还是不容易的。“十四五”规划明确提出“支持出版发行企业在坚守主业基础上适度开展多元化经营”，虽然加了很多形容词，但总体上持支持鼓励态度，非常不易。当前出版业有一种心态在不断地蔓延，就是聚焦出版主业，但是过于聚焦的话，整个产业领域不能拓展，就打不开局面。当然，业态创新其实是非常难的。对于一个企业来讲，本质上是经营再造和新的产业站位。

第三，做大做强数字出版企业是关键。这一点我想大家都是高度认同的，没有企业，没有市场主体，怎么能发展起来？从“十五”以来的规划就能看出，国家在这方面很早就提了一些目标，目前为止都较难实现。“难”的根本是企业机制方面创新不够。当然，对于新兴数字出版企业，《规划》里未予明确定义，是出版社还是互联网公司？怎样的认定标准？都还要进一步明确。我认为有成熟且影响力较大的数字出版产品、数字化营收占比较高、运作机制成熟的出版企业才可以算作“新兴数字出版企业”。

第四，健全数字出版科技创新体系是保障。这切中了出版业技术薄弱的问题，但是更应该强调这种研究不能偏，要侧重在应用技术和技术应用方面。另外，在标准制定和推广方面，政府应该发挥更大的作用。当前制定了很多标准，但是用起来的不多。我们要看到，出版业是比较分散的产业，不像个别行业，一两个大企业占据整个行业的高点，有很强的产业链关联，它所贯彻推进的一些标准，其他小企业必须跟着，行业标准容易自然落地。出版业没有这样的情形，需要政府、行业协会等的推动。

第五，“出版融合发展工程”是落脚点。其中，一方面强调了国之大者，强调了大选题、大项目，但这不是一个普通出版单位所能做到的，需要全国性统筹协调，出版社可以参与其中。另一方面，强调了示范性。“十四五”期间，国家新闻出版署将组织很多“遴选”“示范”项目，鼓励大家创新，出版社应该重视并积极参与。

三、出版社推进融合发展的思考

第一，应该建立融合发展的思维，明确融合发展的路径目标。这方面包括几点意思。首先，提融合发展概念主要是对我们原来数字出版理念的修正完善。过去我们想一步迈进数字出版，大力发展互联网业态，难度很大。前面已经分析了，三种业态可能长期并存，没有达到纯网络化的服务也没关系，先做一些与传统出版相融合的产品也很好。其次，融合发展思维的核心是把传统出版物和数字出版物融合起来，互相带动，产生积淀，因此要注意长期积累性。目前，出版社做了很多产品，最好能一个个相加，加起来之后能够产生新的质变，这样才能实现从量变到质变的过程。最后，当前融合发展可以做的工作是什么。凤凰传媒这两年重点推进了两个方面：一是用数字化手段提升纸质出版物的销售发行，就是新媒体、电商。经过一年多的推动，目前有新媒体账号 150 个左右，1 000 多万名粉丝，与前几年相比发展快多了，但是与平台热门账号相比差距还非常大。在电商领域，一方面大力发展新华书店电商业务，2020 年新华书店电商销售收入近 10 亿元；另一方面也发展出版社自主电商，销售额达到 2 亿 ~3 亿元，所以整体电商销售达到了 13 亿元左右，效果还是比较好的，推进了图书发行转型。二是通过内容数字化，丰富纸质出版物的表达方式，拓展纸质出版物价值，同时也探索利用纸质出版物的商业模式来实现数字内容的价值。

第二，用融合发展的思维来推动数字出版产品的建设。相对于大平台的建设，出版社应更重视产品研发，大平台不仅建设推广难度极大，普通出版单位力不能及，而且没有产品支撑就会变成空平台、废平台。但是产品研发也不容易，需要理清建设思路。从这些年的实际情况看，纯数字化的产品要做好相当不易，我们也做过很多尝试，成功概率不大，要重视融合产品打造。我们可以研究一下这两年国家新闻出版署“数字出版精品遴选计划”入选项目，会发现很多项目单纯从数字技术水平、数字化表达与服务来看，并不是尽善尽美的，其与传统出版融合的特性倒非常鲜明。所以我感到出版社如果从融合角度来做项目，比纯数字化项目要容易一些，基础也更扎实。

第三，推进企业内部机制创新，适应融合发展需要。从企业内部来看，体制机制创新是一个大话题，在大体制不改的情况下，可以做一些机制创新。比较重要的我认为有两个方面。

首先要把数字出版的互联网思维与传统出版理念深度融合起来。这种融合包括几方面，一是研发、生产一体化。现在许多数字出版项目做不好，其中一个原因是数字化产品滞后于传统出版物，有了书才开始思考怎样拓展到数字化。同时，还把数字产品作为出版物附属品、边角料来做，这样不可能做好。其实现在也有些单位做了尝试，如果从开始就把传统出版物和数字产品统一考虑，就更有希望把两者结合好、做好。二是建立起内容生产和技术研发的协调机制。出版社虽然不需要系统性技术研发，但许多产品确实需要技术的支撑。在此过程中，如何对技术工作进行管理，如何对技术工作进行评价是复杂的，特别是数字化产品增多、数字化功能逐渐完善时，对技术工作的管理就变得非常重要，必须建立起内容生产与技术研发的一体化管理。三是以激发新兴业务动力为核心，推进多元化考评机制。许多出版社做数字出版的人很憋屈，因为到考核时很多产品不容易拿出单独的收入、利润成绩，许多数字化产品产生了很大影响力，独立收益却很难统计。例如新媒体号，虽然有的影响力大，也带动了销售，积累价值特别大，但独立价值却无法以经济效益评价。所以对于融合产品不能采用传统的评价方式，应该结合互联网的流量、用户等维度进行综合评价。

其次是复合型编辑团队的建设。许多出版社开始做新媒体效果一般，主要问题在于我们把它当副业看，当成编辑的业余工作，或随便找两个人做。但是我们要看到，新媒体领域真正有影响力的账号都有专业机构在精密地运作，是团队协作的结果，一个网红后面是强大的策划团队和运营团队，而出版社大部分都是单打独斗。凤凰传媒 2020 年大力推动新媒体运营，还以资助来激励出版社推进该项工作，但总体上还处于单打独斗状态，就像业余选手在跟专业选手对阵，是不可能取得长远发展的。因此，在数字产品打造和数字化运营中，复合型编辑团队建设特别重要。

同时应积极探索混合所有制。如果从行业整体和纯数字化大平台建设来看，没有混合所有制是非常难做到的，合资企业在管理、融合方面存在一定困难，但也有利于解决融资和人才激励等方面的问题。

第四，探索新产品、新业态，促使融合发展迈上新台阶。前文强调了开发数字产品要从单个产品开始，但并不是永远停在单产品上，而是要不断积累单产品，从量变到质变。这就对单品提出了较高要求，必须加强系列化的单品。此外，要做新业态，出版社还必须加强几个转化：一是富媒体化，推进图文内容音视频化，满足当前文化消费日渐富媒体化的需要。二是打造与图书相结合的多元化产品体系。三是与图书相结合的多种服务模式的建设。总体来讲，对出版单位来说，多元化的运营能力是关键。有时候问一些单位：你们做新媒体的目的是什么？说是为了销售图书，但新媒体、直播销售图书不一定赚钱。其实新媒体不只是卖东西，还有好多实现价值的方式，但是在这方面我们很多单位没有关注和探索。所反映出的问题是我们对多元化业态和经营了解、掌握和运用不够。所以在聚焦出版主业的同时，必须具备广阔的产业视野，具有多元化的能力，才能实现出版业态升级，实现出版企业的创新与发展。

请扫码观看讲座视频

参考文献

［1］石宗源．规划“十五”蓝图，为新闻出版业的更大发展奠定坚实的基础［J］．出版经济，2001（1）：4-6.

［2］中华人民共和国中央人民政府．新闻出版总署署长龙新民就《新闻出版业“十一五”发展规划》有关问题答中国政府网问［EB/OL］.（2007-02-14）［2022-05-06］．http：//www.gov.cn/zwhd/2007-02/14/content_526842.htm.

［3］中华人民共和国国务院办公室．柳斌杰：中国数字出版产值去年超过传统出版业［EB/OL］.（2010-04-28）［2022-06-23］．http：//www.scio.gov.cn/wlcb/gcyl/Document/618014/618014.htm.

［4］王强．新闻出版业数字出版“十三五”时期规划要点［EB/OL］.（2016-07-22）［2022-05-06］．http：//jinbangyuan.net/index.php?c=article&id=856.

［5］腾讯网．魏玉山最新解读：出版业“十四五”规划和以往相比有哪些变化？［EB/OL］.（2022-01-10）［2022-05-06］．https：//new.qq.com/rain/a/20220110/20220110A0BOP000.

［6］宫承波，孙宇．习近平总书记关于媒体融合重要论述的演进脉络及目标指向［J］．中国出版，2021（3）：5-10.

［7］逆势上扬的中国数字出版［N/OL］．中国出版传媒商报，［2022-05-06］．https：//baijiahao.baidu.com/s?id=1714756267312975257&wfr=spider&for=pc.

从数字化到数智化：拥抱智能技术，赋能出版融合创新

刘长明

讲座时间：2022 年 3 月 1 日

主讲人简介：刘长明，北京北大方正电子有限公司副总裁，中国音像与数字出版协会常务理事兼融合出版工作委员会副主任委员、北京市绿色印刷与出版技术协同创新中心理事、中国辞书学会理事、国家新闻出版署智慧出版与知识服务科技与标准重点实验室联合主任。20 多年来，一直致力于新闻出版领域的技术研发和推广工作，面向融合出版领域技术创新，带领方正电子业务团队研发并推出多个拥有自主创新技术的产品解决方案，包括新一代书刊协同编纂及动态出版系统、知识库及知识服务系统、新一代内容制作软件（飞翔排版软件）、智能审校、安全出版等系统，面向媒体融合，带领团队推出超融合媒体融合解决方案等核心技术产品，其成果在 300 多家出版社、500 多家媒体单位得到广泛应用。

内容提要：随着大数据、人工智能等技术的发展，出版业迎来数智化时代。从技术角度出发，对为何以及如何实现出版业数智化转型进行报告。从智能技术变革生产工具、数据资源为关键生产要素、数字内容重构产品结构、信息网络为市场配置纽带、服务平台为产业生态载体五个部分展开，举例国内外先进经验、技术和产品，展示了智能技术如何赋能出版内容生产与知识传播，并对数智化时代应时而生的数字化营销和产品服务创新进行了阐述。最后对未来出版业发展进行展望：一是未来出版平台的发展除了重视业务流程优化再造和内容产品服务创新外，还要重视“数据 +AI”双中台的建设，关心数据资产化、数据标签管理以及数据服务管理。二是出版业未来发展的重点方向是按需出版印刷。

关键词：数智化　智能技术　融合出版

我想从技术的视角跟大家做一些分享，分享的题目是《从数字化到数智化：拥抱智能技术，赋能出版融合创新》。我分三个层面来讲述，一是数字化转型是出版业未来发展的趋势；二是智能技术赋能出版的内容生产和知识传播；三是数智化时代在新技术的驱动下，业务流程和产品服务的一些创新。

大家都知道，2021 年我们国家通过了“十四五”的五年规划和 2035 年远景目标的建议，提出了一个新的目标，“十四五”发展的主题就是高质量的发展，由规模扩张的发展模式全面转向更加注重质量、效率、效益的发展。在整个转型中，要培育新的动能，推动产业的转型升级。在这个过程中，要以科技创新作为着力点来发展和培育新的动能，这是宏观的政策环境。就技术发展的产业环境而言，数字化、网络化和智能化是新一轮科技革命的突出特征。在这个过程中，技术的发展进入了一个新的生命周期，围绕着大数据、云计算、人工智能、区块链、5G 等技术，发展特别迅速，尤其这些技术的融合和叠加，会推动新一轮的产业变革，应该说全球的产业都进入了数智化转型的时代。那么在未来 10 年，信息技术与经济社会的深度融合是发展的主线，也是数字经济的基础。前不久国家也下发了一些关于数字经济发展的指导意见，任何产业的变革先导的都是通过技术创新来驱动的。第一次工业革命，18 世纪 60 年代蒸汽机的广泛使用，推动了包括纺织机械、蒸汽机和铁路产业的发展。到了第二次工业革命，我们进入了电气化时代，这个时代就是电力的广泛应用。第三次工业革命实际上是信息化的时代，主要有计算机、自动控制、激光等技术的采用。现在实际上是进入了第四次工业革命，这个革命是以互联网的发展为契机，包括云计算、大数据以及人工智能技术的广泛应用，所以第四次工业革命实际上就进入了智能化的时代。在这个智能化时代到来之际，我们看到商业上的一些创新，过去 20 年互联网和移动互联网发展驱动了很多商业的创新，比如新媒体、一些门户，后来我们看到的像微博和今日头条等社会化媒体的发展。从娱乐和数字阅读的角度来看，我们看到了一些视频网站、数字阅读网站和知识付费平台的发展。从通信和工具的角度来讲，我们看到了一些即时通信、搜索引擎的发展，包括现在微信、抖音的发展过程。实际上，互联网和移动互联网的商业创新，更重要的是它开始进入了商务领域，开始影响到一些企业。我们看到电商平台的发展，从早期的淘宝网到现在的京东；互联网和移动互联网开始与出行产业相结合，像滴滴这样的一些平台。互联网和移动互联网商业创新已经开始从 To C 到 To B 的产业的发展。今天我们看到有这样的提法：互联网过去的 20 年，更多侧重在 To C 的消费互联网的发展，那么现在来讲，互联网和移动互联网开始跟传统的产业相结合，进入了一个产业互联网的时代。从整个国家数字化发展的角度来看，从数字化产业逐渐加强到产业数字化的阶段发展。在这个过程中，数字化的转型实际上经历了从互联网兴起、IT 信息化的建设阶段，后期进入了数字化的阶段，互联网、大数据、云计算渗透到各行各业，数据驱动整个产业的发展。智能化时代，就是 AI、大数据、区块链、物联网等相关技术跟传统产业相结合，实现 AI+ 数据智能化的应用以及服务的创新。在这个过程中，智能技术开始对整个行业进行全域、全场景、全链路的技术升级，驱动着业务流程的变革与重塑，生产、运营、管理、营销等各个环节都开始将这些技术进行应用，实现了企业的数字化、网络化和智能化发展。信息化、数字化、智能化的脉络也是伴随着技术的发展而不断深化的。企业数智化的主要特征还是强调在大数据、互联网等数字技术应用的基础上，开始应用一些 AI 的智能技术，实现多种技术的融合发展。最重要的一个特征是数据的应用。数字化的重点是业务到数据的反馈，而数智化强调的是让数据反馈给业务，赋能业务和管理，也就是说数据会驱动业务流程的创新和业务的决策。所以企业的数字化在智能化时代的特点是 AI 的技术和数据的应用。

前文谈了整个数智化转型对产业发展的影响，那么我们看看智能技术是如何赋能出版行业的。图 1 是传统的出版产业链，从作者到出版单位的编辑加工、排版、印刷，然后通过传统发行渠道或者线上的电商平台进行发行，产品还是单一的，往往以纸书、纸刊为主。出版的流程往往都是单向的，服务读者更多还是依托于原有的渠道。

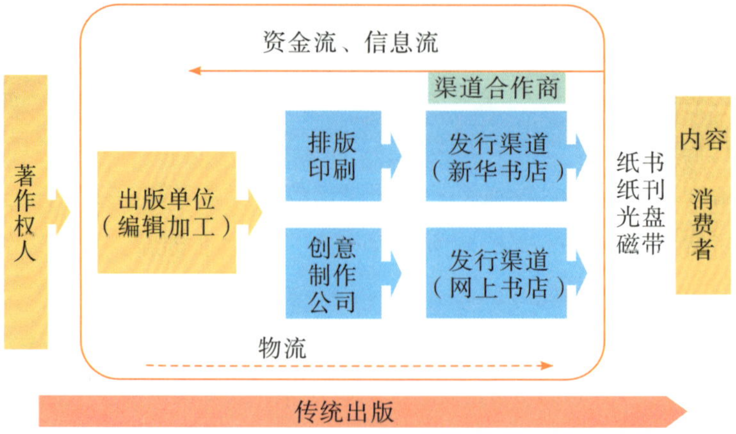

图 1　传统出版产业链

融合出版阶段，更加关注整个融合出版或者复合出版的流程。在选题策划环节不仅仅围绕着纸书、纸刊，同时还要考虑数字产品的规划，产品形态更加多元，包括电子书、数据库等。出版的形态、渠道也多元了，不仅仅是传统电商平台和传统发行渠道，还包括互联网和移动互联网的渠道，甚至包括数字有线电视网。在这个过程中服务模式不断创新，在产业链合作环节中也会有更多的内容合作商以及相应的广告商进入平台。（见图 2）

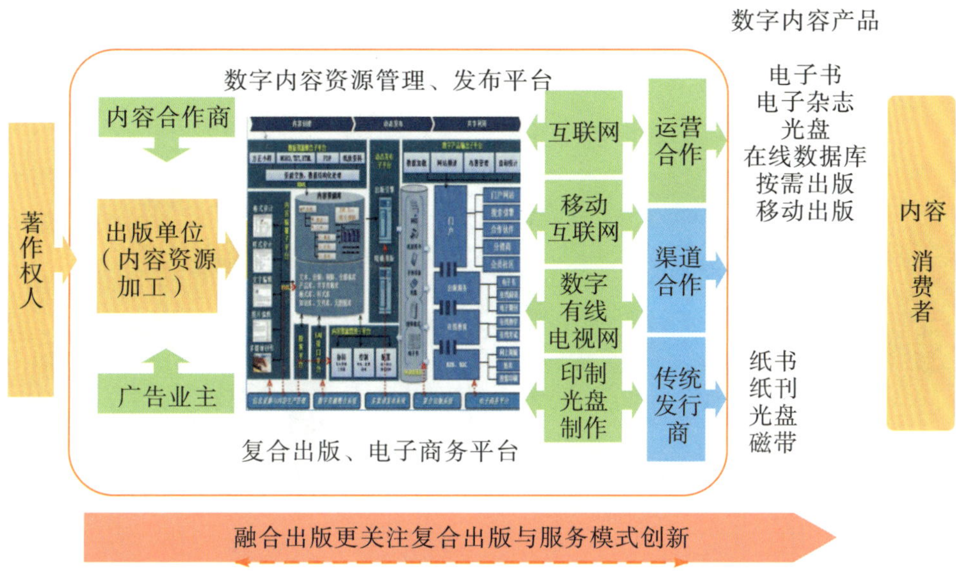

图 2　融合出版产业链

融合出版实际上就是传统出版与新兴出版的深度融合，这体现在以下四个方面：一是内容生产方式和相关要素的融合，在融合出版时代，更加强调内容生产的数字化。数据作为内容生产的相关要素，服务于我们的选题策划以及内容分发，所以在内容生产方式上也有一些新变化。二是产品形态的融合，包括传统纸质出版物，电子出版物如电子书、有声书、音视频、AR/VR 以及知识服务等多产品形态的融合，内容更加知识化。三是内容媒介和传播渠道的融合，现阶段我们更加强调传播的移动化。四是我们看到出版深度融合以后，更加强调多元出版、跨界创新，不仅围绕图书出版、数字出版相关产品的内容生产和传播，更强调挖掘 IP 的价值，渗透到更广泛的行业，或者整个出版业面向泛内容产业进行跨界的一些创新。在这个过程中，产业的数字化会更加深入。整个融合出版的过程，实际上是数字化战略实施的过程，出版的模态发生了比较大的变化。从产业链变化来看，从原来单媒介的出版进入多媒介出版，从原来的一次性出版到可持续出版。从整个的出版模态上看，从静态单向的出版，依托于相关平台进入动态交互的出版的过程。从制作的流程来看，传统的制作流程已经开始进入数字化的全流程生产过程。从服务的角度来看，从单一的内容产品开始不断衍生出多媒介、多形态的产品。出版单位的角色已经开始从图书出版商逐步向信息和知识服务商转变。一些业务边界打破了原有的业务范畴，从单一领域进入了多元出版、跨界创新的阶段。数字化战略的实施贯穿在整个变化当中。（见图 3）

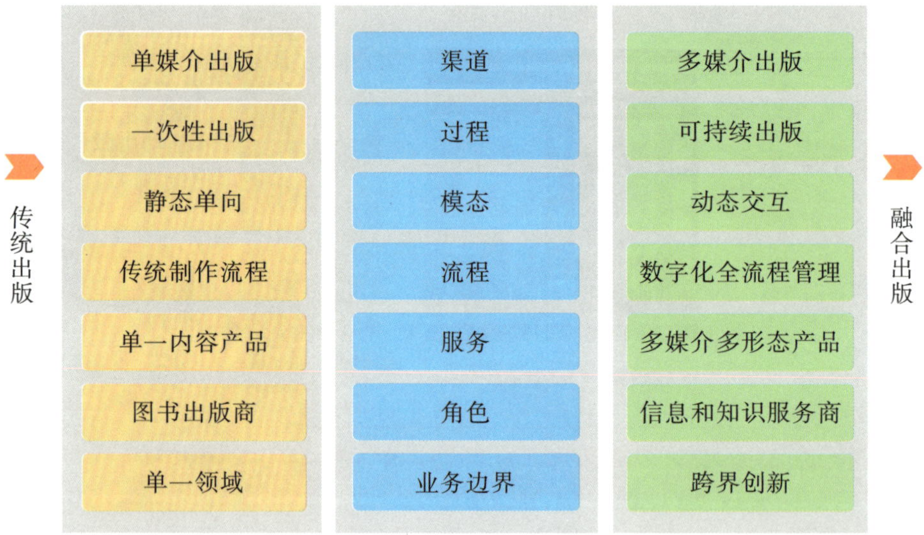

图 3　出版模态变化

整个出版业的数字化转型，是从 2000 年的电子书开始的，但从围绕着数字产品和数字化流程的角度来看，我们的整个数字化转型是 2010 年在出版企业开始的。中国出版业的数字化转型是从上至下开始的，因为当时新闻出版署发布了一些文件，比如 2010 年，《新闻出版总署关于进一步推动新闻出版业发展的指导意见》发布[1]，指出了发展数字出版、网络出版、手机出版等以数字化内容、数字化的生产和数字化的传输为主要特征的战略性新兴新闻出版业态。2014 年，原国家新闻出版广电总局与财政部联合下发了《关于推动新闻出版业数字化转型升级的指导意见》[2]，在一定程度上从上而下推动了新闻出版业数字化转型的步伐。很多出版社在业务流程优化、产品和服务创新方面，都取得了一定的成果，相关单位也参与了从生产传播到服务整个标准体系和规范的建设。到了 2020 年以后，我们看到特别是 5G、云计算、大数据、人工智能、区块链等技术的发展，在带动全球进入数智化时代的同时，中国出版业的数智化转型也开始进入数智化的时代。这里体现出两个层面：一个是依托大数据、AI 技术，产品与服务创新进入新的阶段；另一个是更加强调业务流程的优化与再造。这个阶段有几个特征：一是以智能技术来变革生产工具，即智能化的工具应用于出版业，从内容的生产到传播；二是以数据资源为关键的生产要素；三是以数字内容重构产品结构；四是以信息网络为市场配置的纽带。五是以服务平台为产业生态的载体。这是数字化到数智化，融合出版进入新阶段在五个方面的体现。

从数字化到数智化这个阶段，技术是重要的引擎。智能技术成为融合发展新的动能，20 多年来，数字化转型伴随着技术的发展，可以分成三个时代。第一个是早期电子书时代，这个时代主要是电子书的制作工具、版权保护，以及一些文档管理技术。第二个是全媒体生产和发布的时代，从单一的产品形态衍生出全媒体交互出版物的制作技术、跨终端的发布技术、全媒体内容管理技术、基于可扩展的标识语言（XML）生产相关技术以及内容的标引等技术。第三个是 3.0 时代，我们看到的就是大数据、云计算、移动互联、人工智能、区块链技术。在这个阶段，这些技术赋能整个出版业进入一个智慧出版或知识服务的时代。在这个过程中，智能技术和内容的倍乘关系使融合出版的内容生产能力和传播影响力都有了很大的提升。从这个角度来看，智能技术的广泛应用会推动出版业的转型，从“互联网 +”时代进入智能时代，通过技术大力改造和提升传统产业生产和传播能力。智能技术在出版行业的应用首先取决于智能技术的成熟度。目前来看，知识图谱、自然语言处理、计算机视觉、图像与音视频识别、语音识别等技术逐步走向成熟，已经在很多产业进行了比较成熟的应用。智能技术还包括智能芯片，也在不断发展。从与我们出版业相关应用的角度来看，像知识图谱、音视频这些技术会给我们带来一些新的发展能力。现在像知识图谱、文本审校、图像及音视频的识别、语音的识别和合成这些技术，已经在很多场景中得到了很好的应用。一方面，智能技术和我们的内容选题、编辑加工、复制以及传播场景有机结合，比如在选题策划环节，我们可以通过大数据对热点进行关注，对整个行业同类选题的图书进行关注，辅助我们的智能选题策划。另一方面，在内容的生产环节，智能技术可以辅助内容生产，比如可以给图片自动打标签、文本标签、机器写作、智能化排版。在人机交互方面，有些新媒体平台可以实现语音的交互、声纹的登录、实时语音识别。再如内容审核，出版业高质量的发展，除了内容选题高质量以外，出版的过程质量也是非常重要的。通过智能技术可以实现内容的智能审核和内容风控的应用，比如文本的审核、图像的审核、音视频的内容审核以及校对环节中版次的智能比对等，都可以用到智能技术。我们讲智能传播，无论是传统图书在新的电商平台和新媒体平台上的营销，还是数字内容产品在互联网和移动互联网平台上的知识传播，都可以用智能技术进行传播分析和影响力分析。还有一个环节就是智能分发，可以依据用户画像做内容的推荐，也可以结合画像实现编辑相关选题和内容推荐。所以智能技术在整个内容生产和传播中都有很多场景可以结合。随着融合出版的发展，视频化也是重要趋势，这些技术在音视频的生产和传播分析上，都可以很好地得到应用。举几个例子，一个是国外的出版商在智能化应用中的案例，像施普林格·自然集团，目前它的数字化收入占比在 70%，主要是围绕数据库的营销。在 2017 年，施普林格就利用 AI 技术开发了“为你推荐”的服务，就是内容智能分发。因为科研人员每天都面临着很多的信息寻找，通过智能分发就很容易帮助科研人员找到他想要找的内容。施普林格也探索了机器创作，2019 年出版了一本由机器生成的书，这本书利用自然语言处理和内容合成等相关的 AI 技术，实现了机器的创作。2022 年施普林格推出了自动翻译的相关技术，服务于用户，为研究员提供图书和手稿的自动翻译。这些都是出版商将智能化的技术运用到内容创作、内容分发以及相关服务上，给用户和读者提供更好的服务。爱思唯尔也是利用了自然语言处理技术，帮助科研人员、工程师或医生找到他想要的内容，这也是智能技术在智能推荐领域的应用。未来整个出版行业在技术平台构建当中，还要考虑重塑它的内容生产、业务流程以及构建相关的数字平台，在这个基础上提供个性化服务。所以我认为，还是要依托这些平台实现内容生产的数字化、智能化、内容数据化，围绕着数据提供更好的服务。从整个出版业融合发展的角度来讲，随着人工智能技术、大数据技术的发展和一些场景的结合，这些技术会重塑出版流程，业务流程的数字化是整个出版业重要的转型方向和转型重点。出版业，特别是一些出版单位会考虑如何构建一个智能编校排的一体化出版业务流程。因为目前来讲，出版社的内容编审环节还是以纸稿流转、人工排版、人工校对为主，但是新冠肺炎疫情期间，我们看到传统出版业业务流程的生产能力实际上是凸显不足的，如何利用技术实现线上的出版，也成为大家关注的重点。未来智能技术应用到整个编校排环节，就可以实现内容编辑加工流程的全数字化，也就是作者的写作编审环节、设计排版环节、审稿校对环节、印刷和数字内容产品的生成环节，都要基于同样的技术平台，实现融合出版，通过新的技术来实现出版业务流程的优化和再造。疫情出现以前，出版社数字化转型还局限在工具的环节，是一个信息化建设范畴。但是疫情出现以后，数字化转型会提到一个比较高的层面，选题、编辑加工、印刷复制、营销发行全流程数字化将成为重点。未来整个数字化转型会从局部某一环节的优化，逐渐转向全链条各环节的数字化应用。智能编校排一体化的服务平台核心是实现整个流程的全数字化。这里会有一些智能技术和智能工具的应用，像智能审校、智能排版、智能校对，都赋能到一体化智能编校排的出版服务平台上，实现内容的全流程数字化生产和多元内容产品的生成，包括印刷用的 PDF、电子书，甚至我们未来用在知识服务方面的 XML 文件、用于再版的 Word 文件，都可以在统一的平台上实施。举一个例子，上海辞书出版社构建的《辞海》工具书数字编纂平台，用于《辞海》第七版的生产，这个平台包含了在线编辑、辅助编校、知识图谱构建、XML 智能排版、在线发布等功能，是一个一体化的出版服务平台，可以实现作者、编审人员、审校人员的协同。现在很多出版社，包括中国电力出版社、华中科技大学出版社以及东北财经大学出版社，围绕着教材出版和专业图书的出版，逐渐应用到数字化平台。

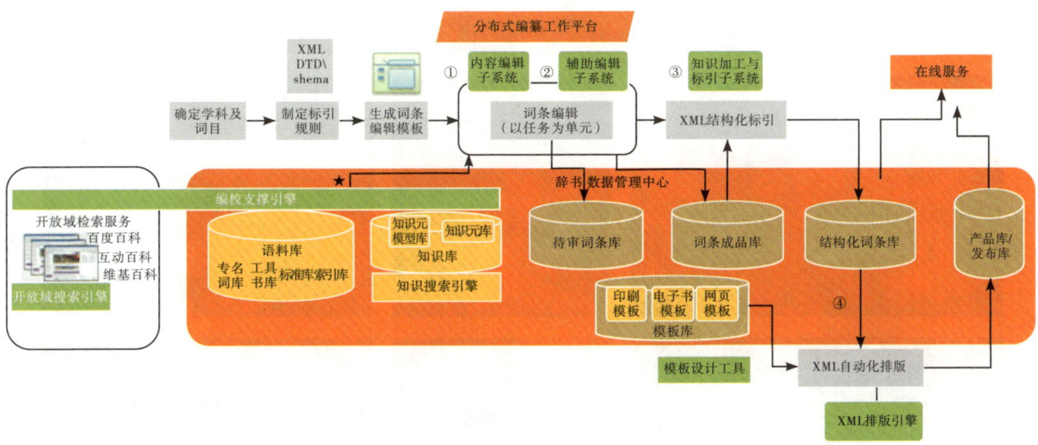

图 4　上海辞书出版社《辞海》工具书数字化编纂系统

另外，我讲一下智能技术在整个内容审核方面的应用。对出版来讲，内容质量的把关是特别重要的，尤其随着新媒体数字出版平台的发展，内容生产不仅仅包括文字，还包括图片和音视频，有了智能技术应用就可以实现机器的内容安全的智能检测，包括文字的审核、音视频的审核和图片的审核。在文字审核方面，通过智能审校系统，可以实现一些易错词、意识形态、知识检查、敏感词、标点符号、内容重复的检查，针对图书来讲还可以实现体例、图表、序号等方面的检查。音视频方面，通过智能技术的应用，实现对涉恐、色情类音视频、敏感人物，甚至对一些语音字幕内容的审核。图片也是这样，包括政治敏感性的图片、违规的图片还有相关场景当中涉及的图片都可以利用智能技术进行识别，实现人机协同的内容审核。内容审核所采用的 AI 技术，主要就是模型 + 词库的积累，基于前沿神经网络的纠错模型，基于海量数据训练的神经语言模型，再加上内容的审核场景，对算法模型不断优化，通过反馈的数据来使模型增强它的能力。所以内容审核的相关技术实际上是机器学习的过程。目前在文本类、图片和音视频的审核中，都已经有很好的应用。围绕着图片、音视频的审核，在底层当中，可以进行一些图像的基础性特征处理和文字区域的提取，在语音方面可以进行在线语音的识别、离线语音的识别、声纹的识别，在视频方面可以进行关键帧的提取、镜头的分割、字幕的提取、音轨的提取。这些处理以后就可以实现特定标识的监测、人脸的监测、警示图片的监测、语音的检索、图片的检索、视频的检测，所以在内容审核中这些场景都是有相关技术支撑的。（见图 5）

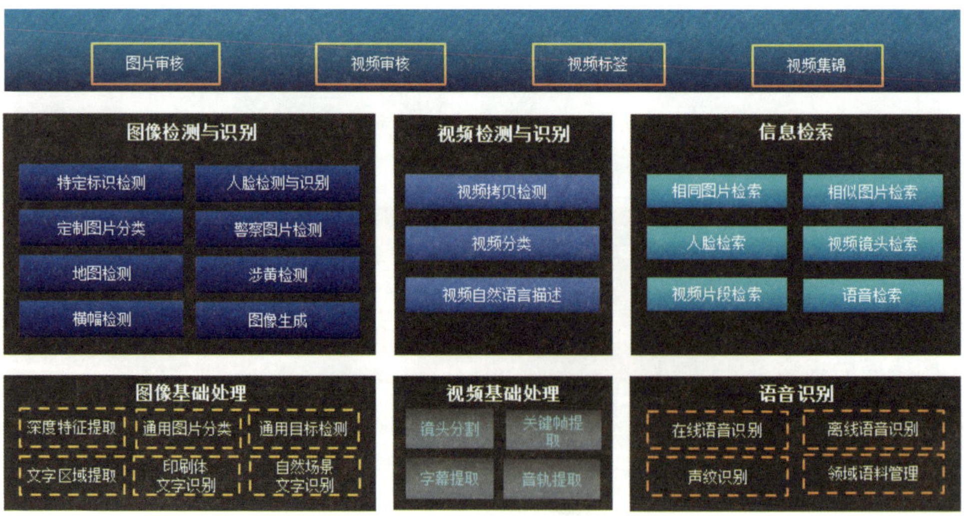

图 5　内容智能审核

再介绍一下智能技术在我们图书生产和同步出版方面的应用，即智能排版技术的一些应用。通过智能排版技术，可以把一些 Word 稿转换成 XML 数据，然后通过 XML 数据结合智能排版的引擎实现内容排版，还可以同步生成多种数据格式的内容产品，也就是同步复合出版，包括印刷的 PDF 文件、电子书的 E-PUB 文件，还有一些 VR 的知识服务用的 XML 文件。一篇文章通过机器排版，也可以做到标题格式灵活、自动留行、留白；组图也可以排，单图也可以排，图片也可以居中；表格可以自动判断单栏、通栏，计算列宽，还可以折行；数学公式也可以实现公式编号的自动对齐；等等。现在自动化的排版技术在原来困扰工具书的公式表格的排版方面有了很好的突破，可以大大地释放排版人员的压力，做到同步出版，生成电子书、XML 文件以及网页的同步发布等。目前 XML 自动化排版的技术已经开始广泛用于学术期刊和部分图书的排版领域。北大方正公司和中国科协围绕打造世界一流期刊方面，构建了学术期刊出版云服务平台。目前已有几百家学术期刊依托这个平台，实现同步出版，包括生成印刷用的 PDF、电子书、网页，甚至实现网刊的同步发布等。像中国电力出版社，利用自动化排版对标准论的图书来讲就可以通过机器来排版，实现高效出版。在内容生产方面，构建了自动化编校排，大大提高了它的生产效率。

未来的融合出版，除了纸质出版以外，还要依托于互联网和移动互联网平台来重构连接和服务，通过平台产品的聚合，发展一些新的业态和新的模式。这也是一个趋势，因为现在用户的消费习惯已经从线下向线上迁移，从 PC 端向移动端迁移。在这个过程中，未来出版业要考虑到如何来构建自身的平台。出版业的数字化转型在内容传播方面可以跟第三方平台合作，但同时也要构建自己的平台，因为只有构建自己的平台，才能够形成一种“内容 + 关系 + 服务”的生态。通过平台来提高自己的发展空间，也提升自己抗冲击的能力和发展的韧性，依托平台与客户建立有效的连接。出版社结合自身内容的特点，可以构建类似于数字阅读平台、在线教育平台、专业信息和知识服务平台、基于社群化的数字营销平台，同时还可以在移动化时代构建面向很多垂直领域的信息或知识服务的移动化平台，平台化也是一个趋势。出版社在构建专业知识服务平台的时候，智能技术也起到很重要的支撑作用。依托知识图谱，可以形成面对专业领域的知识库，通过知识库，结合垂直领域的场景应用，可以形成行业的知识服务平台。在知识服务平台的建设过程中，知识库的构建会用到知识图谱、自然语言处理、语音、视觉等 AI 技术。知识服务相关的平台技术主要分几个层面：智能数字内容相关处理的技术，包括知识抽取、语义分析、实体识别、音视频处理；在知识体系和智库的构建中，还涉及本体和知识源的构建、视频检索、视频识别等相关技术；知识库构建完成后还要实现知识化服务，这时会有语义搜索、智能问答、智能推荐等相关技术，这是整个知识服务相关技术发展的脉络。出版业了解了这些技术可以和相关的技术企业合作，来赋能整个知识服务平台的建设。知识服务建设的四个方向是知识加工、知识管理、知识产品的策划和封装，以及未来向用户提供知识检索、推理、决策等相关产品和服务。未来知识图谱构建还是要以数据采集、知识体系建设为基础，要突破知识自动化标引的相关技术，构建知识服务的生态平台，技术相关建设最终还是要服务于知识产品和知识服务，打造知识图谱相关知识服务平台。现在很多出版社实际上也依托相关技术，打造了不同领域多场景的知识服务产品，像专业数据库、特色数据库、数字图书馆、知识问答等。上海辞书出版社的《辞海》整个编纂流程实现了数字化，第七版《辞海》发布的同时也发布了网络版，就是以知识图谱为核心的知识服务平台，实现了词条检索、知识检索和富媒体内容条目的呈现。很多专业出版社也开始构建以知识图谱为核心的知识服务平台，例如中国警察智识数据库，是由人民公安出版社打造的。目前这个平台上集合了很多专著、论文、知识、案例等内容，构建了公安行业的知识图谱，这是出版社打造行业知识图谱和知识数据库的典型案例，目前主要服务于公安的内网客户。

业务流程的管理分两个部分：一是改善和优化业务流程，实现原有业务流程的最优化，实现全链条的模式创新；二是实现业务流程的自动化，通过业务自动化保证业务流程的准确性和高效性。实际上在前文讲到内容生产和传播流程时，就强调了智能技术如何取代人工审校，自动化排版取代或辅助人工排版，校对环节通过智能比对技术辅助人工校对，这都是业务流程自动化的应用场景。在全链条的模式创新中，讲到了生产和传播的赋能，未来出版业会基于社交平台和自己构建的数字营销平台来进行数字化营销。所以对于在校学生来讲，除了要了解方向性的趋势外，还要熟练掌握新媒体的营销工具，因为数字化营销也是出版社未来非常重要的方向。今天在整个新华发行体系，除了门店的营销外，也会构建类似于网站、移动客户端、小程序这样一些新媒体平台。另外很多出版社也会通过社交媒体进行营销，比如微博、微信公众号、抖音等，智能技术也要赋能于数字营销平台的建设。基于用户画像的数字营销，就是通过兴趣爱好、行为的分析，使营销环节与读者或用户的关系更加紧密。通过用户画像和行为分析，反馈给内容进行优化，比如如何基于用户需求做内容策划。在新媒体平台、数字化营销平台、数字内容产品分发平台上，都可以基于用户画像和行为分析来做内容的优化。所以在整个数字化营销中，未来基于用户画像的平台建设也是出版社关注的重点。因为原来我们跟第三方平台合作，这些用户的画像都集中在第三方平台上，出版社在这方面关注的不是特别多。再一个就是内容产品的形态会更加立体化，未来 VR/AR 等新元素也会成为内容表达的重要要素。2022 年 AR 技术就应用到冬奥会闭幕式的很多场景，比如中国结就是通过 AR 技术来生成的，央视和百度推出了手语 AI 主播的场景，在媒体报道中进行应用。多模态的内容呈现，将来会为读者或用户带来更好的感官体验，更大限度地接近实际场景。对于出版物来讲，未来纸质出版物会跟数字媒体相结合，未来整个的媒体形态会在同样的阅读平台或服务平台上，有 VR/AR 和传统纸质内容的叠加和服务，这也是未来的趋势。所以智能技术在数字营销、内容产品形态的创新上，都有很好的场景应用。

对未来出版业发展进行展望：一是未来出版平台的发展除了重视业务流程优化再造和内容产品服务创新外，还要重视“数据 +AI”双中台的建设，关心数据资产化、数据标签管理以及数据服务管理。在数据中台方面围绕内容数据、用户数据的采集管理以及服务，构建数据中台；将 AI 的能力引入融合出版的技术平台当中就是 AI 中台；出版业会更加关心数据的资产化，构建数据资产管理的框架，包括资产的入库、组织、存储，数字资源版权确权以及数据的共享与协作；出版业会更关注数据标签管理体系的建设，包括命名实体的识别、图像的识别、音视频的识别、人脸的识别、用户行为的识别、标签体系管理的建设；要强化数据服务框架的建设，包括数据的推送服务、接入服务、智能检索等，数据的服务化也是数据中台建设的重要环节，围绕着数据服务的框架建设，也是出版业在整个数字资源建设中要考虑的重要一环，未来数据中台和 AI 中台建设中数据越来越重要。

二是出版业未来发展的重点方向是按需出版印刷。随着数码印刷国产化的趋势，成本降下来，出版社采用按需印刷的成本就会得到极大改善。数码印刷的质量跟传统印刷相比，逐渐达到了书刊出版的要求。现在有了数字文件的管理、区块链版权管理的技术以及加密技术，轻松解决出版社担忧的在第三方印制企业盗版的问题。这些问题解决了以后，按需出版、按需印刷会在出版行业广泛应用。现在许多出版社按需印刷的比例已经在加大，特别是在专业类出版社，所以我想随着一些智能技术和智能制造技术的发展，按需印刷和按需出版也会推动出版业的升级改造。

出版业数字化转型经历了“互联网 +”产品和服务创新转型阶段，现在进入以大数据、人工智能驱动的数智化时代。这个阶段是基于智能技术与产业深度融合的过程，通过技术与应用场景的结合，提升全要素生产率，帮助出版业实现供给侧改革。一是智能技术和智能工具的应用，会大大提升出版的生产力和效率。二是智能技术会赋能产品创新，从单一的出版到多元化的出版，从图书出版向知识服务平台的转化，智能技术让内容的产品形态更加多元。三是数据赋能实现了智能出版向智慧出版的转型。因为智能出版有了数据赋能以后，我们可以通过数据做选题策划、营销决策，构建生态，整合产业链条，就会使出版业向智慧出版方向转型。智能技术在发展中会逐渐应用到整个出版业的内容生产、传播、营销，甚至将来赋能产业链上下游的合作当中。

请扫码观看讲座视频

参考文献

［1］新闻出版总署关于进一步推动新闻出版产业发展的指导意见［EB/OL］.（2010-01-01）［2022-05-06］. http：//www.gov.cn/gongbao/content/2010/content_1671253.htm.

［2］关于推动新闻出版业数字化转型升级的指导意见［EB/OL］.（2014-04-30）［2022-05-06］. http：//www.gov.cn/xinwen/2014-04/30/content_2669106.htm.

加快推进新闻出版业融合发展

魏玉山

讲座时间：2022 年 3 月 8 日

主讲人简介：魏玉山，全国政协委员，中国新闻出版研究院院长、党委副书记，兼任全国新闻出版标准化技术委员会副主任、秘书长，全国出版专业学位研究生教育指导委员会委员。第三批国家“万人计划”哲学社会科学领军人才。先后参与完成了多项国家社科基金课题，如“中国出版通史”“加入世界贸易组织对我国出版业的影响及对策”“小康社会出版业指标体系研究”等，多次参加全国新闻出版局长会议文件的起草及多个新闻出版业五年规划的制定，并参加撰写了一些学术著作：《西方六国出版管理研究》《中国出版通史·中华人民共和国卷》《出版学概论》《国外出版概论》《中国民营书业发展问题研究报告》《中国出版蓝皮书》《出版集团研究》《加入 WTO 与中国出版业发展》等，组织了多次“全国国民阅读与购买倾向的抽样调查”，并撰写了《全国国民阅读与购买倾向抽样调查报告》等。

内容提要：报告从出版业融合发展的三个维度出发，对出版产业与技术融合、出版产业与其他产业融合、出版产业内部融合方面进行深度解读。首先介绍了习近平总书记媒体融合发展的思想对我们做好数字出版工作、推动融合发展具有重要指导意义，要从政治的高度对待出版业的融合发展。指出要加快推动出版业与技术深度融合，从“读者变了”“产业增长动力变了”“技术环境变了”“出版业与技术融合的趋势”“智能化趋势”几个方面做了详尽而独到的阐述。同时从“什么是知识”“知识服务的模式”“数字化背景下的知识服务”“我们做什么”等方面对知识服务进行阐述。总结提出要理性看待融合发展，实现出版产业与其他产业的优势互补。

关键词：出版融合

关于出版业融合发展有三个维度，即出版业和技术的融合、出版业和其他产业的融合、出版产业内部的融合。第一个融合，即出版业和技术的融合是融合发展的重点，也是中央提出的推动传统媒体和新兴媒体融合发展的重点。与出版业相关的技术有很多，出版与技术融合以后，出版业有了非常大的发展和变化。在融合过程中出现了数字出版、网络出版等新的出版方式、新的出版产品和新的服务。第二个融合，是出版业和其他产业、其他行业的融合，包括与教育、文化、旅游等其他行业、产业的融合。这种融合为出版业的发展拓展了新的空间，也形成了一些新的产业形式和服务形式。第三个融合，是出版产业内部的融合，包括产业链的上下游，产业内部不同组织之间的融合，产业内部不同产品之间的融合，这种融合实现了组织创新、产品创新等。这是出版业融合发展的三个维度。

近些年来，从政府部门到出版企事业单位，以及科研机构、高等院校、行业组织等都在研究、探索出版业融合、媒体融合。有很多单位做了很好的尝试和试点，取得了不错的效果，特别是在媒体领域，融合发展非常快，取得非常显著的成效。但是从出版领域来看，融合的深度、融合的广度，甚至融合发展的效果与传媒领域相比还有一些差距。有一些出版单位的领导对于出版融合发展还有顾虑。其中主要的原因是：总体来看，图书出版单位经济效益受技术冲击还比较小，数字出版的收益还比较少。图书不像报纸和期刊，在新媒体新技术的冲击下，出现了断崖式的下滑，收入急剧下降，也不像广播电视，在互联网的冲击下面临着紧迫而且现实的生存的压力，所以报刊、广播电视向新媒体方向转型升级的速度比较快，这不仅是认识问题，还有来自于市场的实实在在的压力。多数图书出版单位收入主体仍然来自于传统图书，新媒体的收入或者数字出版的收入在单位收入中所占的比例很低，即使做得比较好的出版单位，其数字出版的收入仅占总收入的10%左右，还没有面临着严峻而紧迫的生存压力。所以很多图书出版单位在融合发展的步伐上，不像报纸、期刊那么坚定。

前面我们学习了习近平总书记关于推动媒体融合发展的一系列重要论述，学习了党中央、国务院相关的文件，明确了党中央、国务院的总体要求。我以为，加快出版业融合发展不是技术问题，而是战略问题，是方向问题，我们要从政治的高度认识出版融合发展，把它上升到落实党中央、国务院部署层面，落实习近平总书记对融合发展的重要要求的高度来看待、落实出版融合发展问题，才能加快出版融合发展的步伐。

一、要加快推动出版业与技术的融合

第一，我们从读者变化的角度来看为什么要加快推动出版业与技术的融合。习近平总书记讲读者在哪里我们的阵地就应该在哪里。现在读者发生了变化，特别是青年读者的阅读习惯发生了巨大变化，所以我们的主阵地或者主战场也应该随之调整。读者的阅读习惯是读屏的人员在迅速增长，纸质阅读的增长在逐渐放缓。中国新闻出版研究院全国国民阅读调查报告的数据[1-3]可以支撑这个观点。

数字阅读的调查内容是从2008年开始的，之前，报告主要是针对传统出版物——书报刊的调查。2008年第一次设立了数字化阅读的问项，当年有24.5%的成年人有数字化阅读行为，也就是说在每100个成年人当中约有25个人有数字阅读行为。当年的数字化阅读，主要是指通过电脑来进行的。因为当时智能手机还没有出现，手机阅读还不普及，虽然也有一些手机彩信阅读、MP3/MP4的阅读等，但总体来讲数字阅读是以电脑阅读为主。到了2020年，数字化阅读人群的比例接近80%（实际是79.4%）。现在100个成年人中有将近80个人有数字化的阅读行为。可以说经过十多年发展，数字化阅读由小众变成了大众，由少数人的行为变成了多数人的行为。（见图1）

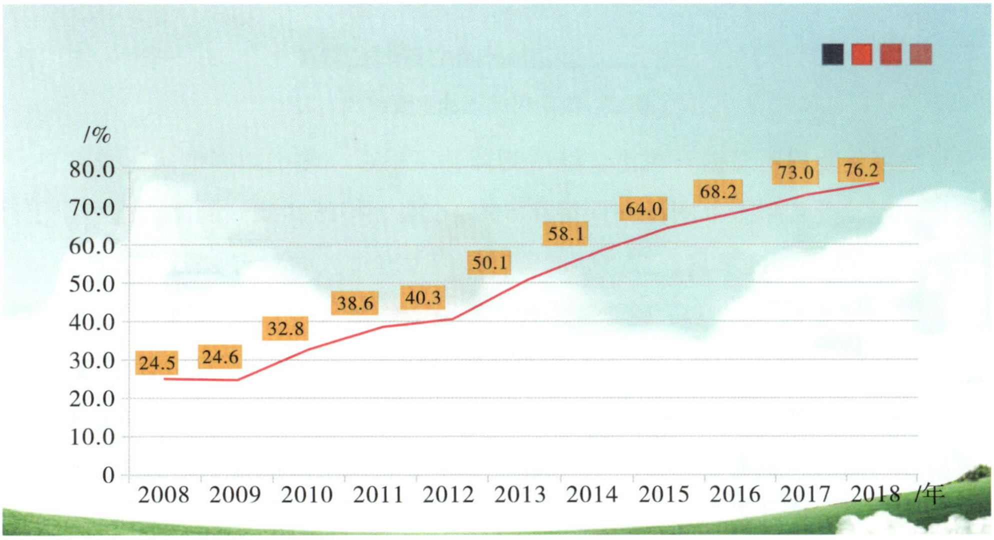

图1 数字化阅读方式接触率11年间变化

现在，数字化的阅读过程中所使用的主要终端包括以下几个类型：一是网络在线阅读，主要是指电脑阅读，电脑阅读的人群占将近70.0%。二是手机阅读，手机阅读发展非常快，2020 年手机阅读已经超过电脑阅读很多，其比例达到了 76.7%。除了电脑和手机以外，数字化阅读还包括电子阅读器的阅读和平板电脑的阅读。这四项主要的数字化的阅读方式构成了我们数字阅读的主体。读者在变，读者的阅读方式在变。有近 80.0% 的人是数字阅读者，数字终端已经成为重要的信息、知识获取渠道。（见图 2）

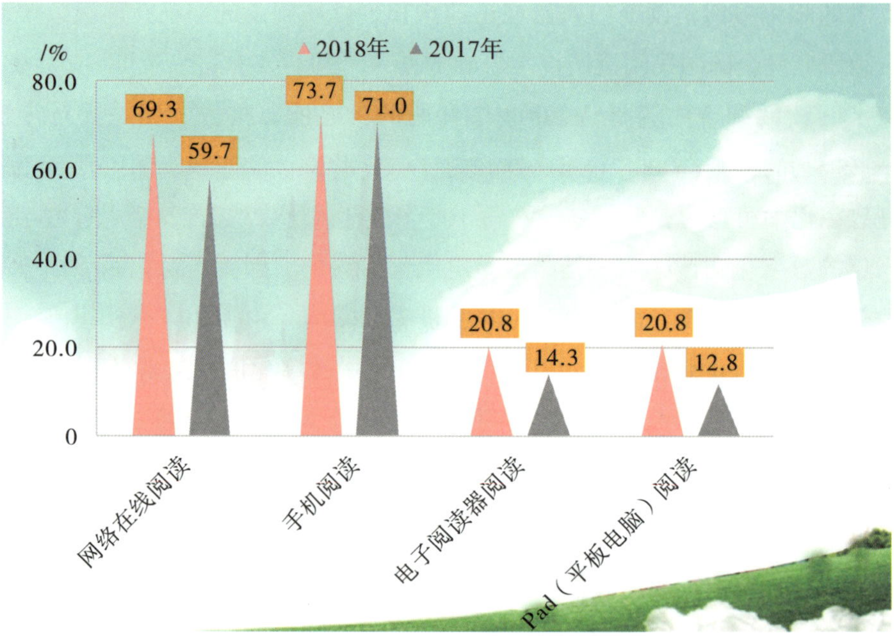

图 2　数字化阅读的主要终端

与数字化阅读明显提升相比，纸质阅读并不乐观。图书阅读虽然比较稳定，但是增长缓慢，近几年图书阅读率保持在 59%~60%。报纸和期刊的阅读在急剧下降，到 2020 年报纸的阅读率只有 25.5%，也就是说 100 个人中只有 25.5 个人在看报纸。期刊的阅读率更低了，只有 18.7%，也就是说 100 个人中只有不到 19 个人在看期刊。这个数据与 10 年前相比发生了颠覆性的变化，2010 年，报纸阅读率为 66.8%，人均年报纸阅读量 101 份；期刊阅读率为 46.9%，期刊阅读量 7 份。不仅是阅读人群的减少，还有阅读时长的转换。过去很多人主要的休闲时间读书、读报、读期刊，现在人们的业余时间被手机和其他数字媒体所占据。（见图 3）

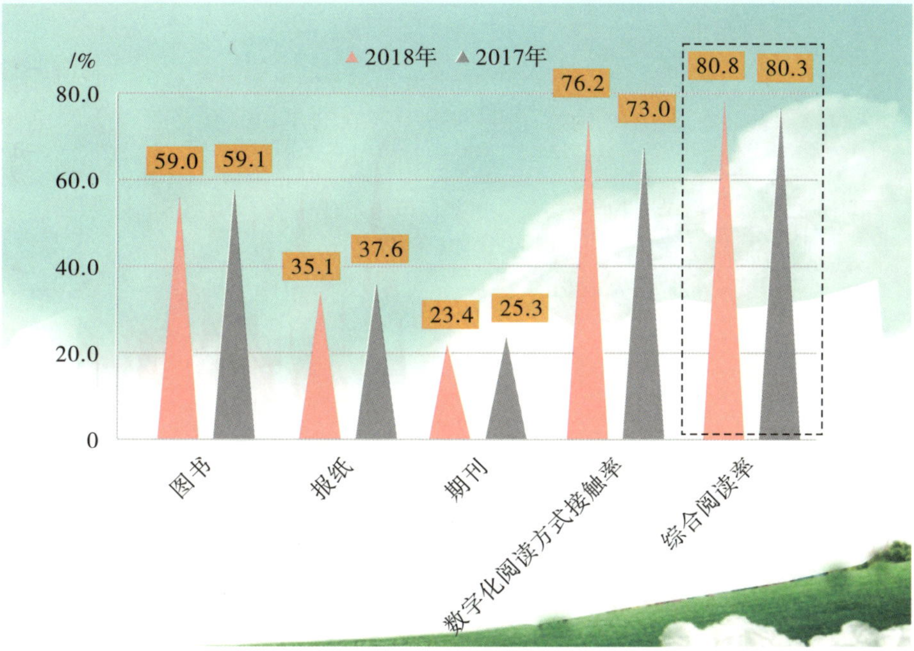

图 3　不同阅读载体所占比例

从调查的数据来看：2020 年，我们成年人每天读书的平均时间是 20.04 分钟，每天平均看报纸的时间是 5.71 分钟，看期刊的时间是 3.25 分钟，整个书报刊的阅读时长加起来约 29 分钟。我们再看看数字阅读的情况：成年人每天手机阅读的时长为 100.75 分钟，看电脑的时长为 67.82 分钟，电子阅读器的阅读时长为 11.44 分钟，平板电脑的阅读时长为 9.73 分钟，整个数字化的阅读时长达到了 189.74 分钟，也就是 3 个多小时。30 分钟对 3 个小时，这是我们传统媒体和新兴媒体阅读时长的一个对比（见图 4）。从这组数据我们发现：现在读者阅读习惯在变，阅读方式在变，也可以说是我们阅读的主战场发生了变化。

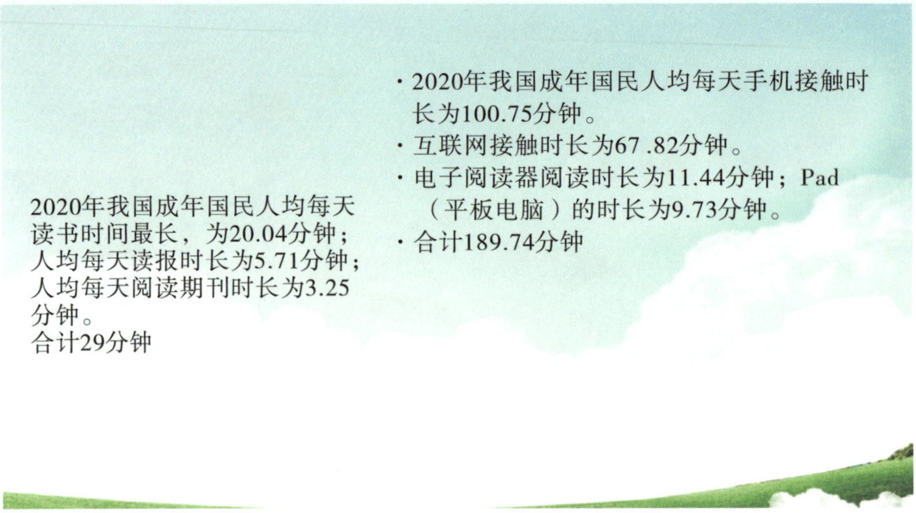

图 4　2020 年不同阅读载体占据的时间

特别应当引起我们注意的是这种变化在 50 岁以下的人群更为突出，他们对数字化的阅读更为钟情，这说明什么？说明整个出版业服务的未来人群更倾向于数字化的阅读方式。年轻人更习惯于数字阅读，这是一个非常大的变化。（见图 5）

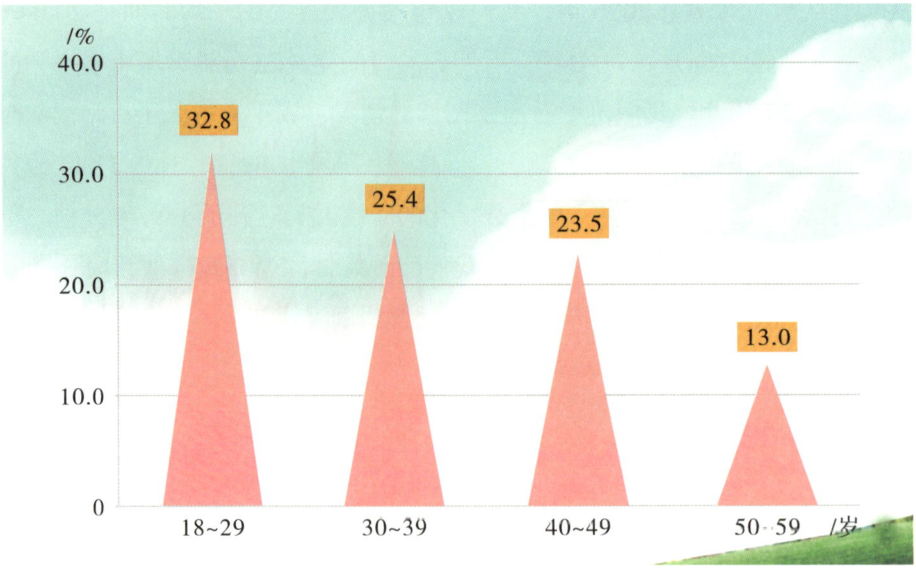

图 5　不同年龄段人群数字化阅读的比例

当然在数字化的阅读中包含了听书这样一种方式，所以我们说读者变了，读者的阅读习惯变了，读者在时间分配上发生了变化，这是我们要加快出版业融合发展的一个重要的考虑。（见图 6）我们一直在讲出版工作是为人民服务的，是以人民为中心的，人民在哪儿，人民的阅读需求在哪儿，我们出版工作的着力点就应该在哪里。人民的需求发生变化，我们的服务也要做相应的调整，从服务读者的角度，从服务人民的角度来做好转型升级，融合发展是我们的职责所在。

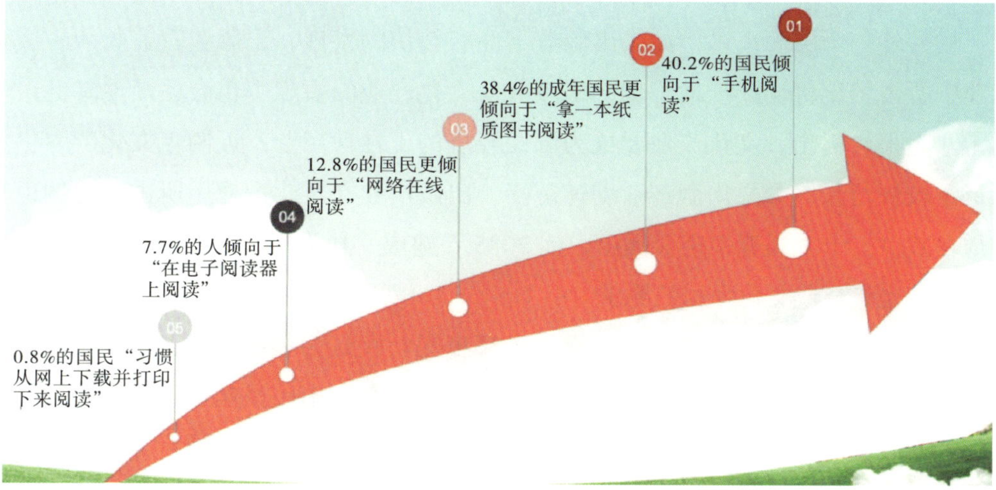

图 6　成年国民倾向的阅读形式

第二，从产业发展的角度来看为什么要加快出版业与技术的融合。近些年来，整个出版产业增长的动力在发生着许多变化。过去出版产业增长的动力主要来自于传统出版物的出版、印刷、发行。近些年来，传统出版业增长乏力，甚至出现了负增长的状况。而新媒体、新产业发展比较强劲，表现出了更大的发展潜力。从新闻出版统计数据来看，我们发现出版业正在从高速增长转向为中高速甚至低速增长：2012 年，出版业总的营业收入增长速度为 14%。此后出版业营业收入增长率逐年下降。2019 年出版业总的营业收入增长率只有 1.1%。2020 年情况比较特殊，受到疫情影响，出版业出现了 11% 的负增长。总体来看出版业营业收入增长已经低于我国同期国民经济增长速度，低于同期文化产业增长速度。传统产业或者说已经进入平台期，如果不注入新的能量和动力，出版业的增速可能会持续地下滑。

出版业增长下滑对产业自身来讲是一个伤害，产业增长下滑或者负增长，会导致企业的薪酬下降，导致出版业在整个社会中的竞争力降低，吸引人才特别是中高端人才的能力会下降。人才问题是出版业发展的一个关键问题，也是一个致命的问题，现在高水平的人才不愿意进入新闻出版领域。改革开放初期，高等院校的教师、教授，甚至社科院、科学院的科研人员均愿意到出版社来做编辑工作，高校毕业生愿意到出版社或者报社来从事记者和编辑工作。那个时候出版业的社会地位很高，收入相对于其他领域来讲也还算不低，所以它能够吸引人才。近些年来，高校优秀的毕业生首选到新闻出版单位来的越来越少，高校教师、科研院所的科研人员愿意到出版单位来的更少。

从另外一个层面来讲，如果出版业不能有较快的发展，出版业营业收入在文化产业中所占的比例会逐渐地降低，出版业对文化产业的贡献率也会逐渐地降低。党的十八大报告提出，文化产业要成为国民经济的支柱性产业，近两年文化产业仍然保持了较快增长，如果出版产业增速下降，出版产业在文化产业中所占的比例也相应地在减少。十九届五中全会提出，到 2035 年建成文化强国，所以出版业保持较快的发展，也是建成文化强国的要求。

保持出版业较快发展，新能量来自于哪里呢？我认为数字出版、融合发展是产业发展的新动能，是产业发展的新机遇。这些年来数字出版虽然也在降速，但是依然保持了较快的增长速度。在 2020 年以前，数字出版的年均增长速度基本上保持在 20% 以上。2020 年后数字出版的年均增长速度降到了 20% 以下，但是仍然算是一个高速度。所以从推动出版产业发展来讲，一定要加快与技术的融合，要通过技术的拉动实现产业的增长。

第三，从历史的角度看，出版与技术的融合促进了出版业的飞跃。回顾历史我们可以看到，每一次与技术的融合都为出版业带来一片新的天地，带来一个新的发展。中华人民共和国成立 70 多年来，出版业与技术有几次比较大的融合，都对出版产业进行了重塑。

第一次融合始于 20 世纪 80 年代汉字激光照排技术在出版业中的应用。1974 年，国务院启动了汉字信息处理系统工程（又称 748 工程），组织全国多个科研院所和高等院校研制汉字信息处理技术，最后以王选教授为主的北京大学团队首先成功研发了汉字激光照排系统，并很快在新闻出版领域得到推广和应用。汉字激光照排技术在新闻出版领域的应用，带来了一场深刻的革命：这个技术革了铅与火的命，过去出版社也好，报社也好，排版要靠铅字，有了激光照排以后淘汰了铅字，铅字逐渐退出了排版和印刷领域；有了激光照排技术以后，革了纸型的命，出版社淘汰了纸型；革了笔墨、剪刀的命，过去编辑的工作靠剪刀和浆糊，作者靠笔和墨写作，现在许多工作在电脑上进行。对读者来讲，电子出版物这样一些新的形态也是一场革命。老编辑或者老的出版人员可能知道纸型这个概念，或者接触过纸型。过去出版社的书如果想重印的话，一定要保留纸型，因为铅板不可能长期保存。有了激光照排，有了胶片，没有人再保留纸型。现在纸型只有在博物馆可能看得到，或者在辞书中了解到。很多的年轻编辑不知道纸型为何物。这是人民教育出版社保存的纸型的照片。（见图 7）

图 7　人民教育出版社保存的纸型的照片

1987 年，经济日报首先采用了激光照排的技术，此后激光照排技术陆续运用到报刊、图书的排版中。到 20 世纪 90 年代，铅字陆续退出出版物印刷领域。激光照排技术的应用给读者带来了新的出版物——电子出版物。早期的电子出版物载体是软磁盘，1991 年，武汉大学出版社出版了电子书《国共两党关系通史》，清华大学出版社出版了电子书《计算机词汇》。1996 年，全国出版的电子出版物有 189 种，电子出版物登上了历史的舞台。这是人民出版社出版的《邓小平文选》的电子书的照片，它是软磁盘的，应该是两本，有两张盘，因为那时候软磁盘的容量也很有限。（见图 8）

图 8 《邓小平文选》电子版

这个阶段除了激光照排技术之外，还包括计算机的输入——王码输入法、五笔字型输入法、拼音输入法等，配合汉字激光照排技术。五笔字型输入在当年极大地提高了汉字计算机输入的速度。

第二次融合是互联网的接入及在出版业的应用。互联网应用到出版业以后，有很多新的业态、新的产品出现。出现了网络报、网络杂志，以及网络小说等；出现了互联网的内容平台，比如最早的瀛海威、搜狐、新浪，它是一种新闻服务、信息服务、内容服务的综合平台；出现了新型的数字阅读终端，如电子词典、电子书阅读器，还有后来的手机；出现了网络书店，如当当、卓越等；也出现了网络传版、按需印刷这样一种方式。网络在出版领域的应用带来了很多服务、产品的变化，产生了很多新的业态。比如早期的数字出版产品与服务多是单机版的、封装型，知网当年也不是现在的互联网形态，而是通过光盘提供服务的，所以知网杂志社的名字现在还叫光盘杂志社，它最早都是光盘封装型的单机版的。有了互联网以后才开始实现网络版。早期的电子书阅读器也是封装型，想下载内容也很难。这里给大家展示几个早期的电子书阅读器的照片（见图 9）。左边的第一张是天津津科生产的，当时是液晶屏，内容都是预置在里面，液晶显屏。还有可以阅读的电子产品，如 MP3/MP4，用来阅读和听音乐，具有文字阅读和音乐欣赏的功能。

图 9　早期电子书阅读器

后来出现了电子墨水技术运用于电子书，图 10 左边是使用第一代电子墨水技术的电子书，由荷兰一家公司生产。因为当时互联网还不普及，还不能够随时随地上网。汉王是我国做电子书比较早的企业，它的早期产品也是以预装的电子书为主，它用 SIM 卡下载一些电子书，图 10 右边的作品是汉王早期的电子书阅读器。后来随着技术的发展，特别是互联网技术的普及、Wi-Fi 的普及，这种预置式的内容存储方式都被可以随时下载的方式所取代，有智能手机以后，这些电子书阅读器的发展也受到了很大的影响。当然，作为一种专注于阅读的产品，电子书阅读器是有它的专用功能的，和手机相比，它虽然没有那么多的交互功能，但是阅读体验很好。

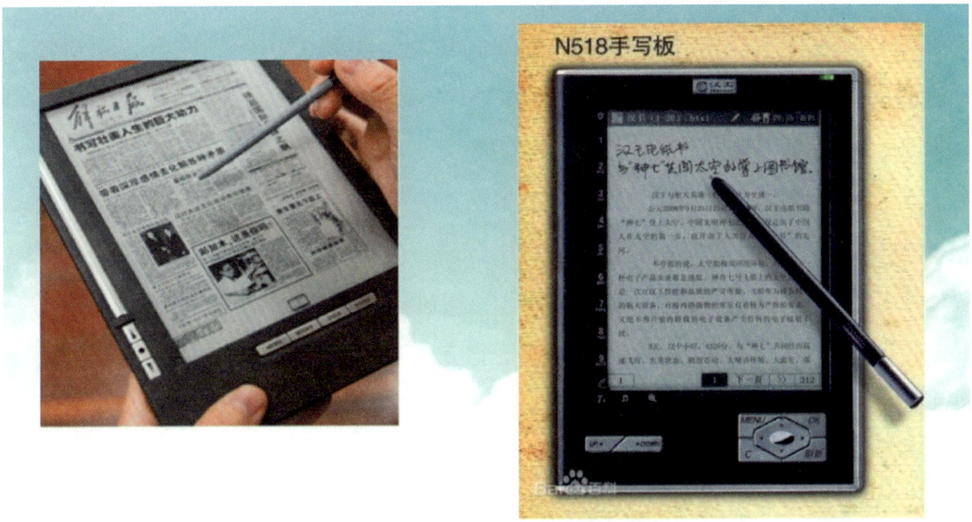

图 10　运用电子墨水技术的电子书

互联网在出版领域中的广泛应用，给整个出版业带来了许多始料不及的变化。比如网络文学的发展可以说是超出了人们的想象，到今天为止网络文学从过去的难登大雅之堂，到现在的华丽登场，很多网络文学已经进入主流，网络文学拍出的电视剧、电影很受观众的喜欢。特别是网络文学在走向海外方面所做出的成就，让我们刮目相看，它虽然只有十几年，但其海外影响力在某些方面已经超过了我们传统文学的影响力。

第三次是技术与出版全面融合阶段。这个阶段的出版产业形态更加丰富，如在内容融合方面，实现了由单一媒体向多媒体、融媒体的转变。前面讲第一代电子书，虽然叫电子书，它其实是一个纸书的数字版，只有文字，最早的形态是用在一张或者两张软磁盘上，只有阅读功能，检索功能没有或者很少有，没有图片、视频等功能。随着技术的发展，特别是大数据技术、人工智能技术的发展，实现了融文字、音视频、图片等多种展现方式于一体，从单一媒体变成了多媒体、融媒体以及流媒体。如在渠道的融合上，包括电视、通信、互联网三网合一在深度推进，实现了线上线下的融合。现在很多企业和媒体都实现了线上线下的融合。如在技术融合方面，实现了与众多技术如大数据、区块链、人工智能等技术的深度融合，每一个数字出版产品或数字内容平台都是多种技术深度融合的产物，在一个平台上既可以看文字，也可以听音频、看视频等，平台已经由单一的单媒体平台变成了融媒体平台。在阅读终端上也是深度融合，过去电子书阅读器是一个终端，电脑是一个终端，手机是一个终端，现在手机集合了其他各种终端的功能，实现了功能的融合，手机能够办公，能够阅读，能够支付，也可以进行社交，所以实现了深度融合。

未来，出版业与技术的融合有五个趋势。

一是移动化的趋势。习近平总书记多次讲媒体融合发展要面向互联网和移动互联网，为什么这么讲？因为智能手机的用户现在发展非常快，中国已经有超过 9 亿的智能手机用户，全世界智能手机用户已经超过了 36 亿人，手机阅读已经成为一种重要的阅读方式、重要的信息获取方式、重要的社交媒体，面向移动互联网，面向手机用户，是未来出版业服务的重要方式。

二是视频化的趋势或者视频化的方向。近几年来视频特别是短视频的发展非常迅速，很多短视频平台爆发式发展。据网络视听协会的数据，2019 年中国网络视频用户已经超过了 9 亿人[4]，并且市场规模巨大、增长迅速，出版服务如何利用视频化的方式，是我们需要考虑的一个方向。当然不是说所有的出版产品都适宜做成视频，但是肯定会有相当多的产品可以通过视频化的方式来展示。

三是知识化的趋势。所谓知识化的趋势就是面临着海量的数据和信息，出版服务如何能够更加精准。在海量信息的情况下，人们获取信息、获取准确信息的难度比过去更大，虽然有各种搜索工具和技术的手段，但是在海量信息搜索仍然面临着非常大的困难，这时候就呼唤一种更加精准的服务，就是知识服务。特别是专业出版，如教育出版、学术出版、科技出版更适合于进行知识化的服务。近些年来，在科技出版领域，知识服务的效果是不错的。许多出版单位研发出一些知识服务产品，出版业知识服务和最近两年互联网上热炒的知识服务并不太一样，出版业做的是一种更加专业的、和出版工作紧密相关的一种知识服务方式，而不是一种泛知识服务。

在知识服务领域，国家是有标准的，国家包括国际上对什么是知识有明确的界定。我们国家知识管理相关标准把知识分为四个类型：一是事实知识。二是原理性知识，这个原理性知识是关于自然界，包括人类社会的原理和法则。三是技能知识，是关于做什么的技能和能力的知识。四是人际知识，是关于谁知道如何做某种事情的知识。

按照知识分类，现在在互联网领域所说的知识服务，其实更多的是在人际知识领域，在原理性知识方面现在还远远不够，而这正是我们出版单位，包括科研单位所应该做的。

在知识服务领域，我们中国新闻出版研究院这些年也在做一些工作。从 2008 年开始受国家新闻出版总署委托，我们做了国家知识出版工程可行性的论证，在这个基础之上，研发了国家知识资源服务中心平台，联合了 110 家出版单位、科研单位、技术公司等，建立了知识服务的试点，也鼓励和支持出版单位在知识服务方面进行一些探索。我们建立了一个统一的知识服务中心，研发知识服务中的十几项工程标准，为相关出版单位进行知识服务提供标准支持。

四是有声化的方向。什么叫有声呢？就是听。听书作为阅读的一种方式，这几年发展非常快，2020 年成年人的听书率已经超过了 31%，未成年人超过了 32%，总体推算下来全国听书人口已经超过 4 亿人，这是一个比较庞大的群体。从市场来看，这几年听书的市场规模在逐渐扩大，中国音像与数字出版协会发布的数据显示每年听书市场增长率在 30% 以上[5]。听书领域形成了比较多的企业和平台，影响力比较大的有喜马拉雅、懒人听书。听书是一个具有较大发展空间的阅读方式。

五是智能化的趋势。人工智能在出版领域的应用越来越广泛，参与的环节越来越多，从内容生产到知识挖掘都可以智能化，包括选题策划、作品创作、作品翻译、语音合成等，都可以通过人工智能来生成。我们大家都知道人工智能可以写稿子了，现在在互联网平台上看到的许多财经新闻、体育新闻、气象新闻等方面的稿件不是我们的自然人来撰写，而是由智能机器人来撰写。智能机器人撰写的稿子数量在这几个领域已经超过了人写的速度。除了写新闻稿以外，智能机器人还创作文学作品，包括诗歌、小说、绘画、音乐。前两年北京联合出版社出版了一本书《阳光失了玻璃窗》，就是机器人创作的现代诗，这个机器人学习了从五四运动以来现代新诗的创作技巧、语言和风格，开始创作现代诗，由此形成了一本书，并且正式出版。在选题策划方面，可以通过人工智能的技术来分析市场的阅读热点、消费热点，形成新的选题。智能翻译技术，现在中英、中日互译的准确率将超过 90%，未来这个比例可能还会提高。还有语音智能合成技术，可以合成很多声音，这都可以为我们整个出版业的融合发展提供技术支撑。

二、推动出版业和其他产业的融合

出版与其他产业（行业）融合的前景非常广泛，产生了很多新的产业形态和产品形态。

一是出版和教育的融合。出版和教育融合最主要的是出版教科书和教辅读物。在此基础之上又有很多新的发展、新的融合形态出现，比方说教具。一些单位开始生产教具，不是教材，也不是教辅，而是教具，如地图、实验设备等。如有的出版社开发的面向少年自然学习的教具，里面有植物标本、图书、试剂等。有的出版社提供和教材结合的培训，如语言培训、教师培训等。还有的开办校园书店，把教材、文具服务结合起来。有的出版单位开发研学课程、研学产品，利用出版社的品牌和资源，进行传统文化、红色文化游学。有的研发电子书包，面向成年人或者未成年人的职业的学习平台，都是属于出版和教育融合的方式。

二是与技术设备的融合。近几年来，一些新型技术设备在出版领域的应用也在不断探索，如 AR\VR 技术等，相关设备与出版融合。如 VR 产品方面，人民卫生出版社生产出一种面向卫生领域的学校提供的教学服务产品，学生不用再来解剖尸体，可以通过 VR 技术设备了解人体的构造，实现对人体深层次的全方位的了解。AR 图书也是一种和教育融合的产品，通过手机或者平板电脑，可以立体化呈现。这是和教育融合。

三是出版和文化旅游的融合。国内外有一些相关实践，但还不是特别的多。其实出版和旅游的结合点很多，国外一些做法主要是根据文学作品中的一些场景开发的旅游资源，比方说法国马赛的伊夫岛，我们大家都知道《基督山伯爵》这本小说，它讲述一个人在岛上期间，得到了一个长老藏宝的秘密，他逃出这个岛以后，找到了藏宝的地点，获得了大量的财宝，由此开始复仇的故事。马赛伊夫岛本来是一个军事要塞，现在法国把它开发成一个与《基督山伯爵》结合起来的旅游景点，吸引了许多游客，就是把书和景融合。

我国以图书为背景的旅游开发也有一些案例，如《红楼梦》我们大家都很熟悉，习近平总书记在河北正定做县委书记的时候，建设了荣国府、宁国府这两个旅游景点，现在也成为正定的非常重要的旅游景点，是和《红楼梦》这本书相配的一个旅游景点。如《水浒传》是我们的四大名著之一，山东梁山县开发了水浒大寨，把出版与旅游融合。再如《三国演义》也有旅游景点，比如火烧赤壁，是和旅游融合，也是和文学名著融合。

四是出版和餐饮融合。比如青岛出版集团打造了 BC 美食书店，把书店和餐饮结合起来，环境很优雅，读者或者食客都觉得很好，也提供了一种新的融合范式。

五是出版和地产融合。打造出版产业园，进行书店的改扩建，也是地产商为书店的升级提供支持。现在很多高档卖场，或者综合卖场都引进书店，其实是地产在引入出版业，引进书店来提高它的品质和品位，这都是出版和其他行业、产业融合。

六是出版和文化融合。这些年出版单位的文创很火爆，有的单位的文创收入可能比书的收入还高，很多出版社开发的产品形成爆款，比如紫禁城出版社开发的文创产品社会影响力很大，包括日历、化妆品、玩具等，在很多领域开发出了新的产品。机械工业出版社开发出成人拼图，比如四合院的拼图。还有一些出版社开发了笔记本、书签、水杯、玩具、丝巾、雨伞，还有的出版单位做高仿的字画。南方的一个出版社有一台数字印刷机，可以印高仿的名画，画的售价也不低。北京荣宝斋也有，这都属于文创产品。出版单位可以依托品牌优势，或者资源优势来开发一些新的产品。总体来讲，出版社在与文化融合这个领域，特别是和文创融合这个领域，这两年下的功夫比较多，生产了很多的文创产品，也丰富了出版社服务社会的方式。

出版还可以和金融融合，比如版权金融，出版和资本市场进一步融合等。

三、继续推动出版产业内部融合

过去讲出版融合，多是从出版业外部讲，讲出版与技术融合、出版与其他产业融合，都是把出版业作为一个整体与其他东西融合，其实出版业内部也有融合问题，出版业内部融合比外部融合起步更早。出版业内部融合包括出版产业链上下游之间的融合，即出版、印刷、发行之间的融合，这种融合产生了新的组织形态的出版集团。过去没有出版集团，有出版社、书店、印刷厂。组建集团以后，实现了编印发供一体化，融合到一个产业组织内部，这是我们内部融合的一种方式。第二种是不同内容之间的融合，过去的出版物多是单媒体，如文字、音频、视频的，现在把文字、音频、视频、图片相结合，形成了一种融媒体，融媒体实现了可听、可读、可看，甚至可以互动。

四、结束语

前面讲了很多出版单位对融合发展不积极，投入不够，我们要加快融合发展，这是中央的要求，是市场的要求，是读者的要求，是产业发展的要求。但是我们也要看到在这个融合中，图书出版与技术的融合和媒体与技术的融合也有很大的不同。图书出版的功能和媒体的功能还不太一样，我们在融合过程中，不是说要简单地来适应技术的要求，而是要在融合中保持我们自身的定力，要保持我们在融合中的主导地位，不能被技术公司所左右。图书的功能更加持久，更加全面。所以在融合发展中，要注意保护好内容资源，确保内容资源的准确性、完整性、稳定性。强调融合发展不是不要传统出版、不要纸质图书。从历史发展来看，图书的生命特别是纸质图书的生命已经有 2 000 多年了，虽然现在出现了新的媒介、新的载体形式，但是纸张作为重要的文字载体，它的优势仍然存在，纸质图书不会消亡。一些新的存储介质现在还存在着很多的不稳定性和不确定性。比如软磁盘——最早的电子书载体，但是现在磁盘已经没有了，当年存在磁盘上的内容也已经不可读了；后来出现以光盘为载体的电子书，现在光盘已经很少了，很多的电脑已经没有光驱了，我们存放在光盘上的电子书现在已经不能够阅读了。即使在互联网空间存储的一些数字内容，由于格式等的变化，现在阅读起来也很难。各种存储介质，包括互联网，都是有生命的，但是与图书和纸张比起来，这许多介质的生命可能更短。所以纸质图书在很长一段时间仍然有存在的必要，仍然是一种重要的出版载体形态。我们讲融合出版、融合发展不是说要放弃纸质出版，只是说在我们保持好纸质图书出版的基础之上，增强我们在互联网环境下传播的能力，增加我们的服务方式，实现纸质出版和传统出版优势互补，共同发展。我们要理性地看待融合的问题，不是说一融就全融进去了，就没有传统出版的位置了。这是我要给大家讲的一些内容，提出来和大家一块交流，不见得完全准确，有些思考也不见得成熟，欢迎大家批评。

请扫码观看讲座视频

参考文献

［1］第十八次全国国民阅读调查成果发布［EB/OL］.（2021-04-26）［2022-05-04］. https：//www.nppa.gov.cn/nppa/contents/280/75981.shtml.

［2］第十七次全国国民阅读调查成果发布［EB/OL］.（2020-04-20）［2022-05-04］. https：//www.nppa.gov.cn/nppa/contents/280/45906.shtml.

［3］第十六次全国国民阅读调查结果公布［EB/OL］.（2019-04-21）［2022-05-04］. https：//culture.people.com.cn/n1/2019/0421/c1013-31041115.html.

［4］《2020 中国网络视听发展研究报告》发布［J］. 青年记者，2020（30）：105.

［5］中国音像与数字出版协会 .《2020 年度中国数字阅读报告》显示——我国数字阅读产业规模达 351.6 亿元［EB/OL］.（2021-04-19）［2022-05-04］. http：//www.cadpa.org.cn/3277/202104/41400.html.

从智慧阅读看出版的智慧转型

聂震宁

讲座时间：2022 年 3 月 8 日

主讲人简介：聂震宁，著名出版家、作家，编审。现任中国韬奋基金会理事长、中国出版协会副理事长，南京大学出版研究院院长。曾任中国出版集团公司总裁，人民文学出版社社长兼总编辑，漓江出版社社长、总编辑，是全国政协委员首份开展全民阅读活动提案的第一提案人。出版《长乐》《暗河》《舍不得读完的书》等小说、散文、随笔200余篇和《阅读力》《出版力》等阅读学、出版学专著十余部。

内容提要：当前普遍开展的数字阅读、移动阅读、社交阅读、APP 阅读等都是智慧阅读理念带来的程度不同的阅读智慧服务方式。报告指出智慧出版和智慧服务的要义不是服务，而是通过智能技术使得我们的服务更加智慧化，更加智能化。从莆田市的阅读情况、从数字农家图书馆的发展情况、从图书馆界的发展情况出发讨论智慧阅读，并详尽地阐述出版的智慧转型中现存的问题和解决策略。报告认为，进入 21 世纪以来，数字技术、网络技术带来的新兴出版已经成为规模日益扩张的国家出版产业的重要组成部分，使得我国出版业在国际出版业的格局中大放异彩。

关键词：智慧阅读　出版转型

我讲的主题是从智慧阅读看出版的智慧转型。这些年来我除了对出版业进行研究以外，还对阅读、全民阅读、阅读学做了一些研究，注意到智慧阅读这个概念比较早地提出来了。所谓智慧阅读，通常指的是运用智能技术为读者提供智慧服务，它的核心价值就是关注读者的阅读需求及其满足程度。具体而言，智慧阅读就是阅读服务者通过大数据、物联网、云服务、认知计算乃至人工智能这些智能技术的运用，努力提高阅读服务的精准性和自适应性。当前正在普遍开展的各种阅读，包括数字阅读、移动阅读、社交阅读、APP 阅读，都是智慧阅读理念带来的程度不同的阅读智慧服务方式，只是程度不同。智慧阅读和智慧出版的要义不是服务，而在于通过智能技术使得我们的服务更加智慧化，更加智能化。由于智慧阅读是运用智能技术服务于阅读，所以现在智慧阅读的理念在阅读推广中尤其受到重视。运用智能技术进行阅读推广工作，使得阅读推广主体对于推广的对象，读者的阅读特征、阅读需求能够得到比较全面的感知和智能识别。现在图书馆对于读者的结构、读者的需求、读者的好恶、读者的兴趣等，都有智能识别的办法。有人说这样可能会导致没有个人阅读隐私。到公共图书馆阅读确实会降低阅读的隐私性。现在如果是数字化阅读，被后台抓取的可能性更大。而智慧阅读是对推广目标、推广方法进行智能化的优选。现在我们说全民阅读推广人不只是呼吁大家要读书，不只是给大家提供一些场所的便利，也不只是推广一些优秀书籍，事实上这里面要有智能化的优选，这样才可能达到个性化的推广服务的需要，否则的话就很可能流于粗俗，流于浅表化，阅读资源供给侧才可以做出更好的改革创新。阅读资源供给侧主要指的是出版业。从这个意义上说，图书馆在智慧阅读方面应该比我们出版业先走了一步。近十多年来，我们国家的智慧城市、智慧地球、智慧生活、智慧校园、智慧交通、智慧医疗、智慧社区服务等理念在许多行业已经提出来了。我国图书馆业非常明确地提出智慧图书馆的理念和目标，智慧图书馆的理念和实践直接推动了智慧阅读。智慧阅读不是智慧图书馆的全部理念，智慧图书馆只能就图书馆能做到的和需要做到以及可以做到的一些事情来进行人工智能技术的装备，而智慧阅读的内容则要更加丰富。

我国《公共图书馆法》已经正式颁布实行，明确要求各地公共图书馆必须为全民阅读提供服务。那么各地各级的公共图书馆，大到国家图书馆小到一个县的图书馆，甚至县图书馆的分馆，都正在大力提高为读者提供服务的水平。我去浙江嘉兴市图书馆，它的总分馆制做得非常好，农家书屋已经成为它分馆的延伸点，使得农家服务的阅读得到更直接的帮助。许多有条件的图书馆甚至已经开始通过大数据、云服务、认知计算乃至人工智能这些智能技术，提高智慧阅读的内涵和服务的水准。在人工智能环境下，图书馆智慧阅读的传播范围是更大的、拓展了的，面对的读者群体更为多样。图书馆努力实现线上线下的深度融合，互联互通成为常态，作者、出版者、图书馆、读者以及阅读指导专家的联系较之过去空前畅通，智慧阅读关注读者的阅读需求及其满足程度的核心价值，将更可能得到实现。当然不是说只要有了技术这些核心价值就一定能实现，事实上还有很多理念问题。我国出版业包括书刊发行业，书刊发行业在这方面要走得快一些，有规模的图书电商如当当、京东和实体书店也在提供智能化服务，正在不断提高自己的水平，朝着智慧阅读做努力。实体书店可以说空前加大了店堂书籍陈列的编辑力。我这里特别说了一个概念“编辑力”。这个编辑力指的是什么？指的就是从书籍品种排放的逻辑关系和读者的关注关系以及品种的链接关系使得书刊推送得到了优化。那么，很显然，有后台软件才能够加大店堂书刊陈列的编辑力。过去书刊发行业主要是强调“书刊存放的科学程度”，现在看来，用“编辑力”这个词可能更准确一些。因为书店在书刊陈列上面就是一种编辑力。出版业的编辑除了编改稿子以外，处理好图书内容的结构等也是编辑力的重要组成部分。书店的业务员也存在着编辑力的问题。书业电商在这方面因为比较直接地使用了数字网络技术，所以正朝着提高阅读服务的精准化、大数据化方面加大力度。比如我们在网店购书，只要选购了一种书，它就告诉你买这种书的读者还关注了哪些书，立刻把其他书籍的偏好信息发给你，当然有些信息可能你会觉得是在兜售图书，但无论如何它总具有一定的信息价值。尽管电商提供的信息有时候显得有些粗糙，精准度不是很高，而且我怀疑他们的友好态度可能只是为了商业的目标，但是我们可以毫不费力地获得一些信息，形成了很好的交易环境。比如说我们在实体书店选了一种书，那么服务员告诉你其实最近又出了另一本书，我们买与不买是自主的，可事实上不少人直接就买了。这些都是非常友好的交易环境，有一定的智慧化含量在里面。

我这段时间关注全民阅读比较多一些。党的十九大以来，我国农家书屋建设发生了比较大的变化。党的十九大召开前，农家书屋建设存在一些令人不满意的地方，有人认为农家书屋形式大于内容，形式大于实效。可十九大后，农家书屋建设和完善工作明显加强了。对于农家书屋，不能够因为它不够完善，还不能满足农村阅读的需要，于是我们就要淘汰它。我非常赞成这样一个意见，这个意见指出，如果因为农家书屋不能够满足和不够完善，就想要拆掉农家书屋，那么，过去几十年来，图书馆的作用也不是都发挥好了，甚至改革开放之初，很多图书馆几乎难以为继，例如一些直辖市图书馆发了 3 万张借书卡，2/3 的借书卡是休克冬眠，但也没有人说要把图书馆拆了，把图书馆变成别的什么功能的场馆，为什么一定要把好不容易建设起来的 60 多万家农家书屋拆掉呢？我们要有必要的耐心、足够的耐心。这个是题外话。

党的十九大以来特别强调了农家书屋要实现数字化升级，这就是把工作落到了实处。数字化升级包含了信息化的服务和智能化的服务，实际上这里面两个层级有区别。信息化的服务，指的是数字技术、网络技术可以提供信息化的服务，而智能化的服务，是指智能技术的运用。农家书屋建设正在提出向智能化方向升级，那就不只是信息化的问题，而是智慧化的问题。当然关于这个问题，我也做过反思。我曾经对政府提出迅速扩大农村互联网普及率，包括加快农村书业电商经营发展的政策表达过疑虑，尤其对提高农村数字阅读率，我是持怀疑态度的。我的怀疑态度主要来源于对实体书店维护的立场和在阅读学上“立学以读书为本”的阅读本体论的过于坚守。阅读本体论事实上在不同时代应该有不同的变化发展，现在我的态度是“读总比不读好”。我曾经一度对碎片化阅读的价值深表怀疑，显然我这个态度也有点僵化，偏于保守，而且不切实际。不切什么实际？那就是不切中国农村太分散、太不利于实体书店运营的实际。现在政府有关部门提出要从实际出发，给农家书屋实行数字化升级，应该对此举给予一个点赞。

2019 年 2 月，中宣部等十部门联合印发《农家书屋深化改革创新提升服务效能实施方案》，全面部署农家书屋提质增效有关工作，助力乡村振兴战略的实施，其中要求优化内容供给，有效对接群众需求，怎么有效对接，那可能必须要智慧化，要用智能技术而不仅仅是一般的信息传播。要探索“百姓点单”服务模式，这是 2019 年中宣部等十个部门联合印发的农家书屋升级的实施方案。要“百姓点单”的服务模式，加大农民群众自主选书比例，开展农家书屋数字化建设，增加数字化阅读产品和服务供给。这些要求毫无疑问可以看出来，就是要求农家书屋数字化升级。数字化升级是一个普遍的说法，我的看法就是“百姓点单”、有效对接的追求，已经体现了智慧化发展的一个方向。

陕西省利用航天数字传媒有限公司的“卫星网络 + 地面网络的天地一体化”解决方案，建设“卫星数字农家书屋”，这一做法就非常好。陕西省利用卫星平台的无障碍覆盖，把老百姓喜爱的图书、视频、报纸杂志的内容投放到终端，并且每天更新，因为农家书屋如果只安排一个终端，农民兄弟就能够每天看到，对农家书屋做了很有益的补充，使得传播能力得到大幅度的提高。卫星数字农家书屋增加了便民服务系统，具有在线交易功能，看到一本好书或文创产品，还可以做在线交易，具有便民驿站、网上书城、生活助手等多项功能。另外还跟“农翼网 APP”上线使用移动阅读结合起来，为农村群众提供了移动互联网的阅听。听书发展很快，农民可能更需要听书，因为农村普及了初中，四五十岁的人字也忘得差不多了，如果有听书服务，对他们来说是非常好的一种阅读。

应当把数字农家书屋建设作为今后农家书屋建设完善的主要方向，如若坚持以读纸书为本，农民什么时候才找到一本他喜欢的书来读？与其空谈，还不如加大覆盖率，使农民通过智慧化服务尽快地读到喜欢的书。现在我们国家 4G 覆盖率已经超过 98%，5G 正在建设，农村互联网普及率明显提高，农家书屋、数字农家书屋可以说具有很好的网络设施条件。中国新闻出版研究院第十五次和第十七次《全国国民阅读调查报告》显示，2017 年农村居民的数字化阅读率为 63.5%，2019 年则增长到 75.2%，这是很了不起的变化。依靠纸质图书阅读，我觉得数据可能不会太好看，可以说农家书屋开展数字阅读已经初见成效，那么数字农家书屋的建设可以说已经成为以读书（包括电子书、有声书）为主，兼有数字化报纸、期刊、音视频内容的读书平台和知识学习平台，要着重发挥数字农家书屋在读书方面的引领作用。虽然农村阅读数字化的升级改造，并不就是我们要讨论的真正意义上的智慧阅读，但智慧阅读不仅仅是智慧化的服务，还要有智能技术支持下的智慧化的导读、智慧化的引读、智慧化的阅读兴趣和阅读习惯的培养。

总体来说，信息技术支持下的数字网络阅读，比起纸介质出版物阅读距离智慧阅读要接近很多了。智慧阅读的推广工作特别凸显智慧内涵，这是智慧阅读确保核心价值的重要保证。中小学生的学习问题事实上也需要智慧化的阅读来予以支持，而且特别要凸显智慧阅读的作用，因为中小学阅读、校园阅读，特别是语文课外阅读能不能做好，有几件事情非常关键。第一个是导读，第二个是背景知识，第三个是独立阅读，第四个是及时提问，第五个是文化注释，第六个是阅读练习，第七个是思辨问题，第八个是谜底任务。这些一个个小任务都是校园阅读里面非常重要的教育点，或者说是阅读必须解决好的一些内在的问题。事实上这就是智慧阅读、智慧内容。导读要有一定的智慧判断，学生在哪些问题上感兴趣和不感兴趣需要用智能技术来做统计，在统计学上做些判断同时分出类型，还有背景知识、独立阅读、及时提问、思辨问题等，都需要智能化的技术来支持。

2021 年 3 月，我应邀到福建省莆田市就中小学校园阅读进行交流，了解到莆田市自 2017 年起在全市中小学开展了“书香校园智慧阅读”活动，可以说比阅读界或教育界对于智慧阅读的概念提出要早，至少比我们出版界智慧出版的提出早得多。他们以素质教育为核心理念，以“五育并举”为原则，以全域阅读为载体，全面推进阅读活动。优质均衡放在首位，提出并践行了“全员参与、全学段推进、全时段渗透”的“三全”覆盖模式，成为全国首个以设区市为单位整体推进校园阅读的地区。福建的教育事业做得也很好，他们探索智慧阅读的整体思路是开发线上线下两套资源，以纸质阅读为主，线上管理和评价为辅。事实上这就是后台智能技术，管理评价实际上是非常重要的，为城乡学生持续高效阅读提供保障，使得全市的阅读资源得到比较均衡的安排，强调了线上管理和评价。莆田市教育局组织全市的百名教师诵读团队录制一年级到九年级全部学段的每日经典诵读的音视频，学生可以在任何时段打开，每天都可以赏读经典，很大程度上解决了农村学校因为师资条件不足、社会资源不足而导致诵读条件不足的问题。现在在莆田市 60 多万中小学师生中，阅读蔚然成风。现在他们中小学生年人均阅读书籍 19 册，是国内先进地区的阅读水平。

智慧阅读的理念在阅读推广工作中正在受到重视，今天我重点讲智慧阅读和智慧出版之间的关系，那么，我还是要回到出版上来。

智慧阅读必然导致智慧出版。我国一些学者、专家已经提出智慧出版这一理念并开展了学术研究，一些专业出版社和学术期刊也正在尝试开展智慧出版。社会科学文献出版社是中国社会科学院下属的一个重要的出版社，是全国百佳出版社。早在 2014 年就提出了建设智慧型出版社的战略，在社会科学界比较早地接触到智慧技术问题、智能技术问题，现在他们已经进入了自称为智慧型出版 3.0 的构建阶段。所谓 3.0 构建阶段，就是探索运用新型技术，推动“智慧七化”——互联网化、流程化、数据化、移动化、知识化、协同化、智能化的建设，构建赋能型的互联网知识服务平台和学习型出版平台，推动内容知识库、出版社知识仓库等基础知识库建设，探索垂直学术服务生态，跟作者、读者形成垂直的学术服务生态，使得业务主体有能力及时响应市场环境和需求变化。

我国一些学术期刊也正在运用智能技术朝着智慧出版的目标转型。我特别想强调学术期刊杂志社从设置咨询功能并及时给予回复，自动给作者发送稿件处理动态信息，作者可以自由查阅稿件的审阅进度，并且将最终处理结果和意见及时反馈作者这些编辑日常工作智能化做起，这是很了不起的。因为过去我们的编辑是神秘化的，作者被间隔化，不知道稿件到了哪一步。还以为出版社已经发稿了，其实出版社还没进入编辑，了解到稿件的具体情况，如果这时作者有一些新的内容需要补充也还来得及，有些可能是质量不足，作者还来得及做进一步的修改。事实上我们的专业出版社、教育出版社包括大众出版社都应该有这方面的开放度，这也是智能化的一种升级。现在一些学术期刊正朝着开辟学术沙龙，建立读者调查机制来做。期刊杂志社与作者成为学术沙龙的交流者，组织稿件形成直接和交互式；建立读者调查机制，使得期刊杂志社选题、编辑的质量得到更好的反馈。另外，期刊杂志社还可以举办专家网络讲坛，定期发布已经发表的文章的引用转载和获奖情况，介绍国内外同行主流期刊动态，朝着多渠道互动交流的智慧出版目标转型。看上去，学术期刊在这方面比我们专业出版社做得更直接、更快捷，因为他们是一个团体围绕着一本杂志运作，不像我们的专业出版社，哪怕是科技出版社，可能都还是小编辑室的单打独斗。出版社的整体化的运作可能相对滞后一些。现在，机械工业出版社的每一个编辑部都有自己的学术沙龙，另外都有自己的抖音播送、短视频播送，这提高了信息化的服务水平，但还不是我们所说的一种完全智能化的服务，只是从这里往前进一步，相信会较快地接近智慧出版。实事求是地说，我国的智慧出版研究和实践目前主要局限在学界，局限在大学的教授们、研究生们和少数专业出版社以及学术期刊。而整个出版业界特别是大众类传统出版企业反应并不强烈。教育类的出版可能比大众类出版要好一些，但是跟专业类出版比起来还是存在不足。值得我们认真思考的是，处在人类社会进入智慧发展时代，各行各业都不能无视自身的智慧发展，出版业难道可以置之度外吗？显然不能。既然不能，还不如退而结网，争取主动。作为出版业的主要服务对象——读者（包括专业读者、大众读者乃至所有的读者），正在形成智慧阅读的趋势，出版业不可能视而不见、无动于衷。问题在于出版业对由此将引起的智慧出版转型的认识尚未到位。行业里许多同仁对智慧出版的目的认识并不够准确。

首先，我们从学界对智慧出版目的的阐释，就会发现在认识上普遍存在的偏差。专业人士给智慧出版下过定义，认为智慧出版主要是指出版企业通过大数据等新技术协调、组合其他各类资源，构建内外协同、共享、互通的知识服务平台，在专业化的学科领域内，聚合专家学者资源，通过成果出版、信息服务、数据服务等形式，为政府学界用户提供权威前沿有效的知识信息和解决方案。我特别想请大家注意出版业是为谁服务的问题。这种阐释指出是为政府、为学界、为用户服务，用户就显然不是一般的读者，而是市场交易中的用户，为他们提供权威前沿有效的知识信息和解决方案，这就会产生一种错觉，智慧出版只是为专业做的定义，为教育出版做的定义，如此一来，大众出版、大众阅读的乐趣在这里就看不到，偏好甚至也看不到，于是数量众多的大众类出版就可能产生与己无关的错觉。我们要知道，智慧出版不只是机构供应商的订制，也不只是机构供应商的用户调查，甚至也不只是学术研究课题的申报和审定，它既包括上述种种，更包括各种类型的出版和对海量读者的服务的智能化运作。刚才我说的，不只是智能化的服务，而且是智慧化的服务。比如智慧城市，是对民生、环保、公共安全、城市服务等需求作出智能化的应对，它要提出应对解决方案，才完成了智慧城市的要求，从而给城市人民带来美好生活。智慧出版也应该是对阅读社会的各种服务需求作出智能化应对，从而给更多的读者带来美好智慧阅读的享受。

2019 年 10 月，中宣部印发《关于促进全民阅读工作的意见》，9 条重点任务里面有一条就是提高数字化阅读质量和水平，这是直接跟社会化阅读服务相关的。9 条重点任务包括加大阅读内容引领，开展重点阅读活动等，这些都离不开智能技术的支持，势必要求提高各项工作的智能化的水准。作为全民阅读的主要供应商和服务商，出版企业如果没有注意到这是又一个发展机遇，就有可能成为新形势、新任务面前的缺席者，也就是在智慧发展时代应对挑战的失败。从市场规律的供需关系来看，出版业跟读者的关系就是一对供需关系。有需求才有供给，供给的质量将决定需求的热度和可持续度。出版产业作为供给侧要真正服务于智慧阅读的需求，显然应该主动推进智慧化的转型。

出版业推进智慧化转型要做到以下 5 点，有些是老生常谈，但做事情总得从老生常谈做起，从常识做起。

第一，出版企业在体制机制创新上要做出应对。没有专门的人就做不好专门的事。我当年在人民文学出版社，没有少儿编辑室，就做不出《哈利·波特》，要成立少儿编辑室才可能做出《哈利·波特》，这就要有专门的人做专门的事。因此在出版企业的业务结构中，要尽快建立智能化发展的业务机构，要有专门的人来对待新的业务。出版企业领导人中要有人管理智慧出版，而不是仅仅要编辑室加大一些数据化的建设，出版社做数据化建设恐怕很难做，出版企业要安排专门人员来负责数据的积累和分析，负责通过系统后台的大数据的分析功能，将每个时期产生的海量数据提取转化为有价值的信息，为出版社提供精确化、科学化的生产决策参考。在21世纪之初，出版业都说在选题论证上要有更多的科学化的程序，要求提供同类书情况。事实上我们的编辑也非常困难，当时数字化、网络化程度不高，就更加困难。现在出版社就应该由专门的部门来提供，哪怕大众出版中的长篇小说，关于这个作者的受关注度，以及关于这个题材受关注度，当前什么样的题材更能获得读者的青睐，这些都应该有专门的人提供比较可靠的一些数据。在做选题的时候，精确化、科学化会得到比较好的提高，这从一定意义上说就是智慧技术、智能技术。

第二，出版企业要尽快装备必要的智能技术。出版企业具有内容生产的传统优势，但是不能拘泥于内容生产，也要努力形成数字内容集成运营能力和内容集约提供能力。要有智能技术，要提高阅读资源的有效供给能力，提高阅读平台的智能程度和阅读活动的组织水平，这些都必须要有智能技术的装备，才能更好地满足读者智慧阅读的需求，这是出版社智慧出版面临的重要任务。我觉得有了智能技术、专门的机构、专门的技术，出版社就可能将智慧出版落到实处。

第三，出版企业要高度重视本版书刊阅读的大数据。比如说人民文学出版社对本版书刊阅读的大数据做了采集吗？我现在表示怀疑。但是我相信专业出版社，比如说学术类出版社、科技出版社，在大数据采集方面可能会快捷一些，因为它的读者一般是特定人群。可是大众的出版社怎么办？我看只有尽快行动起来。大众出版中谁抢到大数据的先机，那么我想它今后的可持续发展情况就会很不一样。智慧发展时代，万物互联，出版业必须下最大的功夫与阅读推广机构乃至海量读者实现互联。现在智能技术快发展到令我匪夷所思的程度了，我相信我们大众出版业不至于一筹莫展。我认为出版企业要形成多维度的大数据报告，实时掌握数据变化动态。前不久我刚刚跟一个数字技术公司做了一次交流，他们对Facebook以及一些其他平台都能够做到大数据的采集，提供给国家有关部门使用，更不要说图书馆的情况，公开科技情报和半公开科技情报的他们都有各种办法抓取。出版业没有那么多投资，但现在正在做实验室，总会有一些投资，或者出版社挣了钱，这个时候装备技术还是非常重要，要实时掌握数据以及变化动态。反馈阅读推广效果也是非常重要的，及时发现读者行为偏好和个性化需求也是非常重要的，通过智能技术运用才可能建立起多层级、立体化的智慧出版体系。我做出版已经40多年，深感更多的还是主体化的出版，是编辑主体化、出版人主体化的出版，真正的交互式的出版、融合式的出版、智能化的出版我们离得太远了，所以我觉得现在随着智慧阅读的发展，智慧出版要提到意识认识上来，而且出版确实要实行智慧的转型。

第四，出版企业要重视本版书刊的市场“长尾效应”。要重视本版长销书的各种市场数据，关注自有旧版书的各种阅读数据，包括孔夫子旧书网等。我们确实缺少抓取本版长销书数据的自觉性。人民文学出版社前些天进行了一次网格本的阅读推广。网格本是自1959年起，人民文学出版社在外国文学研究所的支持下开展的一个国家出版项目。几十年过去了，旧书网上面网格本是可以高价出售的，于是人民文学出版社做了一次规模化的网格本的重新出版，既为大家解决怀旧情绪，同时也读到更高质量的翻译作品、外国文学名著丛书。随时通过本版长销书的市场数据分析可持续开发的可行性，随时通过旧版书的某些阅读数据做出“旧瓶装新酒”或者“新瓶装旧酒”乃至版本升级、再度开发的决策。刚才我说的人民文学出版社外国文学网格本的出版，就是“新瓶装旧酒”，所谓“新瓶”就是新的出版装的是经典的老版本的，版本经过考验，编校质量也会进一步加强。本版书刊的市场“长尾效应”和自有旧书新读，往往反映出读者的阅读之需、阅读之美、阅读之乐，由此可以激发出版企业的品牌自信和价值自信，实现可持续发展，这在智能技术支持下才能做好。本版书刊的“长尾效应”和自有旧书新读本身是一个数字技术问题，需要人工智能技术的介入才可能做好。

第五，出版企业要进一步推进人才创新。智慧出版需要多种新型人才，不仅是数字技术人才。过去我们将数据技术人才统称IT人才、计算机人才，那是已经过时的说法了。现在讲的是智能化服务人才、大数据研究人才、智库设计人才、学术支撑服务人才、国际化服务人才等。出版企业还要培养和使用一种人才，即阅读推广人才。阅读推广人才非常重要。目前我国出版企业在阅读推广业务上的人才配置随意性比较大，甚至有些编辑可能编书能力不怎么强，就让他去做阅读推广。事实上，智慧阅读要求阅读推广人不仅能把握阅读内容，掌握智慧推广的理论与知识，还要对阅读推广富有情感，能较好地理解读者，与读者建立联系，分析读者需求，为读者提供个性化、多元化的服务。前不久我看人工智能技术专家提出来，在智能时代人类唯一不可能被人工智能技术所替代的就是人际交流。阅读推广人是最离不开人际交流的，因为人工智能没法替代人际交流，人际交流的随意性和情感性以及交互式，要远远高于人工智能的设计。编辑与读者、作者与读者之间的交流不是人工智能技术可以替代的。所以出版企业通过智慧出版的实现，为智慧阅读有效服务，就应当重视阅读人际推广，重视阅读推广人才的人际推广专业性培养。智慧出版很容易招致技术决定论，这也是出版业实施智慧化转型要予以高度重视的。智慧出版一定不能局限于技术人才，而是要对出版企业全流程进行融合与重构。要注意围绕出版业以内容生产为核心的特点，在人才结构上体现出版的社会属性、文化属性、专业属性和内容产业的属性，最终还是要形成各种人才的合力。只有形成智慧合力的出版企业，才可能实现真正的智慧出版。

最后是小结。智慧出版的提出，使得出版业又一次面临挑战和机遇。从 20 世纪 90 年代以来，我们听到的既是挑战又是机遇的声音太多了。因为当时的声光电的出版，其实绝大多数是民营企业在做。进入 21 世纪，数字技术网络技术带来的种种新型出版，已经成为规模日益扩张的国家出版产业重要组成部分，我们国家出版业在国际出版业格局中没有掉队，甚至在某些新型出版的门类还大放异彩。可是在 21 世纪迅猛兴起发展的新型出版产业中，几乎没有几家新兴企业是从传统出版企业生长起来的，传统出版企业在新兴出版产业中所占份额实在是微乎其微。占主导地位的份额被各种所有制的新兴的文化企业所占据。所谓内容产业内容为王的自信，在产业转型和市场竞争中，王者之气已经明显不足，很有“王濬楼船下益州，金陵王气黯然收”之感。这种黯然之感值得我们业界同行反思。好在我们也在大力推动全民阅读，所以纸介质书还保持着微小的增长。如果说全都像报纸和期刊那样被数字化替代，出版业生存不知道会变成什么样子。如果说，过去近 30 年，在信息化浪潮面前，传统出版企业一次次地错过机遇，在一个个挑战面前损兵折将，那么，在智慧发展时代，在智慧阅读的倒逼之下，我们又一次面临着挑战和机遇，那么这一次容不得我们一败再败，为什么？因为这直接涉及出版业的全面生产能力问题，是智能化的技术装备之后的全面生产能力问题。能不能把挑战变成机遇？这需要业界同仁，特别是出版企业的领军人物来做努力。

请扫码观看讲座视频

数据赋能出版，科技助力融合

林丽颖

讲座时间： 2022 年 3 月 25 日

主讲人简介： 林丽颖，中国图书进出口（集团）有限公司总经理，全国政协委员，民进北京市第十五届市委委员，国际出版商协会（IPA）版权保护委员会委员，中国音像与数字出版协会常务理事。

内容提要： 报告结合中国图书进出口（集团）有限公司转型的实践，从三个方面展开讨论：一是对“十四五”时期出版的理解；二是出版在数字时代面临的问题和挑战；三是数据、技术赋能传统出版的探索和思考。报告认为，出版和科技的创新融合必然会拓展出版的边界，也必将培育和壮大出版产业，带动文化产业的新的业态。

关键词： 数据　科技　融合

今天，我想与大家一起分享的题目是《数据赋能出版，科技助力融合》。之所以选择这个题目，主要是基于以下两点考量。

一方面，我所在的中国图书进出口（集团）有限公司（简称中图公司），为广大出版业界所熟知。作为一家成立于1949年的大型国有企业，中图公司在相当长的纸媒体时代一直承担着出版物国际贸易商的角色，其主要业务是引进海外优秀的原版图书、期刊、报纸等，服务我国科技、教育和社会经济的发展；同时，将中国出版的各类载体图书输出至海外，包括海外国家图书馆、高校图书馆，如牛津大学、剑桥大学、哈佛大学、普林斯顿大学图书馆等。进入数字化时代以来，面临着去中介化和全方位互联互通的新市场环境和挑战，中图公司一直在探索从传统贸易商向内容服务商进而向数据运营商的转型。今天想分享的就是中图公司在进出口业务中，在将我国的出版内容与海外渠道对接过程中所遇到的问题以及解决的方案，就中图公司的数字化转型得益于对数据、技术的把握及数据、技术与业务的有机融合等方面谈谈。

另一方面，之所以选择这个题目是因为中图公司比国内出版单位更多地接触到国内外的出版机构。早在1986年，中图公司就创办并承办了北京国际图书博览会（BIBF），迄今已连续承办了28届。通过书展平台，中图公司与中外出版界保持了密切沟通。同时，中图公司每年还受国家新闻出版署委托，带领中国出版人赴海外参加书展，如法兰克福书展、伦敦书展等。中图公司与国内几乎所有出版社、海外主要的出版机构和特色出版机构、书商组织都保持着交流与合作，合作包括版权方面、产业形态方面、数字出版方面等。同时，也正因为站在搭建书展平台的高度上，中图公司也得以比一般单纯的出版社更能近距离地观察出版产业，特别是在全球范围内，认真思考数字经济时代，中国出版产业需要怎样更好地利用数据和科技来助力产业的发展，不断地向上、向阳而生。

以下结合中图公司转型的实践，从三个方面展开讨论：一是对“十四五”时期出版的理解；二是出版在数字时代面临的问题和挑战；三是数据、技术赋能传统出版的探索和思考。

一、对“十四五”时期出版的理解

出版是传承人类文明的重要载体，其本质功能是传播知识和信息。出版是传统产业，同时也是朝阳产业。之所以是朝阳产业，是因为出版业对技术最敏感，最善于拥抱新的技术。从2G纸媒阅读时代，到3G、4G，再到电子书、音视频以及5G数字时代，出版行业一路走来都始终坚持内容为王，主动去拥抱新技术。而从传统出版物出发，使内容焕发出全新的生命力，离不开“融合”二字。

2022年，全国科学技术名词审定委员会为“融合出版”做了明确的定义。融合出版是将出版业务与新兴技术和管理创新融为一体的新型出版形态。数字时代，出版更多的借助信息手段实现知识的快速传播。一定程度上，出版或将成为以用户为中心，提供解决方案的知识服务过程。

融合出版的形态多样，包括数据库、音视频、纸电同步、二维码图书等。融合出版在形态上表现在与上下游的融合、与技术的融合以及与数据的融合三个方面。

一是与上下游的融合。一方面是出版和作者的融合。数字时代，作者既是内容生产者，也是内容消费者，知识平台为作者和读者沟通提供了桥梁。出版与作者融合体现了出版平台把控内容，获取知识产权，提供优质服务，从而获得相应收益的过程。另一方面是与读者的融合。读者在数字时代具有新的概念，一般称之为用户，出版与读者的融合主要体现在出版产业以用户为中心来满足用户多场景的需求，即通过融合来影响甚至改变出版的运营模式。出版社逐渐从图书的出版向信息服务、知识服务转变。如纸书上添加二维码链接，通过扫码，能够与微信公众号或网上社区实现更多的连接，透过一本书了解更多的与这本书相关的知识，出版方从而实现了与用户的绑定和对用户的长期服务。

二是与技术的融合。技术对出版的重要支撑作用主要表现在两方面：一方面是技术支撑知识服务平台的建设，包括互联网数字技术、自然语言处理算法技术等，已越来越多地应用到知识平台建设的过程中；另一方面是技术赋能融合，赋能出版产品的丰富性和多样性。许多出版社在技术的加持下，不断开发全新的融合出版产品，创新出版物的形式，拓展出版物的边界，如人民文学出版社推出的《朗读者》AR图书，用户可以通过纸本阅读《朗读者》的精彩片段，还可以利用AR方式，通过扫码在手机端看到董卿在现场主持朗读者的画面，从而实现纸媒和视频的融合。可以说，融合为用户带来了更丰富的体验。

三是与数据的融合。数据在知识服务和知识传播过程中发挥了非常重要的作用。首先，标准化数据为上下游用户提供了数据的对接服务。当前，国内出版社有许多排版软件，其格式无法直接应用于数字出版。国际上通常采用可扩展的标识语言（XML）方式，只有通过XML文档方式，才能直接传输各种不同形态的数字出版产品。其次，标准化数据为图书选题提供了精准、智慧的决策支持。在运营融合出版平台过程中，会产生许多用户行为数据以及图书销售数据，对这些数据进行深度挖掘，可以捕捉读者的阅读习惯和偏好，实现选题内容的创新，从而反哺用户，为其提供更精准的服务。此外，通过分析不同渠道的数据，能够优化销售渠道，提高渠道转化率；通过选题数据分析，还可以研判市场选题方向，不断优化选题结构，提高选题质量。

二、出版在数字时代面临的问题与挑战

数字时代出版行业面临的问题和挑战有很多。中图公司在开展数字时代图书进出口贸易过程中遇到的问题和挑战有三个方面。

1. 缺乏数据标准

当前国内数字出版物还缺乏统一的数据标准。数字时代，数据已成为内容生产和传播的基本要素。数据对于出版具有两方面的突出特点：一是来自生产端，二是来自传播端。就生产端而言，首先，数据具有多样性特点，表现在出版内容在纸媒时代只有文字和图片的表述方式，而数字时代，形态更加丰富，纸、电、音频、视频等，并呈现多业态的特点；其次，数据还表现出可关联的特点，即数据和数据之间可以重新进行排列组合，每一次排列组合都会形成新的知识点。就传播端而言，内容是完整的、成体系的，但是数据又是可以独立拆分的，数据的独立性和可拆分性可以帮助出版内容进行更广泛的传播。比如在一个平台输入关键词，通过检索和发现功能，就可以从平台上获得相应的出版内容的详细信息（如阅读或者购买方式），通过数据的连接可以形成用户端和生产端的关联和相互促进。也正因为数据扩大了出版内容的传播，元数据、关键词，特别是元数据统一的标准至关重要，数据标准必须与平台、与用户检索习惯相对应。

中图公司在将许多中文电子书推向国际市场的过程中，发现制约中国文化“走出去”的一个核心问题就是缺乏适用于国内外平台的数据标准体系。国内出版还没有真正形成符合国际市场推广要求的数据技术标准和运营规范标准。这集中体现在数据加工、生产和分发三个环节：在生产环节，许多出版单位在数字资源生产过程中，采用不同的软件工具和加工工艺，使得文件格式呈现多样化，如 Word、TXT、PDF 等，这些文件格式无法直接应用于终端用户的平台，需要进一步进行加工和转换。在数据加工环节，元数据信息是数据最根本的要素，在加工的过程中，容易出

现遗漏和误差。全文数据又是数据的核心内容，但目前行业同样缺乏统一的加工标准和规范。最后是在数据分发环节，各出版单位对国际平台的了解程度存在较大差异，大多数出版社为海外用户提供国际标准数据能力还有很大的提高空间。中图公司通过自有“易阅通”平台，帮助国内出版社向海外图书馆以及亚马逊（Amazon）等电商平台进行电子书推广过程中，遇到最多的就是数据标准对接的问题。

2. 版权授权限制

第二个常见问题是版权授权问题。在实际工作中，我们经常遇到一种现象，就是无论是在 Amazon 电商平台，还是在部分海外图书馆平台，之前已与用户沟通测试，甚至开通了试用，已经对电子书进行了精加工，并拿到电子书的海外订单，可以传输到平台上进行销售了（其中，在 Amazon 电商平台，可向更广泛的 C 端用户销售；在图书馆平台，可利用图书馆馆藏体系实现与图书馆间电子书的数字版权贸易）。但是刚放上去，国内出版社就通知授权期限已到，无法继续销售。据统计，2020 年和 2021 年中图公司在海外电商平台上，因版权到期而被迫下架的电子书至少在 2 万种以上。

在整个国际化过程中，中文电子书在版权方面存在着授权期限短、授权范围窄、纸电同步慢、版权运营弱等现实的问题。

就授权期限短来说。国内作者对于图书授权有时间方面的限制，一般与出版社签约 3~5 年，这不仅提高了出版社的管理成本，也不利于对标海外电商、馆配市场进行销售。实际业务中，中图公司对接着 20 家左右的海外平台。每家对数据格式有不同的要求，需要二次加工才能上线。授权期限短，严重影响了销售周期，也间接影响了中文电子书的海外市场覆盖率和影响力。

就版权范围窄来说。目前全球授权中，海外转售、信息网络传播等权利不全。以中图公司为例，作为国内最大的进出口企业，核心业务之一是要把更多中国的电子书推向海外市场。在这个过程中，中图公司必须从出版社拿到足够广、足够多的信息网络传播权，才能够把优秀的电子书产品在世界范围内进行更广泛的传播。

就纸电同步速度慢来说。国内出版社的部分纸本图书在出版很长一段时间之后，才授权电子版。而从海外图书馆获取资源的角度而言，其对新书和优质热门的电子书需求非常强烈，希望供应商快速供货。但从出版社的角度而言，纸书带来的收益目前还远远大于电子书收益，同时由于盗版的存在，其推进纸电同步的意愿较低，版权运营较弱，全版权意识不足和全版权运营能力有限，同时 IP 开发受到了进一步的限制。目前，全版权运营所需要的，一方面是在作品签约的环节就要规划好未来作品纸、有声、视频、影像等多种展现方式，在纸书选题策划时，就要把后期的数据因素、技术因素均考虑在内，对多业态以及多业态的传播做好规划；另一方面，要提升全版权的运营能力，在版权运营过程中，重视内容制作、宣传推广等各环节与合作方的深度沟通，扩展版权价值开发的广度和深度。新冠肺炎疫情暴发之前，因为工作关系，我经常参加一些国际书展，包括到一些海外出版集团进行调研会谈。在这个过程中我发现，海外出版社之所以较少存在纸电同步的问题，是因为与作者签订的授权期足够长。通常出版社与作者第一次签约，一般在 35 年左右，在第一个 35 年到期后，会与作者重新谈判，了解作者是否有转售其他出版社的意愿。我去过很多海外出版社访问，一进社门就可以看到有很多专门的作者墙，出版社朋友非常骄傲地介绍说哪些大作家、大文豪是他们的作者。正因为这种作者与出版社的高黏性，非常长时间的版权可以固定在某一家出版社。而对于作者的经营，包括纸、电、IP 内容开发，出版社在全版权的运营上都会不遗余力。

3. 基础工作不扎实

中国出版业面临的第三个问题和挑战就是基础工作不扎实的问题。目前，国内出版社数字出版的基础工作还不够扎实，当然这里取的是中间值，各出版社情况不一，应当说有些出版社可能更好，有些出版社可能更不足。但普遍状态是多介质和多业态的开发深度不足，表现在介质单一、形态单一、市场比较狭窄。其中有些出版社已经做了部分电子书、有声书的富媒体图书，还做了数据库产品的开发，但开发的深度远远不够，多介质、全流程数字化水平比较低。中图公司同时面对国内国外两个市场，在引进海外图书（包括电子书和纸本书）的过程中，对应的是国内图书馆；而在对外输出国内电子书和纸本书时，面对的是海外图书馆，由此中图公司在同步了解、同步比较中更易于发现两个市场的差异，也凸显了前述产品市场狭窄、介质单一和形态单一方面的问题。

基础工作不扎实还表现在国内出版社历史数据数字化程度还比较低。这一方面与国内出版业的整体版权体系、著作权授权体系有关。因为作者通常与一家出版社的签约时间较短，一般 3~5 年后就会转迁至另一家出版社。即便出版社现在拥有作者某本书的版权，并做了自媒体或多业态的开发，但对其前一本书，因为版权方不同，可能就不会有相应的数字化开发。而且从整体成本核算的角度看，对于历史性数据再进行加工，预期市场回报也不高，故加工意愿低。另一方面，国内出版社历史数据数字化程度低，还可能有着数据管理方面的原因。国内一些出版社早期存在所出版图书排版文件，以及编译、编辑等文件数据管理不到位的问题，导致部分原始文件丢失，这也在一定程度上加深了图书历史数据数字化程度低的问题。而我拜访的国外一些大型出版社，如西蒙与舒斯特国际出版公司、企鹅兰登书屋、哈珀·柯林斯等，不仅做到现有图书的纸电同步，还将其所有出版的书，包括图书的历史数据，全部实现了数字化。这当然与其整体版权签约授权制度安排和流程有关。

基础工作不扎实同时还表现在出版行业数据孤岛的问题比较严重。这里分享本人经历的一个现实情况。过去两年，我有幸跟随一些实验室、行业协会、有关组织到全国各地的出版社和出版集团进行调研。调研过程中，我看到目前各大出版集团对于数字出版、平台和数据的运营工作均高度重视。我们一行几乎参观每一家集团时都会有一个固定的内容，就是集团领导们把我们带到展示大屏前，大屏上展示了该集团在数字出版和融合出版过程中所做的努力、创新和建设，每个集团都介绍他们平台的架构，以及内容的多业态、多端输出，其中一些已经开始运行和实施。但是，我们也发现如果每一家集团都有一个数字化的平台，又会带来一个新的问题，就是行业的信息孤岛和数据壁垒问题。目前国内各家出版社都有各家的平台，这本身就是一种重复的建设，而且每一数字平台的建设都存在着标准规范的问题。本来数据越多、越大、越丰富，知识服务能力应越强，传播效果越明显，但目前平台建设中，数据内容主要是基于某一出版集团生产的内容，并未囊括其他集团的内容，出版集团的平台实质上只是自身数据和内容转化的平台而并非兼容更多行业内容数据的平台，各集团和出版单位间的数据还没有做到有效地传播、共享。此外，数据运营和基于数据的知识服务，也存在着规范性、专业性、丰富性不足的问题。

三、数据、技术赋能传统出版的探索与思考

结合中图公司实际，我分享一下有关数据和技术赋能传统出版方面的一些探索和思考。这些探索和思考与之前所提到的标准问题、数据问题以及新技术如何应用的问题相对应。

1. 国际化标准的探索

在“走出去”过程中，为了适应海外图书馆、海外电商平台渠道，以及国际按需印刷体系和 B2C 市场的需求，国内图书数据标准必须对标国际数据标准，才能真正实现国际传播。以电子书为代表的数字内容，具有天然的直达终端的特点，要实

现对海外终端用户的直达，就必须对标国际标准。这就要求国内出版社图书信息，必须按照海外平台和用户的要求进行标准化。图书信息标准化首要是做好元数据的加工。实践证明，元数据标准化至关重要。

中图公司目前主要开展三方面的数据加工工作。第一是针对海外图书馆的元数据加工；第二是针对 Amazon、Google、苹果等类似国内京东、当当等的电商平台而进行元数据加工；第三是按需印刷元数据加工。中图公司下属的海外业务中心针对海外图书馆和研究机构用户，从 2001 年开始，就有专门的团队进行机器可读目录（MARC 数据）的专业服务，已有 20 年的历史。中图公司 MARC 数据加工，完全采用国际标准，也是目前国际图书馆领域最高标准。通过这个加工服务，中图公司实现了业务的有效拓展。例如，中图公司每年在 BIBF 上都与《出版传媒商报》和北京外国语大学推出国内出版社海外图书馆馆藏排行榜，这一活动已连续举办了多年，受到国内出版社的广泛关注。

海外图书馆通常借助国际联机图书馆中心（OCLC）平台，发现适宜的国内出版物，并纳入其馆藏。国内图书 MARC 数据做得越规范、越标准，在 OCLC 的平台检索上的显示度就更高，被发现、被检索的可能性就越大。数据检索的背后，蕴藏的是“走出去”的商机。中图公司在进口工作中，通过自有平台将国外引进出版物的 ONIX 数据制作成国内图书馆可以接受的 MARC 数据和 CNONIX 数据；而在出口的过程中，又将 CNONIX 的数据再加工、转换成 ONIX 的数据，满足海外客户对于馆藏信息和渠道销售的需求，将元数据价值最大化。

在这里，也想借此机会与大家分享渠道拓展中元数据标准化的一些经验。中图公司 2016 年、2017 年一直致力于将中国电子书推向全球最大、最主要的电商销售平台——Amazon，这个平台目前占全球电商销售 70% 的市场。我们当时发现 Amazon 在美国面向北美地区销售电子书，除主营英语书外，德语、法语、日语等其他语种书也有销售，数量达到 8 万 ~10 万种，而当时在架的中国电子书仅有 4 700 多种。中图公司就希望借助这个平台，帮助国内出版社把优秀的电子书直接推向海外读者群体。为了落实这个设想，中图公司与 Amazon 进行了反复的探讨，最终达成了销售合作的协议，但具体上传数据时却出现了一些问题。一是原有的元数据完全不符合 Amazon 平台的标准，Amazon 平台上一本书的元数据有 13 个要素，而国内做得好的电子书也只有 7 个要素。中图公司要按照 Amazon 平台的标准，把国内电子书元数据逐一对标，进行补充和完善。二是电子书格式不符。Amazon 平台电子书的格式必须是 epub3 格式，而国内目前普遍还是 PDF 格式，所以，要重新将上传电子书从 PDF 格式加工成 epub3 格式。三是关键词提炼。Amazon 平台不仅对元数据和电子书文件格式有要求，还要求上传的每本电子书必须有 6~8 个英文关键词，这些关键词要从不同维度反映书的特点或主要内容，以增加该书被读者检索、发现以及选择的可能性。应当说，目前国内出版的很多电子书，在这些方面是有所缺失的。也正是在中图公司把图书逐一对标上传到 Amazon 的过程中，不断总结，从一开始的摸索，到最后问题的解决，花了差不多一年的时间，也积累了经验。现在，Amazon 平台上已经有 5 万多个中文电子书品种，同时，每年可形成 100 万元左右的销售。我们的切身体会是，如果不做好元数据和格式等的标准化工作，就无法实现与国际平台的对接，国内电子书也无法发挥数字出版能够直达终端的优势，无法发挥对全球读者更大的影响力。正因为中图公司尽了极大的努力，花费了心血，当终于可以上架图书，却被告知因版权到期而紧急下架，这种情况才倍感遗憾。

除上述电子书输出的标准化外，中图公司还发现目前纸本图书出口过程中存在一些问题。特别突出的一点是海外中文电子书的市场需求量还不大，作为需求主体之一的海外主流书店对电子书的供给要求多是品种多而数量少。品种要多，是因为不知道哪本书会被海外用户选择和购买；数量要少，则是因为书店没有足够的空间来存放这些书，所以品种越多越好，但每一种书仅要三五本。由此带来一个问题，就是补货困难，如果直接在海外进行仓储建设服务，库存压力会很大。出于海外销售如何既提高效率，又节约成本的考量，中图公司近几年来着重推出了按需印刷服务，并已同全球最大的按需印刷单位形成了全球按需印刷联盟协议，中图公司在北京的按需印刷工厂已与全球 20 个国家的按需印刷工厂实现了软件对接、平台对接和数据连通。在获取出版社的授权后，可通过这 20 个国家覆盖多达 110 个国家和地区的销售渠道。中图公司根据海外市场需求，无论来自实体书店还是来自电商平台，都可以以按需印刷的方式直接点对点传输印刷文档，然后就地印刷，24 小时之内完成配送。目前，按需印刷在全球范围内，特别是疫情下，已被许多国际出版集团采用，实现增效降本。同时，中图公司也在积极与国内出版社进行授权谈判，希望国内出版社认识到新技术对于中文图书“走出去”带来的效果和效率。按需印刷技术已非常成熟，保密性高，版权保护非常完善——POD 文档每印刷一次就要发送一次，因为其一旦印刷完成，就会自动在平台上消失——所以技术非常成熟。中图公司承接了许多海外出版社在中国市场的订单，如培生、约翰·威利父子出版公司、剑桥大学出版社等，这些海外出版社在中国的订单也是通过中图公司按需印刷服务来实现的。当然，在开展按需印刷服务中，我们也发现了类似标准化的一些问题。国内出版社交付给中图公司的印刷文件与海外印刷文件不能完全对标。为此，中图公司进行了大量的数据加工、标准对接工作。遵照国际印刷的数据标准，从订单接入开始，所有相关的订单数据、书目信息数据、原文件数据均进行高度的规范化和标准化，保证实现印刷的快速、准确以及高质量。

为了与国内出版界同行一起就国际化标准工作进行更高的共同探索、共建和共享，2021 年在中国音像与数字出版协会的支持下，中图公司牵头成立了数字出版产业“走出去”推广联盟。许多国内出版社参加了这个联盟。通过联盟，首先要实现共建、共享海外渠道。国内很多单体出版社的“走出去”开拓能力是有限的，通过联盟的群策群力，可以实现联盟成员之间共建、共享海外渠道，有利于扩大“走出去”的影响力。联盟下一步的一项重要工作就是建立数字化“走出去”的标准。已有海外渠道，但并不意味着电子书就能够在渠道上真正落地，真正被读者所选、所买，真正形成订单和营收。要建立数字出版产业的标准，包括加工的标准、元数据的标准等，实现国内标准和国际标准的对接，我们也期待着越来越多的出版社能够加入联盟中，实现互利互惠。

2. 数据安全的探索

现在，在国家层面，数据安全越来越受到重视。数字经济时代，数据重在做好统筹发展与安全两件大事。2021 年 6 月，全国人大发布了《中华人民共和国数据安全法》，其中明确了数据安全的定义。数据安全是指通过采取必要的措施保障数据得到有效保护和合法利用，并持续地处于安全状态的一种能力。同时，相关部门也建立健全了全流程的数据安全管理制度，为出版行业数据管理和数据安全提供了法律依据。

我想，数据安全和数据管理的重要性主要体现在以下几点：第一，从知识服务保障的角度来看，数据是知识服务的要素，知识服务必须有足够多的数据资源作为保障。只有在资源充足的前提下，才能够利用大数据等技术对知识进行加工和分析，在此基础上形成知识库产品，满足大数据环境下用户的知识服务需求。第二，从国家的信息安全和科技安全的角度来看，数据安全已经成为国家安全的重要组成部分。目前，新一代信息技术与各产业深度融合，不断催生数据安全的新问题，技术和监管面临着全新的挑战。在电力、石油、高新技术等领域，已出现一些因数据泄露导致严重损失的教训。

如何做好数据安全管理？从中图公司的实践来看，在作为中盘的数字化转型过程中，非常重要的就是对于获取的上下游数据进行安全存储和管理。“十三五”时期，中图公司就开始自建数据中心。“十四五”期间，将对云数据中心进行进一步扩容，这也完全符合中央关于数字基础设施建设的总体要求。2022年，中图公司将完成对云数据中心的一期扩容。扩容后，CPU算力将达到13 000核，存储能力将达到5.8 PB，可扩展的存储能力将达到36 PB。其核心是实现云数据中心在两个方面的提升，第一是在数据安全存储上，第二是在算力上。数据中心建成之后，不仅将助力中图数据的存储和管理，同时中图作为国家数字科技文献资源长期保存的一个节点，也为服务国家科技创新、科技自主、科技自强，在文献资源保障以及数据安全方面做出贡献。中图公司愿意与广大出版单位共享，在服务器托管服务、SAAS级云服务，以及内容数据资源集中展示与服务方面，为出版单位提供自有、国产、稳定、可靠、安全的存储保障，更好地对外展示数字资源的能力。

3. 新技术应用的探索

新技术的不断发展，以及新技术在出版产业的应用，深刻改变了人类信息传播的方式。在融合出版的背景下，出版领域正在持续加快与互联网、大数据、人工智能、5G、虚拟现实等技术的融合。出版产业正在通过不断拥抱先进技术，赋能出版，并发挥内容为王的优势，走向深度的融合。

这里举几个相关案例。人民卫生出版社2018年就与温州医科大学合作建设了“眼视光虚拟仿真实训系统”，通过这个系统，实现了眼视光病例的可视化，将病例的参数利用计算机的模拟来切实解决专业的实训教学以及学生的实践案例缺乏、学生实践环境限制等问题。此外，中信出版集团也推出了童书《科学跑出来》系列VR图书。在开学季等重大时间节点，与几大知识服务电商和平台开展组合运营。《科学跑出来》第一辑和第二辑总销量据说超过了50万册，成为爆款的VR科普书，展现了科普内容和VR技术融合之后，书中的平面图片怎样立体地呈现在读者面前。

中图公司在新技术赋能传统出版领域，探索的是5G新阅读。为什么要做5G的新阅读呢？主要是因为我们注意到，从2G、3G到4G，一路走来，都是平台和技术公司在推动传统的出版产业进行变革，出版产业每次都是被动的，被平台或者技术应用公司将出版业的为王的内容进行多业态的或者多形式的、多渠道的传播，但出版业并没有在整个技术创新的过程中，真正去主动主导变革。所以，我们设想，在

5G 时代，是否可以基于大带宽、低延时的特点，主动带领出版行业一起转型，通过技术为内容进行更好的赋能和传播。因此，中图公司成立了中图云创公司，这是一个中图公司控股的创新型阅读科技企业，致力于将 5G、虚拟现实、超高清、动捕等技术和上游的传统内容进行有效结合，同时适配到大、中、小型各个端口，实现出版内容的出圈。简而言之就是，一方面以内容为核心，借助技术来制作新阅读的出版内容；另一方面，也通过大屏、中屏、小屏的泛终端传播体系，以多感观触发的沉浸式的体验来激发读者的阅读兴趣，让阅读更能够触达读者。这就是中图公司用 5G 技术赋能传统出版产业所进行的一些探索。具体做法和体会包括在以下几个方面。

第一，做好前瞻性的布局，提前布局，创新蓄力，为创新转型积蓄力量。新技术给出版行业带来挑战，但也带来了很多机遇。5G 时代，我们认为只有主动从内容的新的形式、传播的新方式上进行提早布局，才能加快形成出版的新格局，加快推动出版行业从传统内容提供到新型知识、文化智慧服务的重要转型。因此，出版行业需要借助文化科技进行虚实融合，发挥行业内容为王的优势，形成破圈效应。中图公司通过自己研发的 270 度大屏打造推出了智慧阅读空间。智慧阅读空间 2021 年已在中国国家图书馆落成了，主要服务于所有图书馆体系的智慧公共文化服务。在这个 270 度的大屏里，播放的是中图公司向出版社购权后制作的所有的 VR 全景视频。如中图公司与国家图书馆合作推出的 VR 版《永乐大典》，用 3 分 58 秒讲述了《永乐大典》的前世今生，获得了 2021 年中国出版政府奖的提名奖。目前中图公司在北京的首都图书馆、党史馆和中国人民革命军事博物馆都有关于 5G 新阅读内容，通过大屏端、VR 眼镜端的呈现，从 2021 年 6 月至今，参观人数已经突破一百万。读者对 VR 的呈现方式以及 VR 的阅读方式非常感兴趣。未来，以新技术牵引的新型阅读内容必然将广泛渗透到各个应用场景中，成为拉动文化和科技领域交叉融合的巨大引擎。出版产业如果想充分发挥核心功能，就必须提前布局，打造数字文化的产业，渗透智能应用，从而触达更多的读者。读者在这种不可思议的阅读空间进行体验时，也会为产业的高质量发展提供非常多的有价值的数据支撑。

第二，要引领市场的方向，把控受众变量。基于 5G 新技术产生的融合的、沉浸的阅读方式，必将催生出全新的 IP 内容，其具有非常鲜明的数字属性。以静态的《皆山园图卷》为例，这是荣宝斋的一本美术书里的一幅国画。中图公司通过 5G 技术、沉浸式的虚拟现实技术，将该国画制作成一个全景的视频，在视频中画里的水流动了，鸟会飞了，一切的感受都完全是身临其境的。这种对阅读、对传统文化的展现方式，是完全符合“Z 世代”的行为习惯的。现在的年轻一代都是读屏的一代，他们关注全球性问题，包括在社交平台的互动，其实都是希望以屏的方式来进行交流和分享，他们也愿意为高质量的视觉化内容进行付费。所以，他们对虚拟空间和虚拟内容有着非常强的兴趣和关注力。因此中图公司制作了 100 多部 5G 新阅读的视频内容。2021 年，“元宇宙”的概念突然产生了，中图云创进一步在已有的虚拟现实视频产品的基础上，面向 Z 时代，正在探索和建设出版行业的元宇宙平台，依托新的技术，打造一个出版行业的元宇宙虚拟数字空间。中图公司将以购权出版物为核心，以展现出版物的内容为主，目前已能够做到将绘本、科幻漫画、童书改编成 VR 内容，也已经可以把一些纯文字的科幻小说加工改编成 VR 的类似小电影的视频产品。随着新技术不断迭代产生，出版物内容的改编将呈现多业态、多元的方式。那么，为什么中图公司要瞄准已出版的内容，而不是通过用户自己来创造内容呢？这是因为中图公司也是出版产业中的一员，我们深深地知道，经过出版的专业编辑和加工的出版物产品，内容的专业性、知识的完整性和丰富性是权威的。同时，中图公司作为国有企业，也肩负着向用户、向受众传播高质量、正能量、专业内容的使命。一个由中图云创打造的出版的元宇宙平台，有望在 2022 年 BIBF 上与读者见面，我们也欢迎出版单位跟我们联系，来入驻我们的元宇宙，在一个虚拟空间里面，对出版社的核心产品有完全不一样的 720 度的沉浸式体验，其中也充满了很多的想象空间。

第三，中图公司通过创新实践，加深了对于产业升级可实现新旧动能转换的理解。5G 时代带来的持续性的技术升级，为出版产业创造全新、生动和沉浸的文化空间提供了新的动能，借助新技术产生的内容，可以极大延伸阅读的边界。如可创建沉浸式的 IP 展览，把 AI 互动场景与图书中的图画以及手稿，甚至声音进行结合，将知识创作过程真实还原在读者面前。通过新旧传播模式的多元叠加，让读者更加直观、更加深入地感受到知识和阅读力量。中图公司对刘慈欣科幻漫画宇宙沉浸式的展示，就是将刘慈欣老师 15 本科幻小说改编的漫画进行 IP 展览，融入了刘慈欣老师的书，融入了他的手稿，融入了科幻漫画中的插图，还融入了根据他的科幻漫画改编的 VR 视频产品，从而形成了一种全新的文化消费空间。2021 年底，我们在北京进行了一次尝试展览，受到了 11 万多个家庭的欢迎。

再分享一下有关元宇宙的探索和实践。中图公司将出版行业的元宇宙命名为

“图壤”，我们希望阅读的元宇宙是服务于整个出版界的，包括出版人、读书人、写书人等。“图壤”是由图书构成的，同时只要有土壤，就会有生命，就会有生态，就是生生不息，所以我们也借助了这两个字的组合，希望在一个虚拟的世界里为我们的出版，为我们的内容，同时也为我们的阅读打开一个全新的空间。

应当说，中图公司在新技术、5G新阅读的探索过程中，从来都不是孤军奋战，而是一直和整个行业并肩作战的，这体现在中图公司在5G新阅读概念推出的同时，就成立了5G新出版的内容产业联盟。联盟在2020年成立，2021年又加入了新的成员。在此基础上，中图公司推出了5G新出版的高层研讨会。在研讨会上，与所有联盟成员进行了技术的分享和经验的分享。现在，联盟已经有了非常多的成果，如刚才介绍的VR《永乐大典》已经获得了政府奖提名奖，中图公司开发的“开天辟地”党史思政课也获得了教育部的“经典经验”宣传，许多对于国画的宣传不仅被《新闻联播》多次报道，也入选了2022年北京冬奥会的文化展览系列。

最后，出版和科技的创新融合必然会拓展出版的边界，也必将培育和壮大出版产业，带动文化产业的新的业态。出版行业已经站到了5G新技术的赛道上，在未来几年中，中图公司期待与出版业的老师和同仁们一起在数字经济时代打开想象，占领智慧文化服务的高地，实现出版行业新旧动能的转换，同时，实现整体出版产业的高质量发展。

请扫码观看讲座视频

教育出版数字化转型升级路径探究

张　泽

讲座时间： 2022 年 3 月 25 日

主讲人简介： 张泽，高等教育出版社副总编辑，编审，中国音像与数字出版协会副理事长，全国新闻出版信息化技术委员会委员，入选文化名家暨“四个一批”人才，享受国务院特殊津贴。张泽同志在数字化教学资源建设及融合出版平台研发方面经验丰富，曾先后组织实施过多项省部级重大工程项目，组织实施高等教育出版社“网络教学平台”“数字复合出版系统”等项目的研发，为推动传统出版数字化转型升级做出了积极贡献。

内容提要： 报告围绕“教育出版数字化转型路径探究”，从传统出版数字化升级面临的困境、教育出版数字化转型升级路径探究和教育出版数字化转型升级的能力建设三方面展开。首先，报告提到传统出版数字化转型升级的困境，包括认识的困境、内容创作的困境、平台技术的困境和体制机制的困境四方面。其次，报告结合高等教育出版社数字出版相关案例指出教育出版数字化转型升级的四条主要路径：一是技术赋能产品创新，二是技术赋能内容生产，三是技术赋能企业管理，四是技术促进产业链的延伸。最后，报告就教育出版数字化转型升级的能力建设的三个方面进行论述，即数字化教学资源研发能力建设，安全、可控的技术支撑能力建设，以及互联网运营服务能力建设。

关键词： 教育出版　数字化转型升级

今天非常高兴在线上和大家进行汇报交流，我汇报交流的题目是《教育出版数字化转型升级路径探究》。

近些年，出版社从事数字化转型升级业务的同仁们有时候会羡慕那些在技术赋能下带来翻天覆地变化的行业，在那些行业中，从事数字化转型升级的人员有了可以大显身手、建功立业的舞台和机会，成为各行业发展的中坚。数字出版、数字化转型升级、融合发展，这些概念在出版界已经流行了很多年。传统出版社数字化转型升级的探索也经历了很多年，但传统出版业的革命性变化似乎没有发生，数字业务没有成为新的经济增长点，出版社内从事数字化转型升级业务的人员依然没有成为事业发展的中坚，有些甚至游离在核心业务的边缘。如何认识传统出版数字化转型升级，转型升级的路径是什么，怎样实现转型升级，一直是我们这些从事传统出版数字化转型升级的同志们挥之不去的情结。本人从 20 世纪 90 年代初从事数字化教学资源建设和电子出版工作，可以说从那时候起，就从事数字化转型升级业务，一直坚持到现在，一直处于再探索、再总结、再出发的工作状态，一直在试错中前行。即便如此，总体感觉还是收获大于挫折。

今天在线上汇报一下我的思考和实践，内容分为三个部分：一是传统出版数字化转型升级面临的困境，二是数字化转型升级路径探究，三是数字化转型升级的能力建设。

一、传统出版数字化转型升级面临的困境

1. 认识的困境

这里面有两个概念：一是数字出版，二是数字化转型升级、融合发展。我认为数字化转型升级和融合发展这两个从内涵和外延来说是差不多的，而数字出版和数字化转型升级是有区别的。数字出版是指利用数字技术进行内容编辑加工，并通过网络传播数字内容产品的一种新型出版方式，类似于音像制品和电子出版物。大家知道，目前音像制品和电子出版已经非常式微了，而电子出版还曾经被称为朝阳中的朝阳产业。数字化转型升级是指在新一代数字科技支撑和引领下，以数据为关键要素，以价值释放为核心，以技术、数据赋能为主线，对产业链上下游的全要素数字化升级转型和再造的过程。应该说，数字化转型升级概念的内涵和外延更广。

在出版社的实践过程中，常常把这两个概念混淆了，出版社的领导或者传统出版的编辑习惯将数字化转型升级看成是数字出版。有些出版社将数字出版业务作为独立的部门或实体存在的现实也促成了这种认识的形成。现在很多出版社领导和员

工以数字出版是否成为出版社新经济增长点来判断数字化转型升级是否成功，这有些不公平。如果用上述数字化转型升级的定义来看当今的出版，应该说出版业的变化还是不小的。

2. 内容创作的困境

在数字经济时代，数据是最重要的生产要素，对出版社来说，内容就是最重要的数据。因此，拥有多少内容可以衡量一个出版社或一个出版企业在未来市场竞争中的优劣势。传统出版内容创作模式的优势是原创、精品，相比于互联网平台企业的内容生产模式的劣势是创作速度慢、内容数量少。现在很多出版社正在开展在线知识服务业务，内容数量不全、更新不快是开展在线知识服务最大的掣肘。

3. 平台技术的困境

数字化转型升级是需要技术、数据赋能的，很多的创新也必须依赖技术的支撑，而新技术能力的缺乏是传统出版社遇到的另一个困境。自建一套技术体系，成本很高、风险很大；技术外包又很难持续发展。实践证明，与技术公司合作成立子公司模式，也因企业文化和体制机制的差异难以形成合力、举步维艰。

4. 体制机制的困境

创新能力不强、互联网思维不够、资源整合能力弱、复合型人才欠缺，这是传统出版社数字化转型升级过程中普遍遇到的困难。究其根源，还是出版社现有的体制机制难以适应数字经济时代高质量发展的要求。

当然，传统出版社数字化转型升级面临的困境可能是不一样的，但上述四个困境我认为是普遍存在的。

二、教育出版数字化转型升级路径探究

如何走出上述困境，每个出版人会有每个人的破解之法，不同类型的出版社也会有不同的解决之道。本人结合工作实际谈谈自己的思考和认识，与大家分享。

1. 路径一：技术赋能产品创新

对于出版社来说，产品研发一定是我们的立身之本，在互联网时代依然如此。那么，技术赋能下的转型升级，首先应该从提高内容质量、创新内容呈现、丰富产品形态、整合优质资源入手，努力建设符合自身特色的数字内容产品体系，并逐步形成规模。在具体实践过程中，要从大处着眼，小处入手，切忌人云亦云，不可在各方面条件不具备的条件下，仓促开展大工程，比如大的知识服务工程，要适应各

领域的改革发展新趋势，准确识变、科学应变、主动求变。下面，我举两个案例。

第一个案例就是新形态教材，高等教育出版社（简称高教社）的新形态教材就是一个很好的从大处着眼、小处入手的案例。长期以来，纸质教材是教育出版服务教育的最主要产品形态，也是出版业最重要、最稳定的收入和利润来源。因此，围绕纸质教材的数字化增值服务，一直也是目前教育出版转型升级中的重要数字产品类型。2003 年，也就是“非典”发生的那一年，高教社第一本新形态教材问世，当时采用书配卡的方式为纸质教材配套相应的数字化资源，逐步发展到目前被广泛接受的新形态教材。高教社的新形态教材的定义是以纸质教材为主体，数字化资源相配合的新形态教材产品。通过纸质教材和数字化资源的一体化设计，充分发挥纸介质教材体系完整、数字化资源呈现多样和服务个性的特点，通过先进的数字技术，建立纸介质教材和数字化资源的有机联系，形成相互配合、相互支撑的知识体系，从而提高教材服务课程教学的能力。这里面有几个关键点，一是一体化设计；二是通过新形态教材，使出版社可以直接连接终端用户；三是汇聚内容资源、用户资源，并将其作为出版社数字资产来把控。现在有很多出版社也在做新形态教材（融媒体教材），但是否把握好刚才提到的三个关键要点，我想大家可以去思考。

第二个案例，我想介绍一下高教社近两年开发的一个品种，即数字教材。数字教材是高教社为适应教育教学改革新趋势，重点研发的数字产品。数字教材不是电子书，数字教材除了电子书的阅读功能外，更重要的是要有教学功能。大家都知道，电子书作为最早、最传统的数字产品，已经存在很多年了，建设标准、开发工具、运营模式也比较成熟，出版社也会与相关平台公司合作开发、运营电子书，但基本上是数字出版的探索和试水，还没有发现完全靠出版电子书来维持生计的出版社，倒是有平台公司依靠运营电子书生存的。在电子书的生态圈中，出版社并不占主导地位，因此大部分出版社建设电子书的积极性并不高。高教社在总结国内外电子书以及国内外数字教材建设经验的基础上，对数字教材有如下的一些定义：数字教材是指以课程教学知识内容为基础，利用多媒体技术呈现，依据教学活动需要，整合各类学习交互、学习工具等要素，并按一定的标准封装正式出版的教材。通过互联网传播的用于课堂教学的数字内容产品，这是我们的一个基本的理解。我们高教社为什么要做数字教材，有两个方面的原因：一方面是随着教育信息化的快速发展，特别是信息技术和课程教学融合的深度和广度进一步加强，高等学校、职业院校对适应在线教育、混合式教学开展的数字教材需求日趋明显。另一方面，传统的教材出版发行模式难以适应新技术、新工艺、新方法课程的内容新、变化快的新需求。基于上述理由，我们可以判断数字教材可能也可以成为教育出版未来的重要产品形态。目前，高教社已经生产近百种数字教材，受到高等学校、职业院校的积极响应。

上面，我介绍了高教社两个案例，其实技术赋能产品研发应该还有很多方面，比如，对教育出版来说，有试题库、自适应学习系统、资源库等，这依赖于内容资源的积累，依赖技术能力和营利模式。出版社应该设立建设基金，有设计、有规划、有步骤地持续开展优质数字化内容资源建设，通过项目带动逐步掌握数字化内容资源建设规律。

2. 路径二：技术赋能内容生产

生产技术赋能内容生产，引领产业升级，从历史角度看，是最直接的。大家都知道，北宋庆历年间毕昇发明的泥活字，标志活字印刷术的诞生，雕版印刷技术和活字印刷技术使得复制更加快速和便捷，从而出现了真正意义上的书籍，出版物的生产和传播速度得以大幅度加快。1445 年左右，约翰・谷登堡将当时欧洲多项技术整合在一起，发明了铅活字印刷，推进印刷工业化。出版者开始从印刷商和发行商中剥离，使得出版走向正规化、专业化。20 世纪 80 年代的汉字激光照排系统，不仅使排版功效相比铅字排版提高至少 5 倍，更为重要的是，标志着中文图书生产迈入数字化时代。

技术赋能内容生产不仅体现在印刷技术的变革，近年来，对出版社影响比较大的是基于结构化内容的组织和生产方式，也就是大家知道的复合出版。复合出版的目标是一次内容生产多渠道发布，也就是内容一次生产，既可以发布成纸介质出版物，又可以发布成数据库或其他数字产品。

高教社是国内最早开展数字复合出版系统开发与实践的出版社。2006 年，在调研 Springer、Thomson 等国外出版集团后，高教社开始了复合出版的探索思路，成功研制国内第一套图书期刊内容结构化标准，并以此为基础，通过引进和开发相结合，2007 年成功上线国内第一套复合出版系统，并在高教社学术期刊和部分图书生产中得以应用。此后又不断优化出版流程，开发自动化编辑加工工具，实现了学术期刊内容生产的全流程数字化，达到国际先进水平。高教社复合出版的基本流程是：作者的文章通过同行评议和投稿系统之后，进入我们的编辑加工和内容生产系统，通过编辑加工和内容生产系统生产出来的内容会生成可扩展的标识语言（XML）文件，XML 文件配以不同的模板，就会产生不同的产品形态，比如，配合纸介质的模板就会生成纸介质图书，配合 HTML 模板就会生成 HTML 的在线浏览网页。

随着人工智能技术在出版应用的深入，技术还可以帮助编辑开展深度的文字编辑加工工作，如方正智能审校工具，可以对书稿中的易错词、敏感词、重点词等进行智能审核，在提升编辑加工效率的同时，提升防范意识形态风险的能力。

3. 路径三：技术赋能企业管理

技术赋能企业管理，可以提升企业的治理能力和水平。20 世纪 80 年代开始，就已经有出版社以规范业务流程、精准查询统计、及时响应市场为目的开发信息管理系统，让出版社的管理更科学、更规范、更高效。随着管理理念的提升和信息技术的深度应用，近年来，技术赋能企业管理也从当初的企业信息管理演变成为集先进信息技术与先进管理理念于一身，为企业生产经营者和决策者提供决策依据的管理平台，演变成为为客户提供精准服务、延伸服务内容的综合服务平台。随着大数据、云计算、人工智能等新一代信息技术深入应用，技术赋能企业管理正在向网络化、数据化、智能化方向发展。当然，开发和运维信息系统是需要花费成本的，各出版社可以根据自己的实际情况选择适合自己的技术路线，可以选择分模块逐步建设，也可以选择价格稍微低的基础架构，也可以通过云服务的方式购买第三方服务等。经过多年建设，高教社实现了全流程的信息化管理，提高了管理的规范化、标准化、流程化和数字化的水平，使得获利能力、企业经营状态分析能力、销售与市场跟踪预测能力、采购计划与交货期控制能力明显提升。

高教社的信息化管理经历了三个发展阶段。

第一个阶段是自主开发信息管理系统阶段。1987 年 9 月，高教社成立了计算机小组，专门从事计算机管理信息系统的设计、开发、应用、维护等工作，先后完成财务管理子系统、出版子系统、编务子系统和发行子系统的开发，其中财务子系统通过了由财政部、教育部、国家新闻出版总署三家联合评审，主要功能包括财务核算和成本核算。

第二个阶段是全流程信息化管理阶段。2002 年 10 月，高教社 ERP 项目正式启动，也标志着高教社管理信息化开始从局部应用走向全面集成的新阶段，将选题研发、出版、发行、财务、人力资源的整个供应链和业务流程纳入系统管理中，实现“系统运行集成、业务信息共享，业务流程优化、工作效率提高，内部控制加强、管理效益明显，经营意识提高、市场响应加快”的目标。具体而言，通过 EP、XI、BW、WAS 等工具完成企业应用的集成，消除企业的信息孤岛，实现企业数据全面实时共享，为经营决策提供信息支持，这样就实现了系统运行集成、业务信息共享的目标。通过流程梳理和优化，仅项目一期，我们就梳理了132条业务流程，做出77项优化和改进；通过减少各业务部门大量的重复性劳动，提高生产管理环节的自动化程度等措施，实现“业务流程优化、工作效率提高”的目标。通过业务与财务之间相互有效的控制、经销商信用额度有效的控制、销售折扣有效控制等举措，实现“内部控制加强、管理效益明显”的目标。通过简易成本分析辅助产品研发部门预测选题收益，进销存分析指导生产与营销计划等，使各级经营者更加关注产品结构调整等，实现“经营意识提高、市场响应加快”的目标。我们的各级经营者特别关注实时多维度的经营分析，我们的这个经营分析可以对产品的结构、产品的总销售、地区的销售库存情况，做到实时的监控和同期对比分析。

第三个阶段是创新应用阶段。充分利用大数据、云计算、人工智能等新一代技术，打通ERP系统与客户、供应商作者、教师等合作者的流程和数据连接，实现经销商管理、作者自助服务、教师样书申请、数据分析等业务的技术应用创新。也就是说，我们通过网络安全的通道，将企业内网的ERP数据、能力输出到外部，形成与上下游的连接，快速响应市场，推动应用创新。以我们开发的作者服务平台为例，高教社作者库中有几万人，这些作者是优质内容资源的创造者，可以说是高教社的衣食父母，利用信息技术服务好作者是一个出版社基业常青的基本要求。为此，高教社开发作者服务平台，为作者提供内容创作、在线交稿、合同签订、收入分账和对账、作者样书申请、图书出版状态查询等全流程的服务。

4. 路径四：技术促进产业链的延伸

互联网、大数据、人工智能等新一代信息技术发展正在不断地重塑教育形态，知识获取方式和传播方式、教和学关系发生深刻变化。《中国教育现代化2035》发布实施，将进一步加快推进我国教育信息化进程。教育信息化对推进教育治理体系和治理能力现代化、对构建服务全民的终身学习体系、对优质教育资源共享促进教育公平、对创新能力培养等有着革命性的影响。教育出版社作为服务教育战线重要成员，为学校提供教材教辅的同时，应该积极延伸产业链，更好地服务教育现代化及教育强国目标的实现，这也是教育出版数字化转型升级的方向。传统出版社可以根据自己的实际情况，在优质在线教育资源建设、提供在线教育服务平台和为课程数字化教学提供整体解决方案等方面发力，建立新的竞争力和寻求新的经济增长点。

高教社一直是我国高等教育、职业教育教学内容、教学方法和手段改革的重要参与者和积极推动者，近年来，积极开展在线教育新业务，已经形成“爱课程”（中国大学 MOOC）、“智慧职教”、“实验空间”以及数字课程云平台等在线教育品牌系列，集聚众多名校名师的名课资源，累计各类在线课程几万门，注册用户近亿人，在服务教育教学改革、教育信息化的同时，也逐步形成新的业务模式和竞争优势。

数字课程出版是优质教学内容、教学活动和教学环境有机融合的新型出版模式，是高教社近年来的一种创新。通过遴选优秀的在线课程，经过编辑加工后，以电子出版物形式正式出版，形成有知识产权保护的共建、共享机制。通过从课程建设、教学活动支持到课程评价的全程教学服务，支持学校开展混合教学模式，形成从建设到应用的生态体系。具体而言，一是以海量优质教育资源为支撑，为高等学校、职业院校信息化教学提供课程定制服务；二是以信息化教学、功能完备、运营稳定的网络教学平台为支撑，为高等学校、职业院校线上线下混合式教学模式开展提供“资源 + 平台 + 运营”的全方位教学服务；三是以平台大数据为支撑，为课程教学提供科学的、客观的、多维度的教学评价服务；四是为保护教师开展在线教学的积极性，将教师建设的在线课程资源，以及课程实施过程中的生成性资源，打成课程包进行正式出版。数字课程出版服务是将传统出版、教材出版，向课程出版拓展的一种新的尝试。数字课程出版构建了从课程搭建、平台技术支撑、教学活动开展、教学评价到课程出版的整体解决方案，形成支撑混合式教学模式开展的生态圈，让教师把更多的时间和精力放在课程教学改革上，把技术和服务交给教育出版社去承担。

三、教育出版数字化转型升级的能力建设

上面讲了数字化转型升级的四条路径，但无论走哪条路径，数字化转型升级的能力建设是关键，这种能力不能简单地通过购买服务的方式来获得，核心能力必须掌控在自己手里，这是出版社未来生存和发展的基础。这种能力包括以下方面。

1. 数字化教育资源的研发能力建设

数字化教育资源是开展信息化教学的基础，因此，开发数字化教育资源也应该是教育出版社当今必须拥有的能力。教育出版社不能仅仅满足生产以图文表达为主的内容，也要适应时代发展生产多媒体表达的内容。

第一方面，我们要强化学科编辑与数字编辑的协同、融合。数字化教育资源的策划、设计、制作，既要满足学科教学要求，又要适应新的教育理念和教学方法；既要考虑学术严谨，又要有时代感、亲和力，还要考虑有哪些新技术能给教育教学

带来新体验和新突破。因此，研发高质量的数字化教学资源要比研发传统出版物更复杂，需要团队组织，需要学科编辑与数字编辑的高度协同和融合。要想找到协同和融合之道，出版社必须有一支规模适当的多媒体设计制作的技术团队。制作、设计外包必须是内容、质量在自己技术团队完全可控前提下的外包。我们曾经有一个重要的课件开发任务，开始时采用的是作者提供基本内容素材，然后委托第三方技术公司设计、制作，考虑到任务的重要性和紧迫性，我们同时委托多家公司并行开发，但实际效果很不理想。为了高质量完成任务，我们不得不改变开发模式，集中高教社数字部门的技术力量和学科编辑组成项目组进行封闭开发，边实践、边总结，边总结、边提高，经过几个月协同作战，艰苦努力，圆满完成任务，并得到领导和教育战线的一致好评。这次实战除了高质量完成任务外，最大的收获是学科编辑对数字部门有了全新的认识，学科编辑室和数字部门各自找到了自己的定位，学科编辑对数字编辑更加信任，传统出版和新技术的融合深度加深。近几年来，高教社重大项目包括重点纸介质教材，都是学科编辑室和数字部门协同完成的，数字部门走进了出版社业务的核心，并能在出版社核心业务中发挥重要的作用。因此，找到协同融合之道，数字编辑才能真正走进出版社业务的核心。

第二方面，我们要强化数字化教育资源的统一有效的管理。在数字经济时代，我们要树立数据本身就是重要的生产要素的意识，充分发挥数据的基本资源作用和创新引擎作用。出版社应制定数字化教育资源相关标准或规范、相关管理流程和制度，让散落在出版社各处的资源得到统一归口管理，并在此过程中明晰权力归属。有条件的出版社应建立统一的资源管理系统，对归口管理的资源进行标注、存储。通过统一资源管理系统可以建立资源之间的关联关系，实现资源的有效应用，也可以通过接口为各类互联网应用提供统一的内容资源服务。

第三方面，要形成拥有自主特色的数字化产品体系。面向高等教育、职业教育的数字化产品类型很多，根据我们的经验，有这样的一些分类，包括新形态教材配套资源、电子图书、数字教材、数字课程、试题库、有声书、专题资源库、教学视频、教学课件、教学工具等。每个出版社应根据自己的发展战略、资源积累、学科特色等，有选择地形成自己特色的数字化产品体系，不可求大求全。

2. 构建可控的技术支撑能力

本文一开始就提到传统出版转型升级中面临的一个困境就是技术，这里的技术是指编程技术。那么，转型升级如要推进，就必须走出这个困境。高教社以构建安全可控的技术支撑体系为目标，经过多年的探索，在以下几个方面取得经验，与同行进行分享。

第一方面，要建立可持续发展的技术框架。随着数字化教育资源建设进程，基于互联网的各式需求越来越多、越来越丰富，目前开发这类产品和服务的方式基本上是我们提需求，然后找外包公司进行技术实现。因此，每个产品和服务用到的技术都是不统一的，且很多功能是低水平的重复建设。这就带来了迭代升级、运营维护、网络安全、成本费用等一系列问题。建立可持续发展的技术架构对互联网应用多的出版社来说特别重要。高教社从 2020 年开始，以“数据 + 业务”的双中台架构为基础，建设统一资源中心，目标是实现统一数据管理、统一标识与实体、统一接口和流程规范，构建资产中心、数据中心、能力共享中心和资源分发中心。中台技术是一种互联网架构，与前台、后台相对应，指系统中被共用的中间件的结合。中台可以按照不同的功能和角色分为两个重要方面：一是业务中台，构建组件化、服务化、高内聚、低耦合、高复用的业务能力，赋能前台应用敏捷开发，实现全网业务能力共享和业务流程贯通；二是数据中台，聚焦于数据汇聚、数据治理、数据模型、数据服务。利用中台整合集聚内容资源，进行规范化、资产化、智能化管理，建立起支撑各业务平台快速迭代的公共能力服务平台，是促进媒体深度融合，实现高质量发展的必然要求。高教社的中台建设项目也入选了国家新闻出版署 2021 年出版业科技与标准创新示范项目。

第二方面，要建设核心技术团队，确保技术可控。很多出版社的领导和员工存在着“技术不是问题，技术可以购买”的观念，所以不重视出版社的自身技术团队的建设，本人认为这种观点是不妥的。出版社数字化转型升级一定是内容和技术的有机融合、深度融合，要做到这一点，就必须拥有一支对出版社战略、业务、文化充分了解的核心技术团队，买来的技术做不到这一点。另外，从网络安全的角度考虑，出版社拥有核心技术团队也是非常重要和必要的，这里指的核心技术团队并不是说所有的技术开发团队，大量的技术开发还是需要通过和第三方技术公司合作开展。出版社自身建设的核心技术团队的作用是什么呢？我想，有这么几个方面：一是从技术的角度来细化出版社的业务需求；二是核心模块的开发；三是确保外包开发符合本单位的技术标准和技术架构；四是生产系统的部署和运维。

第三方面，要提升网络安全防护、网络意识形态风险化解能力。要从以下方面加强和提升：一是要强化阵地意识，教育出版社是宣传思想工作和意识形态工作的重要前沿阵地，网络意识形态工作更是当前意识形态工作的主战场、主阵地、最前沿，要加倍重视，不能掉以轻心；二是要强化法律法规的落实，要严格执行网络安全法、数据安全法等法律法规和政策要求，严格落实网络安全等保护制度，没有进行等级保护的系统一定不允许上线；三是要提升网络安全防护、网络意识形态风险化解能力，建立健全制度、明确责任、加强网络安全培训，细化工作流程，通过这些来增强全员网络安全意识、网络意识形态安全防范意识；四是要做到心中有数，比如每个系统运营有多少台服务器，每台服务器做了哪些安全防护，数据库是否建立了白名单、哪些端口对外开放等，每个系统的运营者、责任人都要做到心中有数；五是要提升技术防护的水平，在网络安全方面，要购置网络安全的第三方防护套件，要定期进行漏洞扫描、渗透测试，在网络意识形态安全防护方面，可以利用人工智能技术提升内容审核的智能化水平等。

3. 互联网的运营服务能力

教育出版社构建互联网运营能力不仅仅是构建利用互联网开展产品的宣传和推广能力，它包含的内容会更多。

第一方面是要建立集成服务的能力。信息技术和课程教学的整合是当前高等教育、职业教育教学改革的主要方向。在线教学模式、混合教学模式以及自主学习模式等新型教学模式如雨后春笋，这些教学模式确实有其优于传统教学模式的方面，但也给教师带来很多的困惑，需要教师花费更多的时间和精力，需要教师掌握一定的新技术。因此，新的教学模式要普及，必须建立支撑这些教学模式改革的生态圈，这也给教育出版产业链延伸、数字化转型升级提供了新的机遇。集成多种资源为课程提供整体教学方案，是教育出版社在新时代应该具备的一种新的能力。

第二方面是构建大数据收集、分析应用能力。收集、整理、整合各类产品数据、产品销售数据、用户行为数据，建设出版社数据中心是数字经济时代高质量发展的新要求，通过运用大数据、人工智能等新一代信息技术深度挖掘、深度分析海量数据，可以为用户提供更多、更好的个性化、精准化服务。

第三方面是构建新媒体运营能力。建立新媒体矩阵，开展产品的宣传、推广和销售，已经成为各出版社改革营销手段、拓展营销渠道的通常做法，也有了很多成功的实践，构建新媒体运营能力已经成为出版界的共识。

以上就是我今天给大家汇报交流的三方面内容。

请扫码观看讲座视频

数字教材：教育出版未来发展的新引擎

王志刚

讲座时间：2022 年 3 月 31 日

主讲人简介：王志刚，编审，人民教育出版社党委常务副书记兼人教数字出版公司董事长，人教数字教育研究院院长，《中小学数字化教学》杂志主编。担任国家新闻出版署数字教育科技与标准重点实验室主任，中国音像与数字出版协会副理事长兼数字音像电子出版工作委员会主任，中国版协经营管理委员会副主任兼秘书长。近年来主要从事教育出版、数字出版和版权管理等工作，主持推动了人教数字教材等教育数字产品的研发和实验应用工作，2021 年人教数字教材荣获“第五届中国出版政府奖”；主持 2015 国家科技支撑计划“学习资源数字出版关键技术与应用示范”等多个国家级和部委级项目和课题。2013 年入选全国新闻出版行业领军人才，2014 年入选中宣部“四个一批”人才，获评 2019—2020 年度数字出版“影响力人物”。

内容提要：信息化时代，教育出版面临着自身产业链及内容生产服务模式变化的挑战，还面临着来自政策、市场，特别是用户需求改变带来的挑战。如何面对挑战，实现新的发展，是教育出版的必答题。中小学数字教材作为信息化环境下开展教学的基础性核心资源，其作用主要体现在基础资源、基础应用、基础连接和基础服务四个方面。未来，教育出版在战略上应高度关注教育现代化进程，把数字教材建设作为带动未来发展的新引擎，以其为核心构建新型内容体系，打造服务教育新业态，实现从提供优质内容向提供“内容＋服务”的角色转型；在战术上则应发挥出版在内容方面的特长和优势，在做好数字教材建设的同时，大力开发与之配套的优质数字资源和内容产品，不断提升服务教育教学的能力和水平。

关键词：数字教材　教育出版　教育现代化

众所周知，以互联网为代表的信息技术快速发展，对人类生产和生活的各个方面都带来了巨大影响，对教育和出版的渗透也在不断加大。作为传统教育教学内容资源的主要提供者，教育出版的发展不仅直接受技术的作用，同时也面临着教育教学变化所带来的影响。教育出版如何应对这些影响和变化所带来的挑战？如何在信息化时代延续过往的辉煌并实现新的发展？教材是教育出版业服务教育教学主要的内容产品，一直是支撑我国传统出版产业利润的核心产品。到了信息化时代，教育出版将以什么样的产品来支撑产业发展？又如何更好地服务教育？这些问题值得每个教育出版人思考。

既然教育出版的核心任务是服务教育教学，在思考教育出版未来发展问题时，还必须思考教育教学是如何改变的。互联网已经发展了 30 多年，其对社会、经济、文化各方面都带来了巨大变革，对教育与出版的影响无疑也是巨大的。但实事求是地说，还没有产生根本性或者说革命性的变革。从我国出版来看，时至今日，其仍然以纸质书为主要的产品形态，产业的规模近年来也一直徘徊在 1 000 亿元左右，出版业的主要利润依然靠纸质教材、教辅支撑。虽然我们也在尝试数字化转型，教育出版社近十多年来也一直在数字出版和服务教育信息化的道路上探索，有数字化的教育教学产品，取得了一些成绩，但还是很不够的。我国每年发布的数字出版产业报告显示，传统出版转化到数字出版的份额非常小（不到 1%）。从各个出版社的实际收入和利润构成出发，数字出版所占份额同样不高。以人民教育出版社（简称人教社）为例，数字出版占整体收入的比例不到 5% 。这些数据都表明了出版产业数字化收入的份额有待提高。究其原因有很多，但目前缺乏足够的变革动力、合适的机制体系、相应的人才队伍，以及一些观念认识上的问题，这些都在制约着教育出版的数字化发展。

从社会经济的整体发展看，已经从数字产业化向产业数字化进阶。出版的数字产业化成果尚不明显，产业数字化将迈向何方？聚焦未来教育出版发展的核心产品思考，我的观点是——教育出版的未来，必须找到，或者说要打造像传统时代纸质教材那样的核心产品，来引领教育出版业在信息化时代的走向，从而可能支撑起教育出版的产业发展，也能更好地满足教育教学的需求。这个产品就是数字教材。因此，本次交流我用了《数字教材：教育出版未来发展的新引擎》这个题目。下面简要地从几个方面来谈谈个人的思考：一是教育出版面临的主要挑战；二是从教育和出版两个维度认识数字教材的价值；三是如何以数字教材为核心，构建新的内容体系，打造服务教育新业态；四是对数字教材和教育出版的未来进行展望。需要指出的是，我所讲的数字教材，主要以中小学数字教材为主，所讨论的领域也主要限于基础教育领域。

一、教育出版面临的主要挑战

在信息化时代，教育出版发展所面临的挑战很多，有些挑战可以说非常严峻。

第一，技术对教育出版的生产流程和业态属性都产生了极大的影响。在信息技术影响下，不仅传统上的编、印、发产业链角色以及承担的作用受到冲击，出版社内部的内容资源、加工流程和生产模式也在发生改变。个人认为最重要的一点，是出版的内容与技术的关系发生了变化，即数字出版的内容与技术的关系发生了变化。虽然出版从一开始就离不开技术，但在传统出版时代，出版社主要关注的是内容，不太关心技术，为什么？因为无论是纸质图书的印制，还是磁带、录像带与光盘的制作，技术与内容都是分离的，印刷或者是音像制品的加工，其实找谁做都差不多。另外，传统出版的技术变化也比较缓慢。如果从德国人谷登堡发明西方铅活字印刷术开始算，到现在也就是500多年的历史，印制技术虽然在不断变革，但生产方式和产业模式并没有太大的突破。而在数字出版时代，内容与技术的关系有很大变化。一方面，内容与技术变得不可分离了，无论是在数字资源和产品的开发层面，还是在产品上线后的后续应用服务层面，内容都离不开技术。也正是技术与内容的不可分割性，使得数字出版从传统的内容复制生产变为持续的复用服务。这一点可能很多出版人没有在意，甚至还不适应。另一方面，信息技术和新技术飞速发展，近年来涌现出云计算、大数据、物联网、移动互联、区块链、元宇宙等，这些都对教育与出版产生了影响。人工智能、VR技术虽然不是近些年才出现的，但对教育和教育出版的影响也很大。

第二，教育出版面临着政策管理方面的挑战。从教育管理来看，目前对数字内容资源的建设和应用实行的是开放政策，并没有对建设者的资质进行限制，反而鼓励社会各方面参与建设数字教学资源。2018年4月，教育部颁布的《教育信息化2.0行动计划》把建设教育大资源作为主要的目标任务之一，强调基于互联网的大资源观，明确提出形成覆盖基础教育阶段所有学段、学科的生成性资源体系，打破教育资源开发利用的传统壁垒，实现从专用资源服务向大资源服务的转变。2019年9月，教育部等部门联合印发了《关于促进在线教育健康发展的指导意见》，提出要实施教育大资源共享计划，扩大在线教育资源供给，推动学校加大在线教育资源的研发和共享力度，扩大优质资源的辐射面。2021 年对教育影响最大的事件和政策就是“双减”。但与“双减”政策几乎在同一时间，还有一个教育新基建的政策文件颁布，可能关注者不够多。2021 年 7 月，教育部、中央网信办、国家发改委、工信部、财政部和中国人民银行六部门联合发布《关于推进教育新型基础设施建设构建高质量教育支撑体系的指导意见》，聚焦教育领域的信息网络平台体系、数字资源、智慧校园、创新应用与可信安全等方面的新基建。其中，数字资源建设是重点方向之一，这与教育出版关系十分密切。文件指出，要依托国家数字教育资源公共服务体系，推动数字资源的供给侧结构性改革，创新供给模式，提高供给质量。文件还明确提出，要优化资源供给服务，汇聚社会资源，共享社会各方面开发的个性化资源，建立教育大资源服务机制；要分步构建国家统一的学科知识图谱，通过平台模式为师生提供海量的优质资源和精准的资源服务。为教育教学提供优质内容资源，本来就是教育出版的根本任务和职责，在过去很长时期，教育出版也一直是主力军。如果未来教育需要的内容资源都由这些各级各类的教育平台提供，那么教育出版的位置又在哪里？可见，新的教育政策和有关举措无疑会打破过去长期以来教育内容资源，尤其是基础教育开展教学的内容资源主要由出版社提供的这个格局。那么出版政策又是怎么样的？虽然出版行政管理部门对从事数字出版，特别是互联网业务的企业有资质方面的要求，但已经不再是国有出版社独霸天下的局面。而且，目前涉及数字出版方面的管理，包括内容管理、技术标准、版权保护以及市场监管等，要么缺失，要么松软，远远跟不上发展的需要，这对传统出版的发展十分不利。

第三，教育用户行为和需求的变化对教育出版带来挑战。教育出版的主要用户实际上分为两类：一是教育行政部门，或者说政府和学校；二是最终的用户，包括教师、学生与家长。随着教育信息化的深入推进，学校的硬件设施、环境和教学条件已经发生了根本性变化。教育部有关资料表明，目前我国中小学校互联网宽带入校率已达到 100%，信息化教室（配有白板或一体机）的比例超过 95%。当教学基础设施条件配备并不断完善以后，用户的需求必然会发生变化。比如传统教学主要用的是纸质形态的内容资源，包括教材、教辅与教学材料等，但在信息化环境下，用户可能更需要的是能适应数字化教与学的新形态资源。而且用户获得内容资源和知识的途径也和过去不同。互联网让资源走向开放，拓展了知识获得的途径，使得学习场景多元化，学生和教师甚至可以随时随地获取他们想要的教学或学习资源，这对于教学模式和学习方式的改变提供了可能，某种意义上淡化了出版社权威资源的价值。同时，教学资源获取方式和学习方式的变化，使传统教育中师生角色关系发生改变。过去大多数情况下，教师占有更多的信息和知识，可以说是知识的权威，但现在这种情况越来越受到冲击。对于那些信息素养不高的教师而言，他们可能并没有比学生掌握更多的知识，或者说并没有比学生掌握更多的获取知识的方法。值得注意的是，互联网和新技术的应用还催生了新型课程和新形态的教学资源。比如现在中小学比较热门的STEAM课程、高等学校的慕课，还有VR、AR等新形态的教学资源。另外，与用户需求密切相关的教育管理、教学评价、教学服务，在信息化时代也发生了巨大的变化。

第四，教育出版面临着严峻的市场挑战。教育和出版政策的变化，使得参与市场竞争的主体和格局发生了变化。为教育提供内容资源，一直是传统出版服务教育的主要业务，也支撑着教育出版产业的绝大部分。过去教育出版的市场竞争，尽管也有一些民营书商介入，但由于出版政策保护，即使民营书商进行了开发和策划，也必须通过出版社出版。因此，竞争仍然表现在出版社和出版社之间。而在目前政策下，出版社面对的不仅仅是其他出版社的竞争，还要面对互联网公司、教育科技企业的挑战。这些公司和科技企业不仅在技术和平台开发方面处于优先位置，在数字资源组织方面也比传统出版更加具有竞争力。尽管从理论上讲，教育出版社擅长优质内容建设，但实际上，传统出版在技术方面并不占优势，而且在海量的数字内容面前，传统出版的内容积累和建设能力并未显出优势，反而有些势单力薄。

综上可见，在信息化时代，教育出版不仅面临着自身产业链及内容生产服务模式变化的挑战，还面临着来自政策、市场，特别是用户需求和行为方式改变带来的冲击。尽管近些年来，在各方不断努力和推进下，传统教育出版转型升级融合发展有了明显加快，但尚未取得令人满意的结果。从中国新闻出版研究院发布的中国数字出版产业报告来看，近年来传统出版对数字出版产业的贡献一直很小。2021年公布的《2020—2021中国数字出版产业年度报告》中，国内数字出版产业整体收入规模非常庞大，超过了10 000亿元，比上一年度增加了19%，但来自传统出版的贡献只有94亿元，还不到1%。在线教育虽然收入高达2 573亿元，比传统图书出版的收入高出一倍多，但其中又有多少是来自教育出版的贡献？这些数据一定程度反映出，在信息化进程中，教育出版还未能推出满足教育教学需求的关键产品，也尚未找到应对未来挑战的有效策略和路径。

二、数字教材的价值认识

虽然上述分析表明，信息化时代教育出版面临的挑战十分严峻，实事求是地讲，变化尚在过程中，有的也只是未来的趋势。从教育，特别是从基础教育来看，尽管受信息技术的影响非常大，变化也很大，但信息技术对教育教学的革命性影响或颠覆性影响还没有实现。比如说，信息化的教学环境与过去相比有了根本性改变，但教学资源，特别是优质的数字化教学资源还未跟上。信息化环境下的教学模式也在探索过程中。教育现代化方向明确了，教育观念还没有完全改变，没有突破传统教育的思维定式。教育评价也没有根本性变化，高考指挥棒依旧在发挥着巨大作用。另外，以基础教育为例，全国中小学教师约有 1 400 万人，但教师队伍能力还不齐整，信息素养有待提高，能够适应信息时代教育教学变革的教师队伍建设之路还很长。另外一点也非常关键，无论是教育还是出版，都与国家的政策和政策推进力度有关。随着教育现代化的提出，教育教学的数字化变革成为必然，而且会越来越快、越来越深入。对此，教育出版人必须予以高度关注。

这里为大家简要介绍一下有关教育信息化的一些最新动态。教育部一直重视教育信息化，2022 年春节以后，怀进鹏部长召开教育部的第一个专题会，就是研究部署国家教育数字化战略行动。怀进鹏部长要求教育系统深入学习领会习近平总书记关于信息化建设和数字经济、数字中国建设发展的重要论述，把教育信息化作为发展的战略制高点，作为建设教育强国、办好人民满意教育的重要工具，以教育信息化推动教育高质量发展、引领教育现代化。怀进鹏部长强调，要更加注重信息化的应用和时效，用数字化真正改变教育，他提出的需求牵引、应用为王、内容为本、连接为要、服务至上，体现的是真正的互联网思维，是在总结教育信息化 20 年发展基础上再上台阶的新要求。目的就是要真正以教育信息化引领和带动教育现代化，用数字化推动教育高质量发展。

然而从教育出版来看，我们的融合发展还在初期阶段。作为传统上为教育提供优质内容资源的主体力量，作用现在还未充分显示出来，或者说还未得到有效发挥。换句话说，传统教育出版以提供优质内容见长，但目前教育信息化、数字化教学应用最缺的就是优质资源，传统出版对此还没有发挥太大的作用。教育出版在观念上、行动上、能力上都还不能适应教育信息化发展的要求，甚至落后于很多教育互联网公司或科技企业。我认为，在信息化时代，教育出版要想有所作为，要想继续保持过去传统教育时代提供优质内容资源的主力军优势，既要树立新的思维，明确在新时代的定位，关键还在于把握核心产品，并围绕核心产品构建新的内容体系，打造服务新业态。这个核心产品，就是数字教材。

长期以来，教材是教育出版服务传统教育的最主要产品形态，也是出版业最重要、最稳定的收入和利润来源。教育出版不仅组织研究编写教材，同时还出版印制教材和发行教材，落实“课前到书，人手一册”的政治任务。在信息化时代，基础教育教学的许多方面正在发生改变，但无论是传统时代还是信息时代，教育的目的并没有变，都是为社会培养合格的建设者和接班人，而变的是时代对于人才培养的具体要求，是培养人的途径、方法和手段。无论怎样变，基础教育都必须有课程标准，都要通过学校课堂来开展教学，这些都必须依靠教材来落实。在传统教育时代是纸质教材，在信息化时代应该就是数字教材。

数字教材是信息化时代教师教学的依据，也是学生学习的基础资源，它具备了信息化环境下为教学的开展提供核心资源的特征。中小学数字教材落实了课程标准对培养学生发展的基本要求，体现了国家意志和党的教育方针政策，是促进教育公平、保障教育质量的有力抓手。公平而有质量的教育和教育均衡发展一直是基础教育所关注的重点，在教育现代化进程中依然是关键的问题。然而，由于经济发展水平等因素的影响，以及各地教师信息素养差异的制约，在教师信息化教学能力、区域数字化教学资源应用等方面出现了新的“数字鸿沟”，引发信息时代新的教育公平问题。数字教材恰恰对此具有极大价值。当中小学数字教材实现普遍应用后，保障基础教育整体质量的核心数字资源能够得以全覆盖，即使是信息技术能力普通的教师，也能依据数字教材进行较高质量的数字化教学，为教育信息化和基础教育均衡发展提供保障。另外，中小学数字教材能够指导教师在现代课程教学理念下完成教学，促进教师信息技术应用能力提升，从而在推动和引领基础教育课堂教学变革中发挥重要作用。

在信息化教学环境下，中小学数字教材的主要作用体现于基础资源、基础应用、基础连接和基础服务四个方面。以人教社研发的第三代数字教材为例，第三代人教数字教材是依据国家课程标准，以人教版的纸质教材为蓝本，针对信息化环境下教与学的新需求，以提高教学和学习效果，发展学生核心素养为目标，利用互联网、数字媒体、大数据等技术开发的，集课程内容、教学资源、学科工具、数据收集管理于一体的立体化教材。第三代人教数字教材充分体现了上述四方面的作用。第一，数字教材是落实课程标准、育人目标和要求的基础性资源。教学内容覆盖了课程标准的全部要求，这是其他内容资源不可替代的。第二，数字教材是教学开展的基础应用，可以支持信息化环境下的基本教学活动和多场景应用，可用于教师备课、授课及教研活动，也可为学生提供自主阅读和学习的功能。第三，数字教材除了自身的内容资源外，在教学应用中还可以连接或者引入外部内容资源，并适合于多终端的教学应用，以及与各类教学平台、资源管理、公共服务平台对接，实现基础连接。（见图 1、图 2）第四，数字教材还具有面向教学、教育管理提供服务和数据的功能，在保障学生和教师便捷地获取并利用数字教材开展教学的同时，还可以将使用数字教材的相关应用数据记录下来，反馈给管理者或者用户，从而为提升教学、改进教学管理提供一定依据。

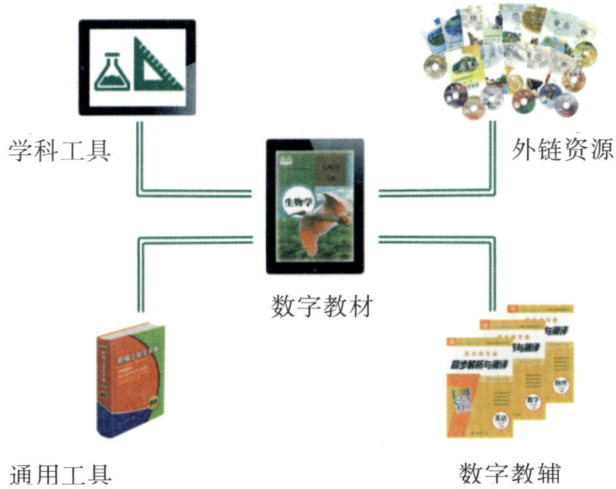

图 1　外部资源接入

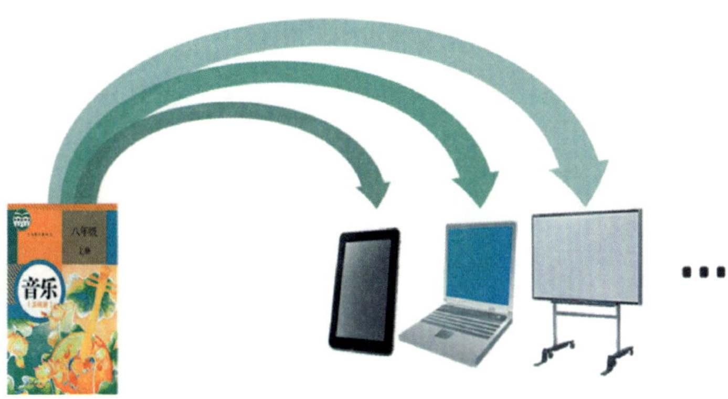

图 2　多终端应用和平台对接

综上所述，从教育教学角度看，中小学数字教材作为适用于信息化环境下教学应用的教材，与纸质教材在传统课程资源中的核心地位相似，可以作为教育现代化的核心内容资源。从出版角度出发，教育出版必须抓住数字教材这个龙头，并以其为核心，构建新型的内容体系，打造服务教育新业态，从而支撑未来的教育出版，并带动整个出版产业的发展。近年来，数字教材在一些学校和课堂中已经得到了较大范围的应用，甚至在一些地区也正逐步实现大规模应用。实践表明，中小学数字教材对我国基础教育发展的影响正在日益增加，对未来教育出版产业的重要性也日渐凸显。

三、以数字教材为核心构建新业态

虽然数字教材作为基础教育现代化的核心内容资源，在信息化教学方面具有基础资源、基础应用、基础连接和基础服务的作用，但是其并不足以支撑整个数字化教学。就像在传统教育中，除了教材还必须有教辅、教学参考书及其他教学材料一样，信息化环境中的教学，仅有数字教材并不能完全满足教育教学的需要，也难以实现人人皆学、处处能学、时时可学的愿景。因此，除了数字教材，还需要有配套的数字化辅助教学资源、拓展教学资源、多样化的课程资源和数字教育产品，保证在满足教育教学基本需要的同时，为学生的自主学习、个性化学习提供更多的内容资源和选择。换言之，未来教育出版要满足教育教学的需要，仅仅提供数字教材还不够，必须为教育信息化、为数字化教与学的开展提供以数字教材为核心的优质数字化内容产品体系。这个内容产品体系包括以下几点：一是核心资源，即全学科、全学段的数字教材。二是基础资源，主要是和教材紧密衔接配套、与教学开展同步、内容丰富多样的数字化教学资源，比如同步配套的教学资源库、教学辅助资源数据库，以及网络课程、地方教学资源、校本资源等。三是拓展资源，主要是数字化的教学产品、内容产品、学科教学工具和教学应用等，比如一些青少年阅读 APP、移动学习产品。

显然，上述数字化内容产品体系已经大大拓展了传统教育出版的领域。但是，教育出版人还应进一步思考，在信息化时代，教育出版的未来是否就停留在为教育教学提供内容产品这个层面上？如果教育出版只停留在提供内容层面上，是否还能够满足信息化时代教育教学发展的需求？是否能够支撑教育出版乃至整个出版产业发展？是否能在服务教育现代化的市场竞争中胜出？正如前面所提到的，现在为教育教学提供服务的不仅有出版社，还有互联网教育公司和科技企业等。如果只停留在内容层面，出版社能否在服务教育现代化的市场竞争中胜出并成为主力军？个人认为，在教育信息化时代，由于技术和知识、内容、教育教学的深度融合，以及教育数字产品技术和内容的关系特点，如果教育出版仍然只停留在提供内容资源层面，不仅不能够适应和满足教育教学的需求，在服务教育现代化的产业竞争中也难以胜出。在教育信息化时代，教育出版要想保持服务教育的主体地位，必须从过去简单地提供内容，向提供“内容 + 服务”的角色转型，建立新的内容产品和服务模式，探索新途径，打造服务教育新业态。这样才能适应教育出版，乃至整个出版的发展。

数字教育出版未来的新业态，应以数字教材为内容核心来打造，可以包含递进的三个层级。第一个层级是以数字教材为核心的数字化内容资源和产品体系，这在前面已谈到。第二个层级是教学服务，即在数字内容产品基础上，围绕数字化教学开发智慧教学平台，服务数字化课堂教学主阵地，同时涵盖课前、课中和课后的教与学需求；还可为数字化教学提供整体解决方案，包括内容资源、教学平台、教学终端、应用培训、教学技术支持、学科教研、教学评价与教学管理，以及相关的教学服务产品。实际上，现在很多教育科技公司和部分出版社正在围绕教学提供服务。第三个层级是教育服务，全方位服务信息化时代的教育需求，包括智慧校园建设。在《教育信息化 2.0 行动计划》中，智慧校园建设是一项重点任务。国家教育数字化战略行动中，也提到了智慧校园建设。区域教育公共资源服务平台、教育管理平台建设、智慧城市中的智慧教育同样值得关注。另外，在教育培训方面，包括中小学的教师培训、国培项目、地方教育培训、专业技能培训、职业成长培训等，其实也可以参与。

当然，上述三个层级并非界限分明，更多是你中有我、我中有你的关系。如果能够按照这三个层次打造服务教育新业态，未来的教育出版不仅将在服务教育现代化的能力和影响方面大大增强，而且产业规模也会比传统教育出版产业大大扩张。传统教育出版的产业规模，每年只有六七百亿元，而且今后实现较大增长的可能性很小。数字教育出版新业态的规模，估计每年会超过 3 000 亿元，并有持续增长空间。教育支出是一个刚性指标，而且大部分会用于基础教育领域。我国的基础教育信息化已走过了硬件环境建设的起步阶段，目前处于教学应用向融合创新的过渡之中。特别是教育部于 2022 年提出了国家教育数字化战略行动，更加强调应用和服务，今后教育信息化的经费将会更多地投在资源建设、教学服务、教师培训、智慧教育等方面。这正是上述新业态三个层级所涵盖的范围。因此，我们不仅要将数字教材作为核心内容资源服务信息化时代的教育教学，更应以数字教材为教育出版未来发展的新引擎，构建以数字教材为核心的服务教育新业态，这将给教育出版乃至出版产业未来带来新的活力和成长空间。

四、未来展望

我国基础教育数字教材的研究与应用已经历了 20 年左右的时间，取得了可贵的、丰硕的理论与实践成果。人教社作为教育出版的国家队、专业队和主力军，一直以来关注信息技术对教育，特别是对基础教育教学的影响，对数字教材的研究做了大量工作，先后开发了三代数字教材。目前，人教社已有 200 多人的团队即人教数字公司，专业从事中小学数字教材的研发。2017 年，人教社成立了人教数字教育研究院，创办了《中小学数字化教学》杂志，主要开展数字教材和数字化教学模式研究。2021 年，人教数字教材荣获“第五届中国出版政府奖（音像电子网络出版物奖）”。目前，人教数字教材已在全国 30 多个省（自治区、直辖市）的中小学得到应用，在广东、河南等地已经实现了普遍化、常态化应用，服务师生超过 3 000 万人。

同时，我们也应看到，目前中小学数字教材的理论研究、产品开发、教学应用以及政策管理等方面，还存在许多亟待解决的问题。比如，目前数字教材在课程教材和教学理论研究上存在短板，还未形成教育管理的审定和选用机制，出版管理的分发和定价机制也尚未完善。同时，数字教材开发应用相关标准的制定也严重滞后于实践。2022 年“两会”期间，中国新闻出版研究院魏玉山院长有两个提案，其中之一就是加强数字教材的管理。他指出，数字教材目前存在着内容界定不清晰、审定和编辑加工质量标准规定不明确、内容标识不统一、传播平台缺乏出版资质、开发下载成本高等问题，也提出了相关的解决建议。我在 2020 年第 5 期《出版科学》杂志上也发表了一篇文章，主要探讨我国中小学数字教材的开发现状及发展建议。个人认为，由于教材的特殊性，影响数字教材未来发展的最重要因素还是相关的管理政策，特别是相关的教育政策和出版政策。可能正因为存在上述问题，数字教材的政策尚未明朗，但有关数字教材政策出台是早晚的事情，或许不会太久。

在此，也简要地提供一些数字教材政策方面的线索。2013 年，人教数字教材列入教育部教育信息化工作要点，这是国家政府文件中首次出现数字教材概念。之后每年教育部教育信息化工作要点中，都有数字教材的相关要求。2019年印发的《中国教育现代化2035》指出，要加快信息化时代教育变革，创新教育服务业态。同年，教育部出台的《中小学教材管理办法》中，虽然没有专门针对数字教材的内容，但明确提出“数字教材可参照本办法管理”的要求。2021年10月首次召开了全国教材工作会暨首届全国教材建设奖表彰会，国务院副总理、国家教材委员会主任孙春兰出席会议并发表重要讲话。她强调，要加快建设高质量教材体系，促进学生全面发展，服务学生健康成长，并多次提到数字教材。另外，在2021年底，中央发布《关于推进“互联网+教育”发展的意见》，其中也多处提及数字教材。在2022年教育部召开的国家教育数字化战略行动专题会上，怀进鹏部长特别提到数字教材，肯定了数字教材的优势和作用。事实上，教育部相关部门在2020年曾组织起草数字教材管理办法，并广泛征求意见，但由于一些原因尚未发布。以上表明，数字教材越来越受到政府相关部门的重视，数字教材管理的办法或者指导意见的出台未来可期。教育现代化是教育发展的方向，教育现代化的推进必然要求教学资源的现代化。中小学数字教材作为基础性核心内容资源，未来在教育现代化进程中，为落实立德树人根本任务，促进基础教育均衡发展，推进教育高质量发展，必将堪当大任。

为此，教育出版在战略上要高度关注教育现代化进程，把数字教材建设作为带动未来发展的新引擎，以构建数字教材为核心的优质数字化内容体系为基础，积极拓展教学服务和教育服务，从提供优质内容向提供“内容+服务”转型。在战术上则应发挥教育出版在内容建设方面的特长和优势，优化数字教材质量和用户体验，加快推进数字教材的普遍化、常态化应用，大力开发与之配套的优质数字资源和内容产品，不断提升服务教育教学的能力和水平。教育现代化给教育出版的发展带来了更好的机遇和更大的发展空间。但由于信息化时代的教育市场更加开放，竞争者众多，教育出版能否像过去一样保持服务教育的主体地位，继续做服务教育教学的领跑者、主力军，创造信息化时代新的辉煌，既期望教育政策的眷顾，更有赖于教育出版人的共同努力。

请扫码观看讲座视频

智慧出版：学术出版融合发展之路

谢 炜

讲座时间： 2022 年 3 月 31 日

主讲人简介： 谢炜，副编审，现任社会科学文献出版社副社长、信息化工作委员会主任。兼任中国社会科学院青年人文社会科学研究中心第三届理事会理事，中国音像与数字出版协会常务理事、协会知识服务与数字版权保护技术工作委员会副主任委员。荣获第十一届数字出版博览会“数字出版·影响力人物”称号、第三批北京市新闻出版广电行业领军人才。

内容提要： 报告从数字学术的变化、学术出版融合发展历程、智慧学术出版体系构建、数字学术出版新思考四方面展开深度探讨。目前在数字学术领域，呈现数字人文热、数字资源使用程度不断加深等态势。数字出版产品形态较为丰富，但产品建设、市场环境生态、考核激励制度、数字版权、数字出版商业模式等问题均亟待解决。对此，一是要建设融合发展保障机制，包括组织保障、制度保障、管理保障、经费保障和人才保障；二是适应融合发展大趋势；三是在产品建设上应充分利用出版社的优势学科和优势地位，紧抓核心内容；四是在技术应用上，出版社应掌握技术核心，积极推动信息化建设。并结合社会科学文献出版社的具体工作，举例介绍了中国社会科学院的中国社会学数据平台等诸多数字学术科研平台。报告最后提出了一系列数字学术出版的新思考。

关键词： 智慧出版　学术出版　数字学术

本次分享围绕“智慧出版：学术出版融合发展之路”主题，从以下几个方面展开交流：一是探讨学术出版所面临的环境，尤其是数字学术的变化；二是学术出版融合发展历程，包括行业变革以及社会科学文献出版社的工作情况；三是讨论智慧学术出版体系的构建；四是对数字学术出版提出新思考和新建议。

一、数字学术的变化

近十年来，学术的数字化转型非常迅速。2021 年 12 月 6 日，全国哲学社会科学工作办公室正式公布了 2021 年度国家社科基金重大项目立项名单，共计 348 项课题获批立项。通过对课题名称筛选统计，以“基于数字方法解决人文问题”和“人文资源的数字化建设”两点为标准，有 23 项课题属于数字人文类项目。可以看出，专业学术数据库的建设已完全进入研究视野。其重点学科方向包括语言学、宗教学、图书馆学、情报学、历史学等。数字人文作为人文社科数字化转型的新型跨学科研究领域，近几年来受到越来越多的关注。2022 年 3 月 17 日至 4 月 10 日，北京大学首届数字人文作品展举办，以多种方式展示该校 20 多个单位近 60 项作品，集中体现北大在数字人文领域的探索与成果。目前，学术领域已形成数字人文研究热，研究人员从图情、计算机等专业的学者，逐渐拓展为人文学者。很多高校纷纷建立数字人文研究中心，成立数字人文工作坊，设立数字人文专业，招收数字人文博士，数字人文研究期刊随之创立。可以说，在数字人文变化中，学术数字化尤为显著。教育部发布的《新文科建设宣言》中提到，要推动文科教育创新发展，构建以育人、育才为中心的哲学社会科学发展新格局，建立健全学生、学术、学科一体的综合发展体系，与之相应，学术数字化也应相互融合、相互交叉。

我们在中国社会科学院的委托下，对人文社会科学领域中学者的数字学术科研进行调研。结果显示，在数字资源的使用频繁程度方面，将近 80% 的研究者会使用数字资源，并保持较高的使用频率，尤其是年轻的科研人员。在数字化研究手段应用方面，主要在科研前端，包括选题确立、数据采集分析、学术成果撰写等环节使用数字化工具和手段；但在学术成果发布、学术评价等科研后端使用较少。另外，学者使用数字化工具较为多样，涉及文献检索工具、原始数据来源工具、文献管理工具、引文索引工具等，但多为国外研发，较少使用国内原创的学术研究工具。这也是未来学术出版可以思考和探索的方向之一。总体而言，数字化科研工具已广泛应用于人文社会科学学术研究的各个环节，数字化正在改变着学术发展生态。

在学术研究过程中，受到数字化影响，新的研究方法和研究路径不断涌现。有学者已经提出学术研究新范式：通过文献数据库、模型工具库、知识库、知识图谱形成数据报告，最终形成数字学术成果，并基于数字化知识交流和评价，最终形成有价值的新知识。这对于出版而言，有一定借鉴意义。但实际上，在使用数字资源的过程中仍面临较多困难。比如数字资源平台分散，难以快速、全面地获得所需数字资源；学术数字资源的基础建设仍有待完善。虽然学者们进行了一定学科专业数据库的建设工作，但多为内部使用，较少向大众公开。学科专题数据库学术评价情况也值得深入研究。

目前，学术数字化转型呈现许多新变化，比如数字出版产品形态逐渐丰富，集中开发数字音视频、电子书、数字课程、网络教学资源、数字资源库五种形式的数字产品。但同时，数字出版也面临较多困境，主要体现为规模较小、盈利不佳、机制不畅、人才不足。对数字出版面临的困境进行梳理，存在六种困境。一是总体规模太小。数字收入占整体出版行业的收入偏小，数字收入占到 10% 的出版社仍为少数。二是产品建设瓶颈。近年来出版单位的数字产品越来越多，但存在产品建设周期长、建设成本高、建设效率低、产品规划与组织难以形成合力等问题。三是市场环境生态困局。由于版权限制，商业生态较为混乱，C 端难以匹配到用户，B 端则存在各种市场乱象，学术研究的数字化阅读场景受到较多限制。四是增长乏力。社会科学文献出版社在 2021 年被评为出版融合特色单位之一，但仍受到各类市场波动和经费减少的影响，数字产品营销的增长率较难达到 30%。五是转型组织推进困局。目前很多的数字部门在推动编辑部门转型过程中，缺乏合适的机制方法，编辑转型面临较大困难。尤其是基于考核和投入产出比的理性选择，全员转型缺乏动力，局部转型的后遗症亟须调整。六是考核激励受限。对于出版单位而言，融合发展所需的技术应用投入大，投资回报周期长，利润则受到多种因素的影响，企业负责人考核、工资总额管控政策对融合发展的前期投入支持不足，进行数字业务的持续激励成为一大难题。

除此之外，还存在一些出版业的行业性问题。第一，数字版权困境有两个标志性事件。2019 年，包括社会科学文献出版社在内的 12 家单位，联合发布了关于超星正版电子书授权的声明，该事件也从侧面反映了数字资源市场上存在的不规范现象。另一事件则反映的是社会公众对版权保护意识亟待提高的问题。第二，数字出版商业模式尚未成熟，出版社在知识付费、数据库销售市场上缺乏话语权。缺少基于学术市场需求的专业数字学术内容垂直分发平台。第三，学术出版知识服务基础建设不成熟。我国学术出版业务的纵向整合程度相对较低，出版社的创新意愿与能力不强。数据开放、数据质量和语义出版等底层建设尚未完善。

与此同时，机遇与挑战并存，在学术环境方面，我们有数字学术的新变化、新文科建设，以及中国特色哲学社会科学“三大体系”建设构建门类齐全、布局合理的学科体系，构建经世致用的学术体系，构建融通中外的话语体系。在政策环境方面，出版“十四五”规划、融合发展多项促进政策，均对学术出版融合发展具有推动作用。学术出版如何在充满挑战的环境下，抓住机遇找到新的生存空间，是我们现阶段需要去解决和应对的。

二、学术出版融合发展历程

学术出版融合发展历程与我们出版行业融合发展大趋势相对应，也更容易洞悉学术出版发展的脉络，展望未来数字化融合发展的趋势。中国新闻出版研究院原副院长张立认为出版业数字化转型发展可分为四个阶段：一是电子出版，二是互联网出版，三是数字出版，四是知识服务。[1] 数字出版阶段已进入较长时间，如今大家关注的是知识服务阶段。其中，“超脱出版物的服务”这个概念比较有趣，在我们这几年的探索过程中，有些新的变化或者新的模式都是“超脱出版物的服务”，值得大家关注。也有学者指出融合出版的四个阶段包括数字出版、转型升级、融合出版和知识服务，并梳理了四个阶段的相关政策。[2]

第一阶段是从 2005—2010 年，即数字出版阶段。这个跟社会科学文献出版社的融合发展历程非常相似。社会科学文献出版社在 1999 年建立数字化的官方网站，经历十年时间，推出了皮书数据库正式的网络版本。这也是在整个数字出版产业政策推动下所开发建设的。在 2009 年，随着皮书数据库（机构网络版）正式发布，社会科学文献出版社也从此开启数据库机构服务之路。

第二阶段是从 2010—2013 年，即转型升级阶段。当时很多重要的产业政策涉及文化改革相关政策。对于社会科学文献出版社而言，2010—2013 年是一个非常重要的阶段。一是内容资源管理平台、数字化资源标准、数字出版流程体系建设逐步成熟，为后续进一步发展奠定了非常好的基础。二是数据库产品营销体系在此期间逐渐成熟，数据库产品销售效果显现。在这个阶段，社会科学文献出版社组织召开了中国社会科学院数字出版平台暨皮书数据库二期发布会，皮书数据库二期正式发布上线。2013 年 9 月 5 日，由社会科学文献出版社主办的首届出版社数字产品营销论坛在北京召开。当时我们就提出数据库进入营销时代，现在看来提得有点早，很多出版社没有相应的产品。社会科学文献出版社率先建立了数据库产品营销体系，至今仍在发挥作用。三是数字出版的组织架构、激励机制和人才队伍建设等管理机制上的探索也初显成效，发布了《社会科学文献出版社关于加快发展信息化与数字出版工作的决定》。

第三阶段是从 2014—2016 年，即融合出版阶段。对于社会科学文献出版社来说，同样是非常明显的提升阶段。我们首次提出了"智慧型出版社"建设方略，"智慧型出版社 1.0"规划于 2014 年启动建设，通过信息化基础架构重构升级等举措，我们全面进入互联网化、流程化、移动化、数据化阶段。相应的数据仓库和 BI 系统在 2014 年建设完成。同时我们还发布了《社会科学文献出版社数字出版战略规划（2015—2020）》，在信息化基础上进一步推动数字出版的整体发展。2015 年，我们与宁夏大学合作建设"'一带一路'语言政策库"，开启了数字学术科研平台合作建设之路，开拓了学术出版数字化服务的新模式。同年，我们发布了《社会科学文献出版社关于推动融合发展的指导意见》。可以说，2014—2016 年是我们融合发展的深化阶段。

第四阶段是 2018 年至今，即知识服务阶段。社会科学文献出版社的发展轨迹同样如此，2018 年以后进入各类学术数字化服务发布的集中期，我们先后发布了社科文献作者 ID 系统，发布了基于机器翻译技术的社科多语种学术服务系统，发布了学术出版评价系统等。可以说在该阶段，社会科学文献出版社真正进入知识服务新阶段。许多新政策的推出也值得我们关注。国家新闻出版署机构改革以后，正式发布了《国家新闻出版署关于组织实施出版融合发展工程的通知》，至今已做了很多推动工作。比如融合发展精品工程、融合发展示范单位，2022 年还要做融合发展的平台评选，以及融合发展的人才建设，这一系列工作都推动了整个出版行业进入融合发展的新阶段。同时，国家新闻出版署还开展了出版业科技与标准重点实验室的建设，对古籍数字化工程进行专项经费资助。文化方面，也有许多跟数字出版领域相关的政策值得关注。例如，中华优秀传统文化传承发展工程，还有中央政治局提出要进一步加强国际传播能力建设，对学术出版有了更高的要求。此外还有要考量技术升级换代的要求，比如大数据、区块链、人工智能、云计算、5G、元宇宙等。这些都属于知识服务阶段面临的政策背景以及技术背景。2020 年，社会科学文献出版社启动“上云”工程，至2021年，各项业务基本完成“上云”。我们搭建了一体化数字学术服务平台，推动了大数据应用工程，整合多元化内容形态和数字学术服务。

通过对行业和社会科学文献出版社融合发展历程的梳理，可以对学术出版融合发展经验进行简单总结，主要有以下几点。第一，要形成体系化的融合发展保障机制，包括五个方面。

一是组织保障，出版单位的负责人直接参与，“一把手”支持。同时成立专业委员会，实现跨部门专业治理。比如说信息化工作委员会。图1是我们融合发展组织架构。在社级层面，我们有编辑工作委员会进行选题把控，信息化工作委员会进行技术把控，市场营销委员会对数字化产品进行整体协调。在内容部门方面，我们分成了几大板块，其中数字出版分社承担重点数字项目建设，国别区域分社、集刊分社则作为纸质与数字出版融合试点单位。各个编辑部门根据分工，同时承担纸质出版以及数字出版的相关工作，另外还有期刊分社和国际出版分社，专项负责相应领域的数字出版和传播工作。最重要的是，我们成立了数字融合发展的职能部门融合发展办公室，承担包括数字总编室、流程管理、政策制定、奖励推进的相关工作；数据中心，承担技术、信息、资源、数据服务。这些都是基于顶层设计以及组织发展上的整体考虑，为我们整个业务发展提供非常好的组织支撑。

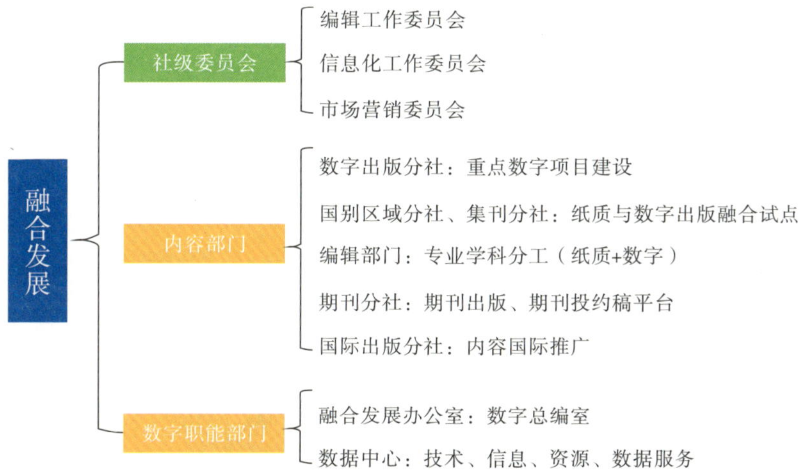

图1　融合发展的组织架构

二是制度保障。我们建立了一整套的制度体系。比如各项发展规划、信息化管理办法、数字资源管理办法、信息化项目管理办法、数字项目管理办法等，配套相关规章制度及相关细则等，还包括数据标准等。

三是管理保障。我们在业务流程上规划了信息化管理流程，以及数字化产品建设的管理流程。通过信息化管理平台，提供项目立项、合作协同、管理验收、技术经费、信息化测评等一系列工作。2018 年，社会科学文献出版社还开展了各部门信息化能力测评，整个部门员工的信息化素质和数字化能力都有很大提升。

四是经费保障。我们将每年营收的 3%~5% 作为下一年度数字化经费预算，已经坚持了近十年，在经费保障上实现了制度化，融合发展就有了可持续发展的基础。

五是人才保障。社会科学文献出版社有 300 多人，其中从事融合出版工作的将近 80 人，包括数字编辑系列、数字营销系列、数字技术系列和数字运营系列。根据几大系列板块，制定了相应的薪酬和激励考核制度，为人才保障提供非常好的支撑。

第二，要适应融合发展大趋势。大家可以看到在社会科学文献出版社的发展历程中，我们紧跟政策指引，结合自身优势，积极参与到融合发展进程之中。这就是政策大环境的推动，为我们的发展提供了非常好的环境。第三，管理的顶层设计要形成共识，并由“一把手”主持推动。同时，在产品建设上要紧抓重点，利用好出版社的优势学科和优势地位，尤其是要抓住核心内容。第四，在技术应用上，核心技术应掌握在出版社手里，即使不是自己开发的，也要有技术核心人员掌握整个技术框架和技术路线。当然需要特别提出的是信息化建设的重要性，这是出版社融合发展、智慧出版非常重要的基础，是整体发展的一个基本保证。很多出版社信息化建设都未做好，又何谈转型发展。

我们也会遇到一些问题，比如如何进一步深入发展，如何在学术出版新的挑战中找到新的机会。我们认为在数字时代，一个新的机会就是做好智慧出版。首先应该把智慧出版看成两个核心板块，分别是智慧出版平台和智慧学术平台。智慧出版平台负责内部信息化以及内部数字化的相关工作。智慧学术平台则提供数字产品服务、科研平台服务、成果推广服务、国际化服务等，能为作者、学者提供完整的服务，为学术机构提供专项服务。在这几年的发展中，我们发现智慧出版进一步深化必须抓住四个关键点，一是数据，二是流量，三是平台，四是专业化。

在智慧出版建设过程中，社会科学文献出版社经历了从 1.0 到 2.0 版本的转变，现在已经搭建了 2.0 整体的技术架构。我们在基础的云平台上面搭建了数据管理应用，同时提供智慧出版相关服务，包括一系列的数字化产品。我们在 2020 年提出要建设智慧型出版社 3.0 的发展目标，希望用三年的时间，达到新的阶段。这涉及“智慧七化”建设——互联网化、流程化、数据化、移动化、知识化、协同化和智能化。在互联互通互操作的基础上，构建赋能型的互联网知识服务平台，推动内容知识库、出版社知识仓库等基础知识库建设，采用智慧机器人和统一服务机制，探索垂直学术服务生态，使业务主体有能力及时响应市场环境和需求变化，推动出版社高质量发展、高水平治理。为此，我们也提出并应用了一些新的理念，比如说出版社不单纯是一个图书公司或者图书的供应商，更重要的是内容服务商，是数据服务商，是信息服务商，这也是在智慧出版里面提出的新概念。

在我们新的研究中，把“智慧出版”又称为“数字学术出版”，对应的是学术出版数字化的新场景，也对应学术数字化的变化和出版的变化。最终目标是面向数字学术背景下学术研究的全生命周期提供服务，基于新的数字学术研究过程和行为提供数字化解决方案。通过内容、服务加平台的方式，形成新的生态和新结构，这也是我们未来希望达成的一个目标。在探索过程中，我们探索了七方面的学术出版新服务，包括多语种学术服务、学术知识组织与知识图谱构建、数据出版、学术评价服务、学术大数据采集与分析服务、数字学术项目服务、学者服务与学术共同体服务。未来，我们希望能够搭建一个大的平台去承接相应的服务工作，2022 年的规划是要搭建一个人文社科数字学术云平台。在云平台中会有知识资源总库，以及数字学术资源和数字学术服务的集成。

接下来为大家详细介绍一下这几大服务。首先是学术知识组织与知识图谱构建，我们以“一带一路”为案例，进行知识采集和整体的知识图谱建设，为相关专业、学科需要的知识组织体系和知识图谱做好准备，并提供一整套的解决方案。在特色学术服务方面，我们构建了多语种学术服务平台，这项工作也响应了党中央提出的国际传播能力建设。我们与技术公司合作，提供人文社科专业的智能翻译服务。除了智能翻译以外，还包括数据采集、数据翻译、数据集成等一系列平台服务。我们还尝试进行数据出版，探索数据集注册、数据论文出版、数据集收录、检索和共享。为学者提供研究过程中一整套的评价指数和评价标准。2021 年，我们还发布了中国市场化指数数据库，这是基于经济学家王小鲁多年收集和整理的市场化指数，包括 1997 年以来的所有数据，非常受学者欢迎。第四项服务是数字学术项目服务，搭建了数字学术项目库，是目前国内外数字学术项目的整合平台，里面收录了 1 000 多条学术数字化项目，为学术科研使用提供了非常好的学术数字化项目检索目录。同时，还提供主题和学科的专题资源快速搭建服务。比如 2021 年搭建了两个专题数据库，分别是马克思主义学科专题库和党史党建数据库。基于社科文献资源总库、平台技术和知识组织体系，可实现快速、便捷地构建。未来，我们也希望各学科都可以全面整合，编辑能够深度参与。专题库的成功搭建还涉及扩展了面向机构的相关专题学科服务能力，能为机构相关需求提供专业服务。

除此以外，我们也为学者提供服务，例如搭建学者的 ID 系统。学者服务的基本逻辑是为学者提供全方位、全流程、全链条的服务，包括投约稿、预出版、开放获取、规范写作和模板、学者 ID、版税信息、成果的国际化认证，以及学术推广、学术评价等，都将提供相应服务。

从图 2 可以明显看到我们在智慧出版体系搭建中所做的探索和各个服务体系的结构关系。比如，智慧出版平台包括运营管理平台、内容资源管理平台、协同编辑平台、数据管理服务平台等。智慧学术平台也包括学者服务平台、学术科研平台以及知识服务平台。通过学者 ID 系统，可以对接国内外的相关服务，例如 DOI 服务、Crossref 的合作，对学者的国际化推广也起到了非常好的作用。同时，我们也搭建了哲学社会科学成果预印本平台。在疫情期间，发布了许多预印本的相关信息，让学术成果能更快速地被读者看到。在新服务中，还有一项提供学术评价的服务，这已经越来越成为学术出版的核心工作之一。原先学术出版离学术评价还是有点远，期刊相对比较近，但是图书出版就有点远。为此，我们通过学术大数据的方式，提供了一整套学术出版的评价数据库，包括人文社科学科评价数据库和学术出版评价数据库，为学术评价提供全方位的服务。

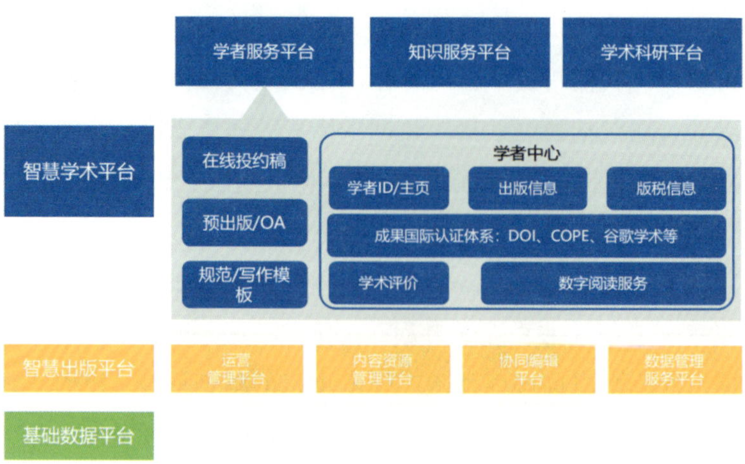

图 2　智慧出版体系架构

可以看出，智慧出版面向学者和学术机构，已经远远超过了纸质出版的范围。那对于产品而言应该如何思考和建设？数字化产品通过新的知识服务以后，应该进入一个新阶段，即知识服务平台阶段。例如我们的皮书数据库，也要进入新的阶段，即智库知识服务平台。目前我们的专业型数据库包括中国乡村研究数据库、减贫研究数据库、"一带一路"数据库、京津冀协同发展数据库等。此时的皮书数据库，已远远超过了简单的内部资源整合，不单是出版社内部，更与外部资源相整合。技术上，我们在资源、产品、体验等方面都做了探索和尝试。比如投约稿平台、内容资源管理平台、自动标引、数据库产品运营发布平台、可视化呈现、数据分析、用户画像等，都提高了用户的使用体验。同时，还为用户提供精准服务，包括定制化服务、科研辅助服务。人才培养方面，社内培养皮书编辑、数字编辑、皮书研究院研究人员，社外培养皮书作者、皮书课题组、皮书研创单位。我们在集刊数据库上也进一步进行数字化、智慧化提升，打造论文出版平台，包括预印本服务、投约稿服务、学者服务、整合发布等这些都是在原来的产品基础上构建平台的整体服务。还有一个比较具代表性的探索案例是国别区域与全球治理数据平台，这个平台在列国志数据库基础上搭建而成，包括国别研究、区域研究、国际组织、全球智库、国际议题、国际关系、档案文献 、数据服务和科研机构服务。最近有人提了一个建议，要做知识图谱的应用，包括关键词共现矩阵、共现网络、作者合作网络，这也是充分利用融合出版的思路，运用新技术、新理念、新模式所做的非常好的尝试。

为了满足众多学术机构普遍展现的个性化需求，我们在 2015 年启动了数字学术科研平台合作项目，提供面向机构定制的知识服务解决方案。目前，这些项目已经累计创造了超过千万级的收入。其核心逻辑是以学术科研需求为驱动，提供全方位的资源整合、平台建设、成果推广发布和运营服务。依托于出版社的资源、数字出版能力以及融合发展，建立一体化的数字科研服务系统。例如，宁夏大学的"一带一路"语言库、湖北大学的中华文化发展智库平台、中山大学的非遗数据平台、中国社会科学院的中国社会学数据平台、黑龙江省社会科学院的东北亚数据库，另外还有上海研究院智库服务数字平台、新中国三十年文学研究剪报资料库等。这些平台都拥有来自科研机构的资金，满足了科研机构的需求，拥有科研机构的参与，为学术前端提供了优质服务。比如说新中国三十年文学研究剪报资料库，呈现给使用者的是一个简约清晰的平台，其实我们在学者文献整理方面做了大量扎实的前期工作。学者通过数据库建设进一步整合了学术资源，寻找到新的研究方向。

数字学术出版与服务平台就是要发挥平台效应，通过跟学术机构的协同共建，来实现真正的学术服务。协同编撰方面，要达到可以共同进行学术百科编撰、知识更新、数据更新、AI 报告生成（舆情报告生成）等，还可以与机构共建机构知识库、机构研究资源库、数字学术科研服务、成果及时共享发布、档案资料共享、研究数据共享、学者网络、协同翻译共享、学术交流、在线会议沙龙等，从而为学术共同体提供全方位的支撑和服务。

通过这些案例梳理，可以看出对于学术出版而言，智慧出版是非常好的发展方向。我们把“智慧出版”重新定位为“数字学术出版”，而数字学术出版的构建是有非常多的条件和要求的。数字学术出版必须具备三个基本条件：一是服务于数字学术全过程，不单单是成果发布，还包括科研选题、科研数据采集、方法构建等；二是具备适应数字学术需求的数智化技术应用能力，包括大数据应用能力、区块链应用能力，也包括在 5G 环境下，以及未来面向元宇宙环境下做到相应的数字化对接能力；三是实现从生产到服务全链条多角色的在线连接，能够进行数字协同，形成价值网络。这意味着学术出版不单是出版社参与，更重要的是对接各个学术科研的辅助或支持平台，包括和百度学术、“中国知网”等国内外众多专业平台打通互联。着眼于学术出版领域和学术出版行业，多角色共同发挥作用，从而在平台中获得相应的价值。因此，数字学术出版生态必然具备数字生态的特性，即开放性、自适应性和自衍生性。

智慧出版的上半场已经基本完成，成功实现了互联网化、流程化、移动化、数据化。在下半场中，智慧出版 3.0 将更加关注知识化、协同化以及智能化。为此，我们做了很多尝试。在人工智能方面，社会科学文献出版社有个人工智能机器人，叫“小 A 助手”。通过相关资源数据，能够快速为编辑提供选题、知识查询、发货、费用开支、相关绩效等服务。在智慧出版 2.0 时形成的技术积累，能够为智慧出版 3.0 提供更多的服务和支持。智慧出版 3.0 主要有以下几个设想：第一点，整体而言，基础将建立在云服务上，将云框架作为基础框架。目前使用的是阿里云服务，未来也不排除会用其他的云服务，比如将一些特殊产品放在“云”上，从而实现整体的快速响应和服务。第二点是数字学术出版管理一体化。不单是内部管理，更重要的是依托于外部需求，推动整个内部管理一体化。将通过三个“中台”来实现，包括数据“中台”、知识“中台”、业务“中台”。之所以将“中台”打引号，是因为我们出版社目前的资源和技术达不到中台这么大的一个量级。我们可以运用“中台”的思维，比如数据，目前在做数据运营的相关基础设施。以前要调动数据是比较困难的，包括生产数据、商业数据、用户数据、内容资源等都很难链接。通过数据“中台”能快速提供相应的服务。在这些“中台”建设以后，能够快速形成整体服务生态。包括提到的全产业的价值链，都以授权服务的方式进行。以前的授权服务比较简单，通过资源互换，把资源直接给对方。现在通过授权服务的方式，能够快速进行对接和服务，同时也将主动权和内容安全牢牢把握在自己手里。比如百度学术的服务，搜索社会科学文献出版社相关的图书都可以在百度上快速看到，但链接将跳转到出版社的云平台上。这种模式，我觉得非常值得推广。未来，学术出版转型将全面介入科研，利用新技术提供高附加值解决方案的智慧出版。学术出版全流程的智能化升级，在学术搜索引擎、研究信息管理系统、稿件管理系统、智能编校、学科评价、引文数据库、评价指标体系、文献管理工具、学术社交平台和智能个性化推荐等科研流程中寻找新的商机。

最后是关于数字学术出版的新思考。邬书林理事长多次在会议上强调，学术出版是整个出版的灵魂。我们应认真研究总结国际国内学术出版经验，准确把握学术出版属性，关注国际国内进展和趋势，推动学术出版繁荣发展。目前来看，学术出版还有许多新的思考。

第一个问题是能否依靠新的技术重塑数字学术出版商业生态，能否通过区块链技术实现进一步确权，分清相关价值，重塑商业生态。比如提到某一本书，通过区块链能够减少盗版侵权的风险。行业中已有公司在这方面进行尝试，但真正要做好还有许多的路要走。

第二个问题是关于纸电能否相融相加。这个话题非常有意思，因为纸电融合其实在出版行业里面不是一个新话题，但在实际操作过程中，存在诸多困难，真正能够做到纸电完全融合、同步出版的出版社非常少。社会科学文献出版社目前纸电融合能达到 90% 左右，但在这过程中也有很多争议和意见。能否让纸电融合得更加顺畅，其实依托的不是出版社的环境，而是整个商业环境。目前，电子书的市场应该说对于出版社来说是非常不友好的，有很多电子书都是低价销售甚至充斥盗版，使得出版社尤其是编辑对电子书的积极性不高。在电子书市场里面，出版社的利益是无法得到保证的。因此，很多出版社视其为鸡肋，既想做又不想做。所以目前来说，纸电融合还存在诸多困难，如何完善商业环境，还有许多工作要做。

第三个问题是中台建设、知识图谱、人工智能，能否使产品构建快速、低成本地满足实际用户需要。上面我也讲过很多类似的案例，目前来看，这三个新技术都面临成本过高、周期过长的问题，缺少集成商能够提供一个非常好的平台，使产品实现快速搭建。我们也非常期待，未来在行业里面能够有一些出版机构、技术厂商或者研究机构，提供一整套的服务和支撑。

第四个问题是有关知识服务领域的问题。出版仍有很多可能性，语义出版、知识服务能否成为新的内容生产和消费模式，更方便地找到消费用户，成为进一步思考的问题。

第五个问题是出版企业如何借助数字文化产业发展的风口。从目前来看，中宣部和其他部委大都提到了文化数字化。文化的数字化，很多是落地在文化公司和文化产业领域。对于出版社而言，很多新政策是够不着的，比如说文化大数据，更多是在文博领域、在相关文化领域。出版社参与到文化大数据建设目前看是不足的。但其实，出版机构是非常有机会的，因为出版机构有非常好的文化资源。如果仅仅以提供资源的方式参与，无法在数字文化领域做某一项主导的工作，那很多机会就会错失。出版行业怎么介入？怎么能够赶上数字文化产业快速发展的东风？这其中还有很多问题需要思考。

第六个问题是数字学术服务能否真正成为数字学术出版新的增长点。前面也介绍了很多新的服务模式，有七大服务模式，是目前我们做的新探索。那它能不能成为真正的商业模式，能不能成为学术出版新的增长点，还需要进一步探索。服务和技术都有需求，也已经有所准备，那商业模式上怎样进一步搭建？目前的商业模式也比较简单，就是学术机构提供资金，出版机构或者技术企业提供服务，有没有其他更好的商业模式？这些都需要我们学术出版机构共同探索。在学术数字化的大浪潮中，找到新的模式和新的增长点。

第七个问题是数字融合业务能否“走出去”，数字融合业务如何应对国际出版商的竞争。由于学术本身的国际化程度较高，目前很多国际上的学术出版机构已经深入国内的学术领域。包括施普林格、爱思唯尔等，都有在国内与学者进行直接对接。对于我们国内的学术出版机构来说，就要直接面对国际出版商的竞争，中国的学术出版内容能否走到国际上，以国际能看得懂的语言、听得懂的话语去讲述中国，尤其是讲述中国学术的发展？这几年，国家提出了要进一步加强国际传播能力，学术出版的“走出去”仍有很多空间。社会科学文献出版社在国际上的销售还是非常不错的，在 2015 年就启动了数据库的国际化销售，取得了不少收入。这些收入背后主要有几方面的原因：一是我们有非常好的合作伙伴；二是语言翻译平台和功能的运用，比如前面介绍过的多语种学术翻译平台，社会科学文献出版社还搭建了一个中国学术俄语的出版平台，也是借助语言翻译技术。未来我们还有很多可能性，这就需要我们去了解国际化的数字学术出版市场。2021 年，中国图书进出口（集团）有限公司成立了数字出版产业“走出去”推广联盟，这是非常好的探索。我们学术出版机构应该相互联合，共同去应对这些竞争。这也是保障国内学术能够进一步占据国际高位的重要举措。

第八个问题是如何与其他行业、资本、业态融合，如何实现出版机构之间内容资源互联互通。首先，很多出版机构也在尝试与其他行业、资本、业态进行融合。2021 年，某一家出版机构通过数据库投资和股权入股的方式，进行了一些资本的合作，我觉得这就非常有意思。通过我们数字化的成果，进一步推进相关研究和相关业态的发展。其次，如何实现出版机构之间内容资源的互联互通。这点我感触比较深，2021 年中国数字出版博览会上，江苏凤凰科学技术出版社做了一个项目，叫作“大运河文化数字资源库”，主要做大运河的技术领域，包括建筑和相关研究。这就非常有意思，因为我们也做了一个大运河文化数据库，主要是大运河相关的文化资源、历史资源、人物资源，未来在一定程度上有可能在内容上进行互联互通，搭建一个中国大运河文化整体数据库，整合所有的资源，这也是我们比较理想化的状态。目前在国内，有很多机构在探索和尝试，那么，我们机构之间能不能互联互通，不一定是资源的互换，也不一定要资源的介入，就是通过我刚才说到的“接口”的方式，真正实现利益共享。

第九个问题是数字学术出版如何解决资金、人才、技术问题。这是很多出版社核心的痛点，就是资金投入、人才投入、技术投入，怎样去解决短期投入以及长期收益之间的矛盾。我们一直在跟相关机构呼吁，出版社应该有研发经费的设置。出版机构并不是没有研发需求，尤其在融合发展的背景下，研发投入是非常必要的。研发经费如果能设立的话，可以在成本上单独列支。这样一来，可以在考核上解决出版企业负责人不敢投入、不敢大投入、不敢快投入这些问题。除此之外，出版机构在人才方面也面临诸多挑战，比如数字出版的参与人员，也就是数字编辑，他们在职称和职业发展上都面临着很多的困难。北京市率先探索了数字编辑的职业发展，包括职称。国家新闻出版署也提供了数字编辑评副高的相应评价机制。但总体来说，还是不够，还是要在未来的数字出版，尤其是在融合发展人才上给予更多的关注和奖励，提供新的发展通道。以上是人才培养的问题，此外，还有许多技术问题，这也是很多出版社的痛点，很多业界的同仁来找我们，问技术是怎么解决的。其实对于我们来说技术是一定需要磨合的。经过我们这十多年的探索，要解决技术问题首先社里一定要有技术人员，尤其是懂技术、懂管理、懂内容的复合型人才，统一去设计智慧出版的大框架、技术框架以及未来发展的框架。社会科学文献出版社数据中心和数字出版分社都涉及相关人员，都做得非常不错。除此以外，还有技术公司的配合和技术公司的选型。这几年行业的技术公司并没有原来那么少，但能和出版社长期做技术投入的公司还是不多的。2021 年，我们在行业里首次召开了出版社与技术商之间的合作交流大会，有 20 多家技术公司参与，应该说大家谈了很多好的建议和方法。未来，我们希望技术商与出版商之间的沟通大会能进一步开展。解决技术问题还有很多办法，当然很重要的一点，是要为技术人员提供发展空间和职业空间。在这些问题中，比较难解决的是我们的版权保护问题。因为出版社的数字版权不是永久性质，大部分出版社数字版权在十年左右。如何做好版权期的相关保护和版权的正常延续，以及解决数据库版权和电子书版权之间的问题，还有很多难点。所以也希望在未来通过各种配合，在数字版权保护上找到更多的可能性。

通过这些思考，可以看到整个数字出版，包括数字学术出版，未来的融合发展之路。尤其是在如今的环境下，数字发展较快，纸质出版已经处于一个相对比较困难的阶段。从 2022 年整体趋势来看，1—3 月间，整个行业的发行受到很大影响，尤其是发货。所以对于出版来说，还要找到新的突破口，在融合出版的道路上不断探索和持续发力，以拥抱整个行业的大趋势，抓住机遇，直面挑战。在此要做好技术储备、资源储备、架构储备、人才储备，等待引爆点，不断探索和把握合适的机遇。这也要求出版单位在融合发展之路上持续投入、持续升级、持续探索。

请扫码观看讲座视频

参考文献

［1］谢新洲，黄杨. 技术创新：数字出版发展与管理的新路径——专访中国新闻出版研究院副院长张立［J］. 出版科学，2019，27（6）：14 18.

［2］中文强国 . 融合出版的四个阶段：从数字出版到知识服务［EB/OL］.（2021-12-08）［2022-05-02］. https：//mp.weixin.qq.com/s/r9H3uYRqatM-ogq0O0IjvA.

关于学术期刊繁荣发展的几个政策问题

李　军

讲座时间：2022 年 4 月 19 日

主讲人简介：李军，中国期刊协会副会长，中宣部传媒监管局原局长，原国家新闻出版广电总局新闻报刊司司长，世界一流期刊建设专家委员会委员，中国科协十届常委会学术交流与期刊出版专委会委员，中国人文社科期刊评价咨询委员会委员，国家新闻出版署“智慧出版与知识服务重点实验室”学术出版新技术应用与公共服务实验室主任。

内容提要：围绕推动学术期刊繁荣发展的几个政策问题做了专题报告，从深化改革培育世界一流科技期刊和实施卓越行动计划、深入贯彻落实 17 号文件、深入贯彻《出版业“十四五”时期发展规划》和开放科学四个方面，提出了思考。当前，席卷全球的开放科学和数据经济，推动科技学术出版和传播的新一轮深刻变革，要以习近平新时代中国特色社会主义思想为指导，一手抓繁荣发展，一手抓引导管理，为新时代学术繁荣贡献一流期刊精品。要深入贯彻落实好《出版业“十四五”时期发展规划》，履职尽责、扎实工作，落实、落细《规划》各项工作措施。要积极适应新一轮科技革命和产业变革趋势，不断深化科技出版领域的改革创新，提高科技出版对科技创新的支撑作用，为建设文化强国、科技强国提供良好舆论环境、智力支持和文化条件，进一步深耕内容、扩大传播，加强知识服务保障和产品供给。

关键词：学术期刊　17 号文件　“十四五”规划　卓越行动计划

借今天这个机会，汇报一下自己对当前期刊发展政策的一些认识和思考。首先我要声明这不是一个政策解读，而是对当前学术期刊发展环境，特别是政策环境的一些思考、一些心得体会。本来准备讲四个问题。关于建设一流科技期刊的问题，关于 17 号文件的问题，关于“十四五”规划的问题，还有关于开放科学的问题。由于时间关系，我想重点讲前三个问题。大家知道，2021 年是中国期刊的大年，最为振奋的就是 5 月 9 日习近平总书记给《文史哲》编辑部回信，随后一系列的政策陆续出台，共同促进期刊繁荣发展。促进期刊繁荣发展这些政策信号，也在不断地释放。我想大体上需要讲以下三个方面。

一、关于建设世界一流科技期刊与卓越行动计划

2020 年 9 月 11 日，习近平总书记在北京主持召开科学家座谈会，并发表重要讲话，其中谈了四件事：改革评价体系，办好学术平台，推动学术交流，办好一流期刊。这四个问题都是科技出版工作、学术出版工作深层次的问题和发展的短板。特别是建设世界一流期刊这个问题。习近平总书记把这些问题放到了加快解决制约科技创新发展六个关键问题中的一个问题来看。可见这个政策的分量之重，非同寻常。那么，建设世界一流科技期刊这件事的来龙去脉如何？2018 年 11 月 14 日，习近平总书记主持召开中央全面深化改革委员会第五次会议。这个会议审议通过了三个关于行政工作的文件。第一个是关于加强和改进出版工作的意见，第二个是关于加强县级融媒中心建设的意见，第三个就是关于深化改革培育世界一流科技期刊的意见。这个会议强调，科技期刊传承人类文明，荟萃科学发现，引领科技发展，直接体现国家科技竞争力和文化软实力。要以建设世界一流科技期刊为目标，科学编制重点建设期刊目录，做精做强一批基础和传统优势领域期刊。根据中央的要求，2019 年 7 月 24 日，中国科协、中宣部、教育部、科技部四个部门联合印发了《关于深化改革培育世界一流科技期刊的意见》，就是 38 号文件。这个文件是贯彻落实中央全面深化改革委员会第五次会议精神，贯彻习近平总书记指示要求，推动我国科技期刊改革的重要文件。为了推进全面深化改革委员会第五次会议精神和 38 号文件落实，2019 年 9 月，中国科协、财政部、教育部、科学技术部、国家新闻出版署、中国科学院、中国工程院联合下发通知，启动了中国科技期刊卓越行动计划。这个卓越行动计划是以五年为一个周期，面向全国科技期刊系统，构建支持体系，是迄今为止我们国家在科技期刊领域实施的力度最大、资金最多，也是范围最广的

重大支持专项。

文件下发和计划实施已经三年，取得了五个方面的成效。

第一个成效，头部期刊的数量明显增多。按照试点先行、梯次培育的方针，卓越行动计划采取以域选刊的思路，聚焦国家创新发展关键领域和战略方向。遴选 22 种领军期刊和 228 种后备梯队优先培育。同时支持在人工智能、量子科学等方面、新兴前沿领域，创办 90 种高起点英文期刊，抢占国际学术交流阵地。与卓越行动计划实施前的 2018 年相比，一共有 96 种期刊进入学科排名前 25%，增加了 41 种。有 25 种期刊学科排名进入国际前 5%，增加了 17 种。有 20 种期刊，位列学科的前三，增加了 11 种。有 7 种期刊，跻身学科第一名，增加了 6 种。上海大学办的《电化学能源评论》，中科院上海分院办的《细胞研究》，还有《信息材料》这三种期刊的影响因子超过了 20，进入全球百强，实现了零的突破。这是第一个成效。

第二个成效，整体跃升明显。在卓越行动计划的牵动下，经过三年的持续建设，我们国家的科技期刊被科学引文索引（SCI）收录的数量由 218 种增加到 257 种，超过日本，上升到全球第六位。

第三个成效，被收录的期刊国际影响力大幅提升。在被收录期刊里，国际视野文献的篇数从 985 篇增加到 10 264 篇，国际引用的机构从 864 个增加到 9 608 个，引用地来源由 42 个国家地区，增加到 124 个国家地区。

第四个成效，高水平论文的数量增加。与卓越行动计划实施前的 2018 年相比，2020 年 SCI 收录我国科技期刊的论文一共是 38 546 篇，增加了 10 672 篇，增幅 38.29%。收录的国际高被引论文 357 篇，增加了 220 篇，增幅 160.58%。据不完全统计，卓越行动计划入选期刊组织各类专题专刊一共是 624 期，邀约顶级科学家的稿件一共是 25 486 篇，占到发文总量的 21.7%，所以说取得这样的成果十分可喜可贺。

第五个成效，引导一流期刊回流，引导一流论文的回流。论文外流是我们研究科技期刊人员的心中之痛，这是建设一流期刊最大的障碍、最大的痛点、最大的短板。建设一流期刊，没有一流的论文怎么可以呢？论文全都出去了，有再具权威性的期刊也没有用，论文必须回流。所以卓越行动计划的成效，对引导一流期刊的回流起着很大的作用。超过 90% 的论文外流了，小于 5% 的论文才登在中国的期刊上。为此，习近平总书记号召，要把论文写在祖国大地上。那么怎么把流失的论文写回来呢？从政策和制度安排上，那就是同质等效政策落地。相同质量的论文在国内优秀期刊发表，跟在国外的优秀期刊一样的待遇。

在评价成果运用上等效应用，这是一个非常重要的制度安排。一是政策上鼓励“三高”论文发表。什么是“三高”论文？国际顶级期刊、顶尖学术会议、卓越行动计划入选的期刊，这三类载体和场合下发的论文叫“三高”论文。通过这个来有效地引导国内高水平的成果回流。二是分领域编制期刊分级目录。全国科协一共有50个学会，中国科学组织全国学会编制发布数学、材料科学、临床医学、能源电力等23个学科目录，对4 202种中外期刊进行了同质等效认定。23个学科4 000多个中外期刊等效认定，一部分目录已经被科研单位认可使用。所以同质等效政策落地，对扭转科技评价唯论文、唯SCI这个导向，营造良好的创新生态，落实习近平总书记提出的把论文写在祖国大地上的号召，起到了很好的制度导向作用。

为什么要建设世界一流期刊？为什么现在提出要建设世界一流期刊？我先回答第一个。习近平总书记指出，科学技术从来没有像今天这样深刻影响着国家前途命运，从来没有像今天这样深刻影响着人民生活福祉。强调中国要强盛、要复兴，就一定要大力发展科学技术，努力成为世界主要科学中心和创新高地。努力成为世界主要科学中心和创新高地，这句话怎么理解？我的理解有两个方面，围绕世界主要科学中心和创新高地，我们体现出的，既要有国之重器这样的硬实力，还要有国之大者这样的软实力。那么这个软实力是什么呢？是话语权。换句话说，话语权、自主知识成果发布平台、数据主权、一流学会和具有重要影响的期刊五位一体，就相当于一个手掌一样，五个手指握在一起，共同构成软实力。

2021年5月29日，王沪宁同志在中国科协第十次全国代表大会上的致词中指出，进入新发展阶段，实现“十四五”时期经济社会发展目标，开启全面建设社会主义现代化强国的新征程，对加快科技创新提出了更为迫切的要求。广大科技工作者要把思想和行动统一到习近平总书记重要讲话精神上来，把智慧和力量凝聚到落实党中央关于科技自立自强的决策部署上来，努力在新征程上勇立新功。希望广大科技工作者坚定理想信念，自觉践行科技报国之志。我觉得，敢于挑战科学无人区，勇于挑战最前沿的科学问题，是报国志。力争在重要科技领域成为领跑者，在新兴前沿交叉领域成为开拓者，是报国志。建设一流科技期刊、把论文写在祖国大地上，同样是报国志。2013年以来，我参与了建设世界一流期刊调研和政策制定。有一位老院士跟我说过这样一句话，建设我们中国自己的CNS（*Cell*，*Nature*，*Science*，《细胞》《自然》《科学》，世界三大顶刊），跟制造一艘咱们自己的“辽宁号”一样重要。为什么？2022 年 4 月 17 日，中国 21 世纪重要医学成就发布会上，中国医学科学院发布了中国 21 世纪的重要医学成就，有 31 项。但是，只有一项发表在我们自己的期刊上。更为严重的是，还有被票圈的戏霸们串戏剽窃欺辱的可能性。为了能够在外刊上发稿，你有不得不按照他们的逻辑、他们的范式、他们的格式违心修改你的观点的危险性。由于受制于人、版权模糊不清，你还有拿不回、找不到你的原始版权、数据版权的被动性。刚才讲的软实力，五个手指头，其中有一个手指头叫数据主权。数据就不在你手里，你的原始版权、数据版权等，存在不在手的被动性。由于刊是别人的，数据库也在别人手里面，你刊登付一笔钱，买回来数据库你还得花一笔钱。论文和数据两头在外，两次付费，这是十分得不偿失的。

所以在我看来，建设一流科技期刊，必须推动科技出版落实四个面向。践行科学报国远大志向，是时代的考量。争夺国际话语权、弥补科技创新短板，是战略的考量。建设一流期刊、培育本土国际顶刊，是使命的考量。通过头部引领，整体带动中国期刊体系升级，是发展的考量。顺应科技革命和产业变革的趋势，推动期刊平台两头发力，国际国内双向布局，是建设的考量。推动我国科技出版量质齐胜，引中国学者的学术佳作凤还巢，是改革的考量。通过一流期刊指引，筑牢学术价值观、利益观，弘扬科学家精神，是道义的考量。拓展期刊交流平台，密切国际合作，家乡世界连接，分享中国经验，讲好中国故事，是责任的考量。因为中国是大国，是负责任的大国。坚持学术自主发展，扭转成果发表、数据共享、储存使用等方面受制于人的局面，是安全的考量。论文、数据、关键数据、关键成果的外流，就有战略、数据安全的问题。这样的例子太多了，这是安全的考虑。

以我们的体制优势和制度优势，以五年为一个周期，到了 2035 年，不断集小胜为中胜，再集中胜为大胜，实现我们的既定目标不是没可能。但是，我们要清醒地看到，我们的期刊向世界顶刊的攀登，绝不是一朝一夕的事，绝不能毕其功于一役，必须耐住性子，脚踏实地，做到行稳致远。我们还要清醒地看到，向世界顶刊攀登，绝对不是一方一域的事，不是一家两家的事，不能孤注一掷，必须发挥体制的优势，上下一条心，全国一盘棋。

现在回答第二个问题：为什么现在提出建一流。举目望去，世界顶刊哪个不是几十年甚至上百年的历史？这件事太紧迫了，我先把它建起来，拿到话语权再说。拿到话语权，扭转这个被动局面再说。然后树标杆，立其志，大家按照标准齐头并进。千百年来这正是中国经验、中国之治。刚才讲目标牵引、项目拉动、问题导向，以一流的卓越带动中国期刊体系升级。怎么升级？在政策上，我觉得要统筹好十个关系。一是改革评价机制与扩大内容供给，二是激发内生动力与全球吸纳资源，三是优化期刊结构与加快资源布局，四是打牢建设基础与储备发展后劲，五是坚持平台优先与强调主动发展，六是坚持问题导向与补齐战略短板，七是深化媒体融合与扩大产业融合，八是升级产品体系与升级产业体系，九是推动学术繁荣与强化引导管理，十是坚持初心与弘扬科学家精神。由于时间关系，我今天先谈五个关系。

第一个关系，激发内生动力与全球吸纳资源，早在2018年启动这项计划调研的时候，对什么叫作建设一流科技期刊，是中国为世界贡献一流期刊，还是全世界到中国来办期刊，这些问题一直存在争议。在我看来，这是一个硬币的两面，深究它没有意义，建设它才有意义。三年来，我们振奋地看到，在充分激发内生动力的同时，头部领军期刊展现出全球吸纳资源的崭新态势。我之所以把它称之为崭新的态势，是因为我们清醒地看到，SCI期刊的论文是不少于1/4的中国学者发表，被大于1/4的中国学者使用、引用。我想在充分国际化一流期刊建设的目标和要求中，这不是我们想要的。邀约国内外顶级科学家的重磅成果，把他们具权威性的论文发在咱们中国的期刊上，这才是我们想要的。2021年10月我参加了第四届中国国际进口博览会，这个进博会提出两个概念，一个叫作混血创新，一个叫作深耕中国。什么叫深耕中国？主要体现在不仅是输入了新技术，建立了研发中心，还包括培养中国本土人才、本土团队，高度本土化。在进博会的展场，我们看到大量的外企在展台上打出了深耕中国40多年的标准。就是因为他们亲历中国加入世界贸易组织20年的变化，经历了技术和市场、资本与市场融合、本土伙伴关系布局。以后从进口的本土生产，再到本土设计、本土研发，越来越多的外资企业在中国深度产业布局研发中，摸索出一个本土共生关系和共赢格局的新策略，这叫作混血创新。不仅是本土设计本土研发，而是在中国进行深度的产业布局。那么，这对我们有什么启发呢？一流期刊建设不是我们自己的单打独斗，也不是被国际压倒性的颠覆，而是我们把他们带到我们的圈子里，带到中国的舞台上，形成“你中有我、我中有你，里外一盘棋、上下一台戏”的格局。道理很简单，一流期刊是一个从认识到认同的过程，没有高度本土化、混血创新，这个过程就会很长，时间成本和认知成本就会很高。所以，这一点应当成为我们重要的启发。

第二个关系，优化期刊结构与加快资源布局。全球吸纳资源与全球资源布局是学术出版全球化的两个方向。由于体制的不同，我们跟国外出版有一个差异。一方面我们的资源供应不平衡，资源配置效率比较低；而另一方面，国际出版巨头“跑马圈地”。于是差异化竞争态势形成一边倒。一本新刊中国还没批下来呢，他们就开始办起来了，而且还是 *Nature* 和 *Science* 来办。我们看到这两年来 *Nature* 不断地孵化出子刊、孙刊，由于他们大量的“跑马圈地”，我们国家包括全球其他国家都处在一个竞争劣势。出版集团这两年来快速扩张的做法，不断地布局新刊，这个做法也受到了学术界的质疑和批评。我们的看法是我们处在竞争的劣势，我们无法改变别人，只能改变自己，我们一本期刊一本期刊地做，在快补传播短板的同时，快补资源短板。

第三个关系，打牢建设基础与储备发展后劲。立足国情，立足刊情。在规模化上体现出一个“小”字，所以要提高产业集中度，增强规模竞争力。在国际化上体现为一个“弱”字，所以要以强带弱，变弱为强，弱弱为强。在集约化方面表现了一个“散”字，所以要支持规模性出版企业探索协作办刊模式，跨地、跨部门、跨学科整合期刊出版资源，打通产业链，重构价值链，形成创新链，畅通产业链，这句话是我下面要讲 17 号文件里面所表述的话。我想说这个“弱”字。我个人觉得小不可怕，怕的是弱。什么弱呢？“四弱”。第一弱是一流期刊发展基础的脆弱性，我们撇开一流成果资源短缺不说，撇开平台、渠道、技术三大依赖不说，撇开出版资源要素流动性差，国家财力、知识的可持续性和自身造血机制薄弱，抗风险性差这些因素都不说。我就单说说这深刻复杂的国际环境。我举个例子，2021 年 10 月 28 日，美国一本杂志《细胞生物化学期刊》出版了一本专辑。把学术不端被撤稿论文制成了一个专辑，一共收入 129 篇文章，这 129 篇文章不是其他国家的，只是我们自己国家的。专门收中国的学者学术不端被撤稿的论文专辑。这不就是打我们的脸吗？出我们的洋相。我们中国在奋力建设世界一流期刊的征程中，按照习近平总书记的话来说，绝对不是敲敲打打、轻轻松松就能实现的。这是“四弱”中的一种。第二弱是普通期刊发展基础的薄弱性。我们中国的科技期刊是一个“工”字形的结构。“工”字形上面这一行很短，表示我们头部期刊增多，但是不够。下面一横是表示广大的普刊，这一行很长很多。“工”字形的这一竖，是期刊的上升通道、升级通道，所以我们发展改革事业的政策的核心就是想方设法把中间这个柱子做粗，做通畅，做透、做强，使它能够带动升级。由于是这样一种“工”字形的特殊结构，在体系上具有抗压性。但是在机理上却具有致命的弱点，中间很容易形成断层，跟不上去。这个断层是很残酷的，一个非常残酷的现实就是只要你的刊物是核心刊，是挂网刊，挂在知网，挂在核心上，论文就会投给你，版面费就会投给你。只要你是SCI刊，特别是Q1刊Q2刊，那就集万千宠爱于一身。但是除此以外，一朵浪花就能把你掀翻。第三弱是可持续性弱。卓越行动计划是国家意志，有关部门合力，毕其功于一役。这是一种突围和冲刺的机制，使命和任务告诉我们，我们既要突围，也要打持久战。打持久战，需要弹药和粮食，需要后勤保障。所以在我看来，卓越行动计划永远只是一个首付，按揭还是需要自己干。第四弱是人力资源的可支撑性。2021年以来，智慧行动计划设置督导，我参加了督导，督导中发现人才的问题十分突出。有四个问题。第一，结构单一。第二，边缘化。在我们研究院所里面，在高校里面，编期刊的，被边缘化的还少吗？第三，人才老化加流失。我们大致做了一个统计，我们中国市场类期刊的编辑平均年龄37岁，但是市场类期刊的受众平均年龄是20岁、25岁，再到30岁这个年龄段。也就是说，我们接近40岁的编者为30岁以下的读者提供内容，这就是代差。碎片化阅读年龄基本上是五年一个代差，因此市场类期刊基本上是0.5代差，也就是0.5个代差的人，给下一个0.5个人的代差办期刊。所以一直无法精准对口阅读理解的需求。中国的报业也是一样，20年前，当时我还在报纸司工作，我们报社编辑记者的平均年龄是27.6岁。现在多少呢？30岁左右，甚至到35岁、35.5岁，也是0.5代差，这是老化。第四，人才工作引流用的政策落后。引进来，留得住，用得好，但引流用政策落后。这个情况在我们期刊起步和爬坡阶段不突出，就跟攻山头一样不突出，但是期刊冲顶的时候，这个问题就突出了。杂志办出来了，成功了。那待遇呢？编制呢？户口呢？职称呢？我前天参加一所高校一个人的纳入高校正式编制的论证会。一个高校非常著名的主编，没有编制，要纳入学校的编制，按照程序要组织专家论证。于是包括我在内的北京一系列的顶级专家专门开这个会。我在会上发言：“我完全不能理解这条，老师重要，科研人员重要，难道期刊的主编不重要吗？”因此我们专家组呼吁强化配套制度建设，推动一流科技期刊培育和建设，应当是一个全要素参与的改革，特别是人才制度参与。建立健全包括人才、政策在内的全要素投入机制的卓越行动计划，才是卓越行动计划的升级版。要有政策的投入，包括人才政策投入，特别是人才引得来、留得住、用得好的卓越行动计划政策配套投入机制。

第四个关系，升级产品体系与升级产业体系。经济学原理告诉我们，经济体系转换增长动力，目标是升级产品体系与升级产业体系，进而完善供给体系和完善服务体系。升级产业体系先升级产品体系，升级供给体系要先升级服务体系。所以升级产业体系，一面是资源双向布局，而另一面是要素双向流动。因此全面升级产品体系和产业体系、供给体系与服务体系，是推动期刊高水平融合、高质量发展的主攻方向。这是因为我们国家总体占 95% 的期刊，包括总体占 97% 的中文科技期刊为期刊出版贡献了 75% 以上的营收、90% 的论文发表和大于 95% 的期刊就业。不仅如此，更重要的是，这部分期刊还分散配置着大于 75% 的期刊内容资源。所以，产品体系、产业体系双生，供给体系、服务体系双生，就是要激活这一部分资源。怎么激活？这要办好两方面的事。一是努力办好总体不少于 5% 的顶刊，带动和促进结构优化。二是扎实办好总体在 95% 的普刊，推动体系升级。一个是持续做大做强总体占 3% 左右的英文期刊，解决国际话语权的问题，另一个是进一步做优做强做好总体占 97% 左右的中文期刊，解决面向国内重大需求、国民经济主战场的问题。2021 年 10 月 24 日，中央政治局委员、国务院副总理刘鹤同志在《人民日报》发表一篇文章，讲到必须实现高质量发展。刘鹤同志在文章中谈到，现阶段我国生产函数正在发生变化，经济发展的要素条件、组合方式、配置效率发生改变，面临的硬约束明显增多，资源环境的约束越来越接近上限。碳达峰碳中和成为我们国家中长期发展重要框架，高质量发展和科技创新成为多重约束下求最优解的过程。这里面四个关键词，碳达峰、碳中和、高质量发展、科技创新，这是把握中国经济新动力的四条线索。刘鹤同志认为，高质量发展必须把培育有核心竞争力的优秀企业作为各类经济政策的重要出发点，真正打牢高标准市场体系的微观基础。那么对期刊有什么启发？就是集团化、集约化。在我看来集团化集约化这个方向，它不是说建就能建成的，那么无法完成集团化的，我们就向集约化方向努力；一时半会儿我们集约不起来的，我们就资源协同；全要素资源难以协同，就来一个核心要素资源协同，比如内容资源、作者资源和选题资源。如若核心要素资源也难以协同，我们就发展单刊，我把它叫单刊循优发展，从局部最优解再到整体最优解。因为任何期刊都是从平庸到优秀再到卓越的过程。

第五个关系，深化媒体融合与扩大产业融合。2021 年法兰克福书展，法国出版了一本书叫《图书周刊》，这本书很有名，每年会发布一个全球出版 50 强的排名。在这个名单中，我们发现位居 50 强的前十的榜单中，爱思唯尔、汤森路透、威科、施普林格 · 自然都是专业出版商，这四家专业出版商的总收入占前十名总收入的 55%。这前十名中有几家是大众出版的巨无霸？大众出版的巨无霸包括著名的贝塔斯曼、企鹅兰登书屋、阿歇特、学乐等。在这个榜单中我们看到一个非常值得重视的现象，那就是英国的培生集团的位置进一步下降。培生集团是全球顶尖的教育出版机构。英国培生在2012年达到顶峰以来，到现在整个营业额一半就没了。培生这个信号给我们两个警示，第一，出版业规模化的方向是将进一步趋向于以学术出版为核心的专业出版，大众出版让位于专业出版。这意味着学术出版业也可以成为老大，也可以成为巨无霸。爱思唯尔、施普林格·自然就是巨无霸。原因在于大众出版很容易被互联网替代，而学术出版则不太能。第二，单一模式的教育出版没有出路，教育出版必须深度融合教育产业。同样的道理，科技出版、学术出版也必须深度融合学科建设和学术发展。这给我们的启发是，专业出版包括学术出版，必须与它的关联领域、关联部门、关联业务深度融合，这是制胜之道、转型之本。所以媒体融合只有向产业融合发展才能够做大做强。这是我要讲的第一个政策问题，是关于一流期刊的。

二、关于17号文件

2021年5月18日，中宣部、教育部、科技部印发《关于推动学术期刊繁荣发展的意见》，即17号文件，这个意见提出了关于学术期刊繁荣发展的一揽子计划。7月9日，中宣部召开了学术期刊发展专题会，中宣部副部长张建春同志出席会议并讲话。这是中宣部历史上第一次召开的关于繁荣学术期刊的专题会，提出一手抓繁荣发展，一手抓引导管理。那么文件为什么没有用“加强管理、强化管理”这样惯常的表述，而用了一个“引导管理”这样的表述呢？我觉得是因为学术出版的管理应当有别于行政监管，应通过引导性管理的措施，达到建设性规范的目的，从而推动学术研究的健康发展。

引导管理靠什么？一个比较现实的措施就是评价机制。因为评价机制是指挥棒、红绿灯。所以17号文件进一步明确要完善学术期刊相关评价体系，以内容质量评价为中心，坚持分类评价和多元评价，完善同行评议、定性评价，防止过度使用基于影响因子等指标的定量评价方法评价学术期刊，特别是哲学社会科学期刊。探索建立哲学社会科学期刊评价的行业标准，加强对核心期刊、来源期刊等涉哲学社会科学期刊评价的引导规范。引导相关单位在学术评价、人才评价中准确把握学术期刊的评价功能，防止简单“以刊评文”，以“核心期刊”“来源期刊”等评价学术期刊及论文质量，反对“唯论文”和论文“SCI至上”等不良倾向，避免SSCI、CSSCI等引文数据使用中的绝对化。这是文件里原话。我认为这段表述非常重要，重要的地方就在于评价是指挥棒，在引导管理当中具有导向性。对此我谈三点认识。

第一点是过度使用影响因子评价哲学社会科学期刊会改变学术生态。2016 年以来，我参与了学术评价制度改革的政策调研和相关的文件起草工作。2021 年初，我在《编辑学报》2021 年第 2 期上发了一篇文章叫作《略论现行评价机制的历史作用及其危害》，系统分析了学生评价唯 SCI 的危害性。新华文摘和人大资料复印中心都做了全文转载。文章提了四个危害，一是学术论文、科研经费、科学数据外流，二是数据库议价权、学术主动权、学术话语权受制于人，三是出版生态、学术生态、社会生态失衡，四是科技安全、信息安全、战略安全隐患。现在看起来还有一个危害。我以为是结构学科联系，割裂学术研究的统一性、系统性、连续性。我们都知道这两年来学术期刊资源配置的方向更加趋向于学科细分领域，越来越细分。通过调整审批政策，支持创办高专精特的新刊。同时全球学术期刊又出现了向综述发展的回流趋向。一方面分细分化配置，一方面综述开始回流，针对这个现象，我专门去北京大学开展了一次调研。学者们说当前社科研究现状，研究唐诗的不通宋词，研究宋词的不通元曲，各做各的。什么原因？学科细分，研究细分，学术细分。我们都知道大学问都是文理双击搅和出来的，文中有理，理中有文，搅和出来，碰撞出来，杂糅出来的。科学，尤其是哲学、人文社会科学，这么细分下去，这么无限地细分下去，就会割裂学术的系统练习，大学问就难以形成，大学问家就难以寻觅。我感到这是一个十分中肯的意见，需要认真地加以审视。如果我们的科学家、学者、研究机构仍然单纯以数量来衡量科研能力，那么论文生产的泡沫化的问题就会越演越烈。毫无疑问会恶化学术的生态结构，解构学术的范畴，浪费学术资源，造成学术研究的真题不多，基础研究空心化，学术传播空载、过载，最终阻碍学术的进步，阻碍科学的进步。

第二点是过度使用影响因子评价哲学社会科学期刊会影响学术价值。近年来我们国内高校人文社科领域比较普遍的一个做法是导入了中文社会科学引文索引（CSSCI）和艺术与人文引文索引（A&HCI）两个大检索系统。积极意义是有意推动人文社会科学的国际交流，提高人文社会科学的国际显示度，补齐人文社会科学学术国际交流的短板。但是至少有三个问题。一是评价方向失偏，引导研究者追逐热点。二是造成国家智力和知识资源的分流。三是对学术生态的影响。这是一个更为主要的问题，包含四个方面的问题。第一，会忽视国内重大现实需求；第二，弱化国内人文社科基础研究力量；第三，削弱国内期刊优秀论文的足量供给；第四，平庸代替特色，跟风代替务实，由于片面追求国际热点，弱化人文科学学术的中国特色。如何来践行国内人文社会科学的服务宗旨？2022年4月15日，南京大学有一个通报，发表在中纪委的网站上，在精准目标定位部分，表示学校党委进一步明确学科建设的目标定位，进一步明确办刊发展方向目标定位。通报称学校全面梳理以学科亮点工程为主的学科评价体系和预算目标，清理以论文数量、国际排名为参考的评价标准，在南京大学“十四五”规划中，在南京大学“双一流”建设高校整体建设方案当中，学校的发展和学科建设均不再使用国际排名作为建设标准。清理以论文数量、国际排名为参考的评价标准，这是一个重要的信号。为什么重要呢？要知道南京大学是C刊的发源地。南京大学带头破思维，在全国高校中具有示范意义。习近平总书记在《关于〈中共中央关于党的百年奋斗重大成就和历史经验的决议〉的说明》中，谈到四个“总结好”、六个“深入研究”，而且用了“锚定”这个词。所以我认为人文哲学社会科学就要锚定既定的奋斗目标，为深入贯彻习近平总书记提出的四个“总结好”和六个“深入研究”提供有力的学术贡献和学理支撑。

第三点是过度使用影响因子评价哲学社会科学会左右学术导向。进入21世纪，迅猛而来、迭代发展的新技术拓宽了学术视野，丰富的学术语言也改变了社会潮流。我们要看到，科学技术是推动人类进步的重要力量，同时我们要充分警惕技术驱动模式下的社会创新。要充分警惕技术驱动模式下的社会创新可能带来的学术野蛮生长，切忌盲目而失去方向。严肃、责任和理性的科学精神要求我们一脚踏在油门上，一脚放在刹车踏板上。脚底下是油门，手上时时刻刻把着方向盘，别走偏。技术往往是狂野的，但是学术要沉静。技术发展往往是不以人的主观意志为转移的，但是学术要发挥思想引领的定盘星作用。这两年来，不少学术研究围绕着新概念进行。新概念产生了新热点，产业、市场甚至资本一拥而上。在我看来对于一些新概念、新热点，产业、市场甚至资本一拥而上不奇怪，但是学术一哄而起就奇怪了。学术绝不可以一哄而起，学术上一哄而起的东西往往是一哄而散了。更重要的是对一些涌现出的新概念，严肃的、负责任的人文社会科学研究者要做到不轻易跟随。有一句话说得好，树生尚知静立水边，人学须遵默而识之。那么作为出版人，要学会静立和默识一些新的概念，身为学术期刊人就更应该反问自己，这个新概念、新提法，你听懂了吗？你听懂什么了？做出版、做学术的要时刻反问自己。前两年，我曾经跟一个报社的总编辑讨论，是因为这个报社发了一篇稿子，标题叫作《未来90%的制造业会在互联网上实现》。是一个大牛人说的话，把它做了标题。我说未来90%

的制造业在互联网上实现，这句话你信吗？为什么不是 85%，为什么不是 95%，而偏偏是 90% 呢，你怎么算出来的？所以我觉得做媒体的，特别是做学术媒体的要追其问，究其道，穷其理。那么对于这句话，我问他你追了吗，你穷了吗，你究了吗？市场可以炒，商人可以炒，甚至资本都可以炒，但是媒体特别是学术媒体不能炒。道理很简单，媒体是社会公器，媒体应当具有质疑的本性，尤其是学术媒体。学界和传媒界应先于公众冷静下来，正确把握时度效，认真做好学理分析和研究成果的评估应用，这绝对不是仅仅靠引用，靠量化评价就能解决的。在我的经历中，学术上的人造热点一哄而起到一哄而散的事儿太多了。所以学术研究要为这样的热点去燥气，祛虚火，学术出版同样要对这样的热点去燥气，祛虚火。

三、关于"十四五"规划

规划的焦点是要在深化融合发展上推动行业动能转换，这是我的体会。学习好、贯彻好、领会好这个规划，我们需要重温 2019 年 1 月 25 日习近平总书记在主持中央政治局第 12 次集体学习时发表重要讲话，也就是"125 讲话"。我认为"125 讲话"是推动科技出版、学术出版深度融合发展的根本遵循。2019 年初，中宣部部务会组织学习习近平总书记这篇讲话，安排了四个局长发言，我是其中之一，代表传媒监管局。与其说我是代表传媒监管局发言，倒不如说我是代表报刊界汇报工作。我谈了一个特别突出的体会，那就是习近平总书记这篇讲话把融合发展说透了，是纲领性的政治文件，也是一部教科书。包括报刊在内的传统媒体如何发展，无论在政策上、在实践上，都没有出这个讲话的圈子。我最近参加了一些关于学习和解读"十四五"规划的活动，都在谈这个观点。后来有关期刊的编辑们把我的发言整理了一下，发表在《科技与出版》2022 年第 3 期。

我大体有四个心得体会，第一个体会是推动学术出版深度融合，要把握全媒体时代全程媒体、全息媒体、全员媒体、全效媒体的本质特征。我刚才讲到的根本遵循，包含报刊在内的传统媒体如何发展，无论是政策、实践都没有出这个圈子。当前全程媒体、全息媒体、全员媒体、全效媒体，当前的报刊、传统媒体的深度融合，哪个不是往这"四全"上走，向着"四全"上靠。我们去一个报社，去各期刊社，都是文武两行，连无人机都有，连短视频都有。2014 年 8 月 19 日，习近平总书记在主持中央全面深化改革领导小组第四次会议之后通过了《关于推动传统媒体和新兴媒体融合发展的指导意见》，并发表讲话。到 2022 年已经八年了。我从事了一辈子报刊工作，我都没有明白过来，未来媒体到底往何处走，是个什么形态。习近平总书记看明白了，也说明白，也写明白了。就是“四全”媒体，全程、全息、全员、全效。比如人民日报在我的概念当中是一个纸质的，拥有450万读者的报纸，但是现在已经是基于报刊网端微屏，综合覆盖人群达到9亿甚至10亿人的超级巨型媒体。基于“四全”样态下的超级巨型媒体覆盖着9亿人，已经不是发行量只有450万份的那张纸质的人民日报。以这样的发展趋势，未来的期刊还可能会按期按卷出版吗？我们登高望远，往前看、往后看、往远看一看，未来的期刊还可能会继续按期按卷出版，但有的已经不会。当年出版了光盘期刊，它就不算期卷，是按光盘走的，按集走的，现在在线出版学术工号，也没期没卷。上市公司“中文在线”有个理念，即任何人在任何地点任何时候以任何方式读到任何图书。图书出版过去到现在一直是以版的形式出现，第一版、第二版，重版、新版。当前和今后除了版的形态这个概念以外，是不是还有一个叫链的概念？也就是知识元加知识链接。因为我们目前看到的很多图书，已经进入了语义出版、增强出版的范畴，在突出的扉页和封底会有一个二维码，想继续深挖一点进去看更多的东西，就链接到其他网址上。所以八年的时间，报刊业融合发展工作从最初的手机报、网络版破题，全面向移动化、智能化、智慧化的方向发展，向报刊网端微屏全媒体发力。推动业务转型和向产品转型过渡，借道升级。推动产品创新向业态创新转变，同时完善退出机制，推动资源整合，着力解决出版结构中的低效重复问题，让出赛道，腾笼换鸟。传统媒体加快重塑，主流内容生产加快回归，公信力加快恢复，优质内容消费迅速升级，精品价值出版逐步显性。反映在市场层面，2012年整个报刊进入行业拐点一直往下坡走，呈现断崖式下滑的趋势，2016年以来报纸期刊虽然营收继续下滑，但是利润却出现了增长的趋势。2017年报纸和期刊较上年分别出现了24.6%和6.6%的增长率。从国家新闻出版署发布的产业分析报告中可以看出，期刊利润增长的势头一直保持到现在，2020年达到了1.43%。我最近看到中国报业协会的统计，2021年全国的报纸总印刷量，十年来首次环比上升，上升幅度1.28%。我们都知道衡量整个出版产业的产能靠用纸量。数字虽小，意义重大，一小步背后是一大步。报纸总量经历过连续九年10%左右的大幅环比下滑之后，2021年迎来首次的环比上升，从另外一个侧面上印证了报刊改革、发展、转型的经验和收获来之不易。我在中宣部的会议上说纸媒的式微和如何转型是全球化问题，与全世界其他国家相比，我们中国传统媒体与新兴媒体融合发展一开始就是习近平总书记亲自部署、党中央统一领导、国家顶层设计、全党动手、全行业抱团取暖、全战线合力攻坚，将如何发展纳入了国家战略，反映到国家意志，部署于全党工作。所以我的体会是，这是中国媒体融合发展的先决条件，也是最大优势，是中国报刊赢得主动的根本原因，是传统媒体转型升级的历史性机遇。

第二个体会是推动学术发展深度融合，要遵循全媒体时代实现共融互通，催化融合质变，放大一体效果的方法路径。从全局上看，报刊融合发展有两大特征，第一个特征是发展特征。融合发展呈现出迭代发展的趋势，第一步是结合，传统媒体拥抱互联网生成的新媒体。第二步是转化，纸媒去纸化，直接转成新媒体。第三步是转型，互联网为传统媒体插上翅膀，阅读变分享，读者变用户，纸媒变数媒，平媒变立媒，静媒变流媒，字媒变视媒，单媒变全媒。第四步是升级，融媒体向智媒体转变，南京大学杨海平教授的智慧出版与知识服务重点实验室做的就是这个事，融媒体向智媒体、智慧媒体转变。第二个特征是建设特征。新媒体产品矩阵、新型传播矩阵和基于传统媒体的新型主流传媒者渐次生成舰队式布局，我们这几大矩阵舰队是布局，主要表现在以中央主要新闻媒体为统领，以各级党报党刊和各期刊为龙头，拉动其隶属的媒体实行集成创新和系统布局，以卓越行动计划和各板块的科技期刊、期刊集群平台，打造全国科技期刊的联合舰队。这些特征对于我们处在经营下滑、压力斗争的传统报刊加速变革，赢得了更多的注意力资源，催生出主流媒体融合发展方式。习近平总书记讲话中指出推动媒体融合发展，必须坚持一体化发展，一体化的方向就是根本遵循。《三联生活周刊》2021 年 10 月之后期刊的印数比年初增长了 30%，接近《三联生活周刊》发展整个发展曲线中的巅峰时代。纸媒都往下走了，它却重回巅峰。这是我这么多年观察的一个样本，它的样本意义在于放大一体效能，催化融合质变。它具体怎么做呢？《三联生活周刊》的李红武主编说了一句话，我觉得特别深刻，他说传统媒体和互联网是友也是敌。你拥抱他，他就给你铺路；你与他为敌，他就给你拆台。所以抱怨一点儿用没有，铆足了劲儿把内容做好，把品牌做上去才是硬道理。

第三个体会是推动学术出版深度融合，要坚持全媒时代，打造新型传播平台，建成新型主流媒体，扩大主流价值影响力版图的努力方向。刚才讲方法、路径，那么努力方向是什么呢？是习近平总书记讲到了打造新型传播平台，建成主流媒体，扩大主流价值影响力版图。出版业“十四五”规划提出的要重点培育十家左右的优势明显、传播力强、影响力广泛的新型出版企业，提出了“十四五”期间要建设出版融合发展工程，提出了建设世界一流科技期刊。一流期刊建设卓越行动计划实施三年给我们什么样的启发呢？我总结了两个方面的启发，第一个启发是全球化。全球化科技出版的大趋势，已经从过去的以编辑加工为轴心的时代，全面转向以服务为轴心的时代。这是革命性、颠覆性的变化。我们都知道期刊做什么，我们编辑做什么，编辑加工，三审三校，编好这本杂志是我们整个生产的核心，以编辑加工为轴心。现在不一样，这个轴心以编辑加工转化成以服务为主体。全球化、开放科学和数字经济大趋势，要求学术期刊必须着力于服务科技创新、服务学术交流、转换增长动力，这是学术出版转型的根本，也是学术出版产业升级的方向。“互联网 +”“内容 +”“服务 +”“出版 +”四位一体，是扩展期刊出版机构出版影响力版图的重要的入手点。第二个启发是传统媒体和新兴媒体融合，质变出双重业态。刚才讲了《三联生活周刊》，我再讲讲杨树弘同志的重庆《当代党员》杂志，也是我观察多年的样本。重庆《当代党员》杂志 2022 年可谓形势大好，前所未有。发行增长新媒体收入 500 多万元，2021 年当代党员杂志客户端下载 1 976 万，重庆党建强国号粉丝 2 000 多万，新媒体全年转播量 13.6 亿。它的样本意义在于一本地方党刊、传统媒体和新兴媒体究竟是什么关系？究竟是谁拥抱谁，谁先拥抱谁？几年来，传统媒体和新兴媒体融合发展，确实没找到一致的、共通的、可以复制的商业模式。但是，我们找到了一条共同道路，即线上做影响力，线下做收入。把线上影响力做大了以后，我们才可以在线下做收入，做服务的收入，客户服务、用户服务、产业服务、学术服务。找到了共同道路，搞清楚一个道理，即变技术劣势为内容优势，变速度劣势为深度优势。换句话说，以内容之长补技术之短，以深度之长补速度之短，以质量之长补流量之短。还有找到一条基本路径。什么路径呢？两个既要又要，变成两个既要更要：既要做足产品，更要建好平台。既要赢得流量的爆款，更要做引导流量的风向标、压舱石。

第四个体会是推动学术本身深度融合，要落实权威时代传播力、引导力、影响力、公信力的根本要求。我认为四力要统筹处理好五个关系。第一个是需求与供给的关系。一般来说，有产业驱动与关系驱动、规模驱动与效益驱动、政策驱动与资源驱动、市场驱动与技术驱动、供给驱动与需求驱动等。其中，我认为供给驱动、需求驱动是最直接、最根本的驱动，供和需是最直接、最根本的基础。当前科技出版对国家创科技创新发展的支撑不足，这是一个不争的现实，也是我们科技出版的主要问题。科技出版供给不平衡、不充分，出版结构不优是主要矛盾，从这个意义上讲，供给侧结构性改革，就是要从供给侧结构发力，对接需求侧，插上互联网翅膀，以多出精品为重要抓手，焕发并增长出新的动力。“十四五”规划中提出要多出精品，把它做在标题里面。第二个关系是生产和传播的关系。工业文明以来纸介质出版是学术出版活动的原生态、终极态。印刷工业时代，纸介质出版是原生态，也是终极态。三个半世纪了，从来没有中断过。数字时代来临，学术出版的场景开始迁移到网上。新技术产出新媒体，新媒体带来新场景，新场景改变新阅读，新阅读催生新生产，新生产延伸新产品，新产品催化新业态，新业态重构新生态。这样做使得科学发现、学术研究和学术科学家和学者重归学术出版的初心。即科学发现的第一时间发布，学术论文在第一时间发表，学术成果在第一时间共享，前 300 多年来都在抢这个第一时间。所以精品生产的出版应当做到内容在左，传播在右，既要提高内容质量，还要高度重视基于互联网平台的传播效率、传播体系的构建。第三个关系是单刊与集群的关系。规划提出“十四五”期间精品科技出版工程，鼓励有实力的科技期刊出版企业整合重组期刊资源，加快形成具有较大规模、较强实力的科技期刊出版集群和集团，打造出高品质科技期刊，落实精品科技期刊建设工程，要正确处理好单刊和刊群的关系。我的认识是，一方面我们要深入贯彻落实中宣部、教育部、科技部关于推动学习和繁荣发展的意见，扎实开展学术期刊集群化的试点。另一方面，也要从实际出发，坚持不懈地打造优质单刊，在面上求发展，在点上求突破。这是因为科技期刊出版中有一个难以回避的现实，每个出版单位只出版期刊 1.5 本或 1.16 种，大致上是一个单位出一本期刊，这样做一点儿都不集约。其中 95% 左右的出版社只出版一种科技期刊。这个情况在我们整个科技期刊中徘徊了很多年，几乎很难改变。所以必须从现实出发，在集团化、集约化建设的同时，也要办好每一本期刊，着力打造优秀单刊，为一流科技期刊建设奠定基础，为卓越行动计划储备力量。无法形成集团的从机制上想办法进行集约化管理。短时间内集约不起来的，就开展资源协同，全要素协同，这就是我们的国情、刊情。从这个实际出发，科学合理地设计改革思路和计划步骤。第四个关系是媒体融合和产业融合的关系。培生的例子告诉我们单一模式的教育出版没有出路，媒体融合必须向产业融合发展。出版社办刊是我们国家期刊五大办刊体制之一。依托专业出版力量，推动科技出版向规模化出版企业聚集，加强科技期刊集约管理，是提高产业集中度的重要举措。书刊同源，但是我观察这么多年，书刊同源不同业。这个现象在出版社普遍存在，做刊的是做刊的，做书叫做书的，互相之间没有有效融通。所以推动媒体融合与产业融合发展，就必须改革这样一种机制体制。在体制层面推动刊社融合，在产品方面促进书刊融合，在生产、流通和传播上加强书刊网的融合，在管理层面打通并均衡配置作者资源、选题资源、渠道资源，让人才、技术、资本、生产各个要素在书、刊、网、全媒体系中充分融合。评价体系改革、评价制度设计和评价规范、学术生态建设联系密切于文化安全、科技安全、信息安全。在各项工作中，要按照系统的观念，把治理体系、治理能力、治理效能提高到一个新的水平。

以上就是我今天汇报的全部内容。我想归纳一下我的观点，影响期刊发展的政策很多，我为什么讲这四个方面。我认为：一流期刊建设是目标导向，17 号文件是问题导向，“十四五”规划是建设导向，开放科学是发展导向，这是左右期刊当前和未来的四个维度。我们相信我们的行业一定会围绕这四个方面打开新的发展空间，营造新的发展生态。我同样也相信，在国家政策层面也一定会未雨绸缪，统筹布局，推动政策完善。

请扫码观看讲座视频

主流媒体智能化智慧化智库化深度融合发展

——新时代智慧出版与知识服务的思考与实践

杨树弘

讲座时间： 2022 年 4 月 19 日

主讲人简介： 杨树弘，研究员、编审、高级经济师，中共重庆市委当代党员杂志社总编辑，享受国务院政府特殊津贴专家，中国出版政府奖（第五届）优秀出版人物，全国新闻出版（第二批）领军人才，中国期刊协会副会长、中刊协党刊分会主任委员，南京大学、西南大学、重庆理工大学新闻传播暨出版专业硕士研究生导师，“智慧出版与知识服务”重点实验室执行主任。

内容提要： 报告主要围绕“主流媒体智能化、智慧化、智库化深度融合发展”主题进行论析，从深度融合发展中面临的实际问题与全媒体传播策略案例两个方面展开交流与分析。首先对于现阶段主流媒体深度融合现状进行深刻剖析，深度剖析了高定位价值取向的“结构塔尖性”问题、高质地内容产品的“数字变现性”问题、高规格全媒传播的“平台适应性”问题、高价值终端黏性的“语境聚合性”问题、高产能全链生产的“机制灵动性”问题、高引力洼地建设的“人才驱动性”问题、高科技前沿领域的“技术推动性”问题、高品位学养浸润的“文化涵养性”问题、高效能综合评估的“考核激励性”问题。

关键词： 主流媒体　智能化　媒体融合　重庆市委党建

党的十八大以来，党中央作出了加快传统媒体和新兴媒体融合发展的战略部署。经过几年的奋斗，我国媒体深度融合在体制机制、政策措施、流程管理、人才技术等方面加快发展步伐，建立深度融合传播矩阵，打造“爆款”融合产品，融合发展局面大开，舆论生态气象一新。

实践表明，关于推动媒体融合发展的战略部署是完全正确的。唯有抓住新一轮科技革命和产业变革带来的机遇，运用信息革命成果，推动媒体融合向纵深发展，做大做强主流舆论，让正能量更强劲、主旋律更高昂，才能更好地巩固全党全国人民团结奋斗的共同思想基础。

2019 年 1 月 25 日，中央政治局就全媒体时代和媒体融合发展举行第 12 次集体学习，习近平总书记在主持学习时发表重要讲话，着眼党和国家事业长远发展，深刻分析全媒体时代的挑战和机遇，科学把握媒体融合发展的趋势和规律，明确提出了推动媒体融合向纵深发展的要求。对全媒体时代的深刻洞察，对媒体融合发展的科学谋划，彰显了党中央对信息化大势和发展机遇的敏锐把握，鼓舞了新闻出版工作者的信心和斗志，对于我们深入推进媒体深度融合，进一步做好新形势下党的新闻出版工作，具有十分重要的意义。

媒体融合是时代所向、大势所趋。谁能顺应大势引领全媒体时代，谁就把握了战略主动。善于在浪潮中勇立潮头，勇于在变革中创新发展，以深化改革推进深度融合，以融合力壮大主流阵地影响力，就一定能展现新闻舆论新气象，赢得主流媒体新未来，为实现“两个一百年”奋斗目标、实现中华民族伟大复兴的中国梦提供强大精神力量和舆论支持。

一、主流媒体深度融合的问题和对策

马克思认为，哲学家们只是用不同的方式解释世界，而问题在于改造世界。毛泽东说，如果有了正确的理论，只是把它空谈一陈，束之高阁，并不实行，那么，这种理论再好也是没有用的。习近平总书记指出，要提高解决实际问题能力，想干事、能干事、干成事。

推动主流媒体深度融合发展、建设“四全”媒体（全程媒体、全息媒体、全员媒体和全效媒体），成为我们面临的一项十分紧迫的重要课题。要运用信息革命成果，推动媒体融合向纵深发展，做大做强主流舆论，巩固全党全国人民团结奋斗的共同思想基础，为实现“两个一百年”奋斗目标、实现中华民族伟大复兴的中国梦提供强大精神力量和舆论支持。

主流媒体深度融合发展，理论创新成果层出不穷。好的理论为解决问题提供了有价值的科学研判、战略导向、系统认知和实践方向。但最终必须解决深度融合发展中的具体问题，才能让创新的思想和理论成果落实、落地、见效。

目前，主流媒体深度融合已到从中央精神到地方贯彻的纵深推动、从理论探索到实践检验的深入实践阶段，在具体工作中，厘清、分析、研判并解决媒体深度融合发展实践的问题和症结，对推动媒体深度融合发展具有重要价值意义。

（一）主流媒体深度融合发展面临的问题和症结

全媒体不断发展，出现了“四全”媒体，信息无处不在、无所不及、无人不用，舆论生态、媒体格局、传播方式发生着深刻变化，新闻出版工作面临新的挑战。与此同时，一些传统主流媒体仍因机制、理念、思维、作为等方面的惯性，融合不力、融合不深、融而不合，制约着深度融合发展的步伐。具体表现为九个方面的问题和症结。

1. 高定位价值取向的“结构塔尖性”问题

要不断掌握新知识、熟悉新领域、开拓新视野，加强调查研究，增强本领能力，不断增强脚力、眼力、脑力、笔力，努力打造政治过硬、本领高强、求实创新、能打胜仗的宣传思想工作队伍。居高声自远，站位不高，看不远、踩不实、摸不清的“融合发展”，可能欲速不达，甚或南辕北辙。有的传统媒体在“皇帝女儿不愁嫁”的传统思维方式和既有工作格局下，习惯于“我说你听”“我写你读”“我拍你看”的“高高在上”的单向传播认知和口号式、加法式、突击式“硬融合”。主观的价值抉择，一头撞上无处不在、无所不及、无人不用的“四全”媒体，往往被受众避而远之。在激烈的媒体竞争中，没有精准“对症”的独具特色的“革命性”思维，何来有效的创新演绎？

2. 高质地内容产品的“数字变现性”问题

叫好不叫座，是传统媒体管理者聊以自慰的叹息。如果搞清楚症结，真相自然浮出水面。传统媒体时代的变现方式，主要表现为一次营销的发行、二次营销的广告、三次营销的活动，但这些变现方式只局限于信息相对不对称、信息资源具有“天然含金量”的传统传播条件下。而在以互联网为主要传播平台、路径的新媒体格局下，传统媒体的 N 次营收不再是不可替代的“香饽饽”，受众“指”点流量成为决定媒体融合效果的“硬”指标——当手指可以解决任何信息需求的时候，谁还会翘首期待一份报纸一本期刊一个频道的姗姗来迟？

3. 高规格全媒传播的“平台适应性”问题

当生产关系、生产要素、生产方式已在全媒体浪潮中迎头变革之时，有的传统媒体的应对之策仍然处在不断“做加法”的状态，即传统媒体 + 网站 + 客户端 + 公众号等自研或社会平台账号……不绝如缕，并为此疲于奔命，成为传统媒体产品从“纸板印刷”到“数字变脸”的简单堆砌式“自娱自乐”。“转型”看似大张旗鼓，但劳师动众后，新媒体平台受众响应并不积极——眉毛胡子一把抓的简单粗暴“融合”，很容易被影响力的透视镜照出“伪融合”的现实尴尬。

4. 高价值终端黏性的“语境聚合性”问题

在媒体深度融合大势下，传统媒体都知道要找准适应受众需求、以“内容为王”的选题基点，要运用体现人民性、大众喜爱的网言网语的表达方式，可一旦动笔、一旦入镜、一旦张口，传统媒体“端坐式”的语言惯性立即显露。或四平八稳地说大话，或不过脑子地说套话，或连篇累牍地说空话，个别的甚至不负责任地说假话。如此情形，用脚趾头都看得清楚、想得明白的受众，凭什么为这些“假大空套”浪费流量?

5. 高产能全链生产的“机制灵动性”问题

传统媒体如果沿用生产队长“喊活”“催工”的方式，去适应无所不在、无所不能的舆论场，只能是徒劳。一个基本的常识是，生产关系对生产力的反作用表现在：当生产关系适应生产力状况时，就会促进生产力发展，反之则阻碍生产力发展。部分传统媒体缺乏基于灵动机制的活力土壤——旧有传播格局下新闻产品的管理、创制、激励模式，要适应全息化、全链条、全媒体生产的发散性结构需求，供需资源错配显而易见，产能捉襟见肘也成必然。

6. 高引力洼地建设的“人才驱动性”问题

一锅温水，必然渐进地煮死青蛙，这是定律。媒体融合靠产品变现支撑，产品变现靠人力资源驱动，作为最重要生产要素的人力资源，则靠产品变现来获得经济效益和精神价值。但部分传统媒体对产品变现不重视、不琢磨，虽然看似没有压力、环境宽松，但久之，人才失去创作动力而另寻出路，媒体则陷入人才“引进—适应—惰性—诉求落差—流失”这样季节性、周期性流失的恶性循环而难以自拔，最终对媒体深度融合所需的人才的驱动力、队伍战斗力带来消磨和打击。

7. 高科技前沿领域的“技术推动性”问题

没有新兴信息技术的支撑就没有新媒体的产生和发展。新媒体发展的成功，与高速度、高效率、高频次地运用前沿科学技术强相关，对于一些纸上谈兵的传统媒体及其管理者来说，这是一道必须逾越的门槛。科学技术是新媒体产能最重要的"枝干环境"，没有最新信息技术作支撑的新媒体，就是"技术排他"的封闭式自我慰藉。

8. 高品位学养浸润的"文化涵养性"问题

文化自信需要文化涵养，媒体深度融合中的队伍建设和产品创制同样需要文化涵养。一些主流媒体的人力资源不同程度存在"有文凭少文化""有新闻缺文化"等文化涵养不足问题，这也是主流舆论全媒体产品文化自觉的短板。缺乏文化涵养的全媒体新闻产品，很难让人过目难忘、入脑入心，很难成为热搜并产生"浸润效应"。

9. 高效能综合评估的"考核激励性"问题

媒体融合发展不仅仅是新闻出版机构的事，需要把社会思想文化公共资源、社会治理大数据、政策制定权的制度优势转化为巩固壮大主流思想舆论的综合优势。作为党的新闻舆论事业机构，随着改革的深化，组织、人社部门给予了一定政策激励，需要最大限度用好用活。但同时，主流媒体"大锅饭"现象依然存在，针对新媒体产品创制及效能考核的"指挥棒"作用未能充分发挥，选优汰劣等有效考核手段受到一定限制。

（二）主流媒体深度融合发展之对策

纵深推进主流媒体深度融合，既是聚焦病灶的对症下药，也是立足整个媒体融合发展的综合施策，既要精准出击，也要打好"组合拳"。

1. 解决"政治怎样强"的问题

抓政治建设，强化政治立场坚定、政治素质过硬的骨干人才队伍建设，突出队伍的先进性、纯洁性建设，注重综合性培养选拔、激活性公平竞争和效能性适岗使用；抓思想引领，突出抓好主流媒体从业人员综合素养的学习提升、信仰塑造、价值武装和理念匡正；抓舆论导向，注重正确的创制导向，紧紧围绕时代主题和工作主线，激励创制彰显重要思想、重要价值、重大题材的主流舆论产品；抓氛围保障，培育、形成符合中国特色社会主义新闻观的干事创业氛围，推动不断强化激励引导、推动树立正气、强化改进文风。

2. 解决"业务怎样精"的问题

强化"脑力"动力源建设，坚持战略结构导向，依托研究院、研究中心、理论学习中心组等媒体智库动能系统，创制更多有政治高度的优质产品；强化"眼力"

学思悟建设，强调传播效能导向，推动学习规划、学习效果与产品传播效应评估的密切结合，创制更多更高思想高度的优质产品；强化“脚力”实践性建设，注重行业作风导向，坚持在向实践学习、向人民学习的过程中，强化“脚上沾有更多泥土，内心融注更多温度”，创制更多有情感温度的优质产品；强化“笔力”针对性建设，注重服务中心导向，研究党之所盼，民之所愿，社会之所需，创制更多具有社会适应度的优质产品。

3. 解决“钱从哪里来”的问题

发挥党媒优势整合部门资金，将数字变现作为主攻方向，充分利用党的主流媒体特有的政治属性、权威信息渠道等资源优势，为各级各部门提供信息增值服务，提高数字化变现能力；策划重大项目争取财政资金，主动策划重大宣传主题、媒体融合改革、新闻民生服务等项目，提高项目化包装能力，党委、政府通过以奖代补等项目激励方式，对其予以财政保障性支持；做强媒体品牌引入社会资金，做大做强传统主流媒体或其栏目、平台等传播品牌，并积极探索与社会机构、单位合作、联办等机制和方式，引入社会单位人才、资金等资源，不断拓展和开发传媒市场空间，提高市场化竞争能力。

4. 解决“人才如何用”的问题

注重前瞻性引进，避免“突击式”人才引进倾向，要根据媒体深度融合趋势和自身发展需要，渐进式引进能够适应甚至引领未来事业发展的人才；注重精准性育强，摒弃“大水漫灌式”人才培训，强调在对团队进行普惠式培训的基础上，更加注重对骨干人才点对点的“优苗”提携式培养；注重普遍性用好，防止“请进媳妇气走姑娘”的人才引进负效应，面向整个团队营造客观、公平、公正的，能够凸显效能激励的阳光和土壤，做到人尽其才、人适其岗；注重针对性激活，走出人才引进“来了就掉进温水锅、放进保温桶”的旧辙，对团队的总体业绩和个人的德能勤绩廉进行月度、季度、半年、年终系统性综合评估，褒奖先进、鞭策后进。

5. 解决“管理怎样活”的问题

优化成才选用机制，大胆启用政治强、品德好、业务精、作风实和肯干事、能干事、能成事的骨干人才，并注意包容人才在创新、创造过程中的非原则性过失；优化绩效分配机制，强化坚持较大幅度减少固定绩效、适度增加竞争性绩效比重的原则，尽可能客观精准、公平公正地奖优罚劣、奖勤罚懒；优化依法汰劣机制，严格遵循劳动合同法和事业单位人事管理条例等法律、法规、规章，形成客观有效的汰劣倒逼机制。

6. 解决“产品怎样创”的问题

突出全链条项目化协作，从研发、策划、设计、采访、编辑、出镜、制作到统筹、外联、品牌塑造、反馈、效应分析、考核激励，形成全面完整、步调一致的“协作生态”；突出全流程专业化品质，在强调一专多能的人力资源条件背景下，更协调、更有效地突出“专”的技能，让生产创制链条上的每一个工位都能就地闪光发亮，形成 1+1>2 的“聚合生态”。

7. 解决“政策怎样保”的问题

财政政策扶一把，对主流媒体在绩效工资总额之外予以重大主题、选题、专题等以奖代补激励，并根据可定量、定性的业绩贡献到岗到人；减税政策扶一把，给予主流媒体较长期的税收减免政策，并予以重大主题、选题、专题到岗到人的以奖代补激励；倾斜政策扶一把，鼓励各级各部门在信息化建设方面，优化考虑由主流媒体根据其平台定位和传播特点，提供统筹接入、有效监管、技术支持等有偿信息化建设服务。

8. 解决“队伍怎样好”的问题

坚持以人民立场为立场的政治取向，牢牢把握从业队伍的政治方向，培养政治坚定、立场正确的新闻工作者队伍；坚持以弘扬主旋律为主责的价值取向，强化党的新闻工作者的专业精神、专业品格、专业态度，增强舆论导向正确的行为自觉；坚持以人民需求为追求的工作取向，新闻宣传和信息服务要遵循“以人民为中心”原则，做到让党放心，让人民满意，让社会信赖。

9. 解决“流量怎样高”的问题

主管部门创造条件。从“酒好不怕巷子深”的认知看，“流量焦虑”是一个伪命题。但除了受众基数很大的部分中央媒体的新媒体平台外，大多数主流媒体缺乏天然的竞争优势。因此，舆论和传媒主管部门要从全媒体发展规律的视角，制订引导性、激励性政策，为传播层级低、受众基数小的主流媒体创造“缩短巷子”的光照、土壤和水分条件，为其赋予信息资源“独（首）发”优势。

主流媒体“自造”条件。与中央媒体相比，大多数主流媒体除了缺乏平台优势，确也存在“酒不好巷子深”现实窘况。因此，传统主流媒体要深刻把握媒体深度融合规律，苦练内功，提高酿制好“酒”的技艺，通过内外兼修，走出“流量焦虑”现实困境。

二、主流舆论全媒体传播魅力策略——以全国数字出版精品遴选推荐计划项目“七一客户端”重大主题系列作品为例

媒体融合发展大势，使媒体传播主阵地不可逆转地由报刊、电视向手机屏转移。移动客户端这一方寸之地，在宣传舆论工作上履行重要职责、肩负重大使命、承载重大价值愈发凸显。

近年来，全国出版融合发展示范单位遴选推荐计划出版融合特色单位——中共重庆市委当代党员杂志社开发运营重庆市委党建门户“七一客户端”（全国数字出版精品遴选推荐计划项目、全国全民阅读优秀推介项目“重庆党建红云”），在全国传统出版方阵率先转型过程中，深耕旗下《当代党员》《党员文摘》《党课参考》三本知名品牌党刊的思想价值和内容资源，重庆党建全媒体高质量发展在“十四五”开局之年实现新突破——全年获得全国性荣誉和奖项20件，一名同志获评中国出版政府奖优秀人物；据第三方数据统计：重庆市委党建门户“七一客户端”下载量2 115万个、重庆党建学习强国号粉丝量3 250万个、党建头条微信公众号粉丝37万个，重庆党建全媒体重大主题、主要作品全网年传播量13.6亿次，均创历史新高；联合南京大学等单位申报的“智慧出版与知识服务重点实验室”入选国家新闻出版署重点实验室。与此同时，《当代党员》《党员文摘》《党课参考》全国月邮发量137万余册，发行码洋1.32亿元，《当代党员》入选“2021年度中国邮政发行百强榜”。

在融媒体产品创制上，重庆党建全媒体以“七一客户端”为支点，充分利用移动传播的特性和优势，立足“以小见大”，策划创制了“中国故事100部”“微党课100讲”“社会主义核心价值观系列微故事”“七一视评100论”等一大批融媒体产品，为传统媒体深度融合发展提供了积极的理论思考和丰富的实践探索。

（一）短时评：小切口的穴位效应

融媒体时代的时评，在信息裂变式传播条件下，必须动脑快、出手准，踩到时间节点、评到问题要害，使评论的功效最大化。短小精悍是时评的主要传播特点。为此，“七一客户端”从党建全媒体青年理论小组抽调精锐骨干，组建“七一时评（视评）”队伍，坚持“小体量、小切口阐释大主题”，组织、策划、创制了一批有宣传时效、有传播实效的评论产品，“七一时评（视评）”已成为“七一客户端”暨重庆党建全媒体的品牌栏目和主流舆论“轻骑兵”。

1. 及时契合重大宣传

“七一时评（视评）”高度强调在重大时政活动期间及时发声，抢占舆论高地。习近平总书记在庆祝中国共产党成立100周年大会上首次提出伟大建党精神后，“七一客户端”第一时间推出《从伟大建党精神中汲取前进力量》《崇尚对党忠诚的大德——喜庆中国共产党百年华诞》《紧紧依靠人民创造历史伟业》《在自我革命中永葆奋进活力》《崇尚对党忠诚的大德》《百年初心映江山》《铸牢理想信念这个共产党人的魂》等主题重大、短小精悍的系列时评。十九届六中全会刚一闭幕，又推出《在历史自信中获取奋进新征程的动力源》《把握历史主动 增进历史自觉》《在新的理论飞跃上笃定“四个自信”》《在伟大和光荣的历史上迈步新征程》等系列时评，对及时阐释党中央的声音和习近平总书记的重要论述发挥了“轻骑兵”作用。

2. 精准针砭社会时弊

“七一时评（视评）”围绕干部群众生产生活中需要加以改进和提升的方面，准确剖析社会问题，正确引导社会舆论。如推出《牌子减下来服务提上去》《帮忙必须守规矩》《品牌是干出来不是“造”出来的》《台账里的形式主义也需整治》《笔记本里看担当》《朝令夕改会令基层跑断腿》《基层年终“恐考症”先从“考官”治起》《乡镇长要扛起粮食生产责任》《“应付神器”应付了谁》等观点鲜明、形式活泼的评论文章。其中，针对年终考核、检查名目繁多的情况，邀请专栏作家撰写的《基层年终“恐考症”先从“考官”做起》评论，当天获得全网上百万转发量。“七一时评”创新摄制时评视频化的“七一视评”，以每条2~3分钟、主播出镜的短视频方式点评热门话题，令人耳目一新。该时评形式高度强调互联网“调性”，语态贴近百姓，尤其是面向年轻化受众精准发力、有效“圈粉”。

（二）微视频：小角度的视角射线

在受众行为特征从“用心读”向“用眼看”的深刻变化中，视频尤其是微视频成为融媒体传播的主打产品。“七一客户端”紧紧把握新媒体传播规律和融媒体发展趋势，将新闻舆论工作的重大使命与媒体融合传播的“微小”形式深度结合，高度重视微视频的策划、创制，力争以微视频之微小，担当重大宣传主题之大、回应受众诉求之大。

1. 微体量诠释大主题

习近平总书记在“七一”重要讲话中指出，一百年来，中国共产党弘扬伟大建党精神，在长期奋斗中构建起中国共产党人的精神谱系，锤炼出鲜明的政治品格。

2021年9月，中共中央宣传部发布第一批纳入中国共产党人精神谱系的伟大精神。为深入解读这些宝贵精神的丰富内涵，“七一客户端”迅速推出“中国共产党人的精神谱系”系列视频，以全媒体方式回望百年征程中一座座不朽的精神丰碑，赓续共产党人的精神血脉。为更好推动学习贯彻习近平总书记“七一”重要讲话精神，“七一客户端”策划推出“请党放心，强国有我”微视频大赛活动，以视频方式呈现新时代中国青年对党的献词、对梦想的致敬、对时代的宣言，引导广大青年以实现中华民族伟大复兴为己任，增强做中国人的志气、骨气、底气，不负时代，不负韶华，不负党和人民的殷切期望。这些系列作品以小见大，“体量小、马力足”，及时、充分呈现了宏大主题的价值高度、内涵深度、积极效果。

2. 微视角呈现大视野

百年来，中国共产党领导人民赢得了一次又一次伟大胜利，取得了一个又一个伟大成就。“七一客户端”全媒体中心推出“画说百年辉煌”系列微视频作品，通过动画配音形式，以中国共产党重大历史事件为节点，以名家油画为制作基础，配以解说文字，生动呈现了中国共产党成立、发展、壮大的历史进程。以微小视角呈现广阔视野，是“七一客户端”视频作品创制的重要手法。在庆祝中华人民共和国成立70周年期间，“七一客户端”策划创制了“新中国故事汇”系列融媒体产品，对在革命年代经历过淬炼的老党员、带领村民开山修路的村党支部书记、在新时代发展过程中走在科学前沿的年轻学者等“不忘初心、牢记使命”，重庆市优秀共产党员先进事迹巡回报告团成员，通过微视频访谈的形式，分享他们奋斗历程中的感人故事，营造了积极向上的主流舆论氛围。该作品主题重大，形式新颖，内容丰富，故事性强，上线后被“学习强国”重点推荐，被众多微信公众号转发，点击量突破100万人次。

（三）暖故事：小水滴的阳光透视

无论传播条件和传播载体发生怎样的变化，最能打动人心、实现传播效能的，仍是那些饱含人间真善美、充满人间烟火气的温暖故事。“七一客户端”将改变党刊话语生态体系的改革思路与媒体融合发展人性化传播的基本路径有机结合，将引领思想高度与传递社会温度有机结合，注重立足情感故事进行深度发掘，力争从一滴小水滴中透视大时代、折射大主题。

1. 言传身教促精神传承

为更好地弘扬社会主义核心价值观，树立共同的理想和追求，培养共同的文化观念和价值取向，“七一客户端”精心策划创制了《中国故事100部之社会主义核心价值观小故事36则》系列音视频作品，紧紧围绕社会主义核心价值观12个方面的内容，从中华人民共和国成立70周年来的壮阔历程中，截取了以讲述小故事为呈现形式的36个“断面”，通过视频、讲述、点评等多元融合的方式，将社会主义核心价值观内涵准确传达，成为基层党组织和广大党员、干部、群众庆祝中华人民共和国成立70周年、开展爱国主义教育的生动教材。家风是社会风气的重要组成部分。在战火纷飞的年代，革命将帅为了中国人民的解放和中华民族的伟大复兴而浴血奋战，建立了不朽功勋；中华人民共和国成立后，他们依然初心不改，严于律己、艰苦奋斗，树立了良好家风。“七一客户端”创制推出《许光达：靠“老子”吃饭是没有出息的》《罗瑞卿：把家规写在墙上》《张云逸：“记住你是普通人，不要搞特权”》等“百年大党　将帅家风”系列微视频，还原老一辈无产阶级革命家教育子女、传承优秀家风的生动场景，并从他们日常生活中的闪光点滴中折射出社会主义核心价值观。

2. 字里行间显人间情怀

“七一客户端”不仅以重庆市委党建门户的政治站位注重宏大叙事，也注重传递深厚的人文关怀。在中国共产党领导的波澜壮阔的革命斗争中，无数仁人志士告别父母，远离亲人，走向战场。在紧张的工作与严酷的战斗间隙，他们将对亲人的思念和嘱托付诸笔端，写就一封封饱含亲情、激情与爱情的家书。这些家书或柔情似水，或豪情勃发，是革命者与亲人间的心灵交流，承载着战火的记忆，诉说着崇高的革命理想和对亲人无尽的思念。“七一客户端”以“穿越时空的述说”为主题，推出《每一个人都不应当躲避党和人民的监督——刘少奇给儿子刘允若的信》《弟虽战死沙场，毫无顾虑——罗荣桓致哥哥罗晏清》等“红色家书经典诵读”系列诵读音频产品，让一封封感人至深的书信、一段段刻骨铭心的记忆、一个个感人肺腑的故事宛若穿越时空，在受众耳边娓娓道来，向受众述说人间大爱、传递革命大义，感受到深沉的家国情怀。

（四）好党课：小视点的宏大命题

“七一客户端”充分利用传统三刊丰富的作品、素材资源和庞大的专家库资源，探索创新传统党课的视频化、生活化传播，将杂志上的党课以融媒体方式二次创作后在“七一客户端”发布，多媒体呈现、全平台传播，从而使党的理论以更生动的面容、更丰富的形式“飞入寻常百姓家”。

1. 基于规律把握阐释历史大势

为庆祝中国共产党成立100周年，“七一客户端”策划创制了以《百年大党如何勇毅笃行——庆祝中国共产党成立一百周年党课特辑》为题的“微党课100讲”系列短视频。特辑从百年大党的政治立党密码、思想建党密码、组织强党密码、作风兴党密码、纪律管党密码、制度治党密码等方面，对百年来党的政治、思想、组织、作风、纪律、制度建设取得辉煌成就，从规律性的深刻认识层面进行了透彻分析，帮助各级党组织、广大党员干部充分学习和深刻把握党的光辉历史。《“归根到底是因为马克思主义行”的三维解析——深入学习贯彻习近平总书记“七一”重要讲话精神系列党课》《伟大建党精神从哪里来——深入学习贯彻习近平总书记“七一”重要讲话精神系列党课》《学史增“三信”——党史学习教育系列党课》《学党史悟“三性”——党史学习教育系列党课》《党的十九大精神“十九个怎样理解”》《感悟真理的力量——纪念马克思诞辰200周年党课特辑》等党课，充分融合视频、音频、文字、图片、特效等新媒体元素，扩大了传统党课的传播面，提升了传播效果。

2. 基于民生关切讲述时代变迁

基于互联网思维下的党课创制，不仅要高度关注重大国计，也要深切关注细小民生。“七一客户端”紧密结合中国改革发展实际，就广大人民群众关心关注的问题，从群众身边小事切入，策划创制了系列党课融媒体作品。如《如何正确看待我国的人口变化》准确把握我国人口结构的阶段性特征、人民群众对美好生活的向往两大目标，结合群众家庭生活的鲜活事例，对第七次全国人口普查主要数据、如何正确看待我国的人口变化、我国的人口长期发展战略等重大话题进行了深入浅出的解读。《碳达峰、碳中和：广泛而深刻的经济社会系统性变革》立足中国、全球经济发展方式转变大背景，着眼新发展理念对人们生活的改变，对碳达峰、碳中和概念及其对中国发展影响的热门话题，结合老百姓生产生活的方方面面进行了生动呈现、深刻阐述，使传统党课在保持严肃性的同时，也不失浓浓烟火气。

（五）大人物：小情怀的家国大梦

手机客户端的小屏幕，也能承载大人物的家国大梦。以小载大，关键在于以挖掘和彰显事物价值之大，突破传播载体局限之小。“七一客户端”的人物报道尤其注重人性关爱、人文关怀，注重从那些先进人物身上挖掘跟寻常人一样的个人情怀，并从中发掘他们身上的珍贵品质，来揭示先进人物做出大贡献、产生大影响的必然逻辑。

1. 小情怀蕴藏大贡献

《郑惠连：老骥伏枥 志在千里》讲述了2020年度“感动重庆十大人物”、上海援建重庆医科大学专家、我国儿童保健事业开拓者郑惠连的故事。“七一客户端”没有对郑惠连进行高大全式的人物塑造，而是深度挖掘她从小立志做一名医生的朴素理想，凭着听党话、跟党走的坚定信念，将她在29岁时从上海来到重庆筹建重庆医学院附属儿科医院、曾牵头出版原卫生部全国高等学校规划教材《儿童保健学》（第一版）、96岁高龄仍然坚持坐诊、获“全国儿童保健终身成就奖”、为中国儿童保健事业的发展奠定了扎实基础和不可磨灭的贡献等，倾其一生为儿童保健事业默默奉献的事迹娓娓道来。《柴毅：心系航天的追梦人》讲述了中国安全控制决策领域专家，重庆大学自动化学院教授、博士生导师柴毅学术报国的故事。作品深度、生动呈现了柴毅40年科研生涯“两个紧跟”的主线。“两个紧跟”，即柴毅一直坚持的信念：一是紧跟自己的内心走，二是紧跟国家重大需求走。“紧跟自己的内心走”是柴毅的小情怀，“紧跟国家重大需求走”是柴毅的家国大梦，柴毅正是将自己的小情怀与家国大梦融为一体，才坚持了初心、成就了事业。这部作品也正是从柴毅的小情怀切入，让主人公变得真实可信、温暖可近。

2. 小情怀蕴含大影响

《“时代楷模”毛相林的精神之源》讲述“全国脱贫攻坚楷模”、重庆市巫山县竹贤乡下庄村党支部书记毛相林43年坚守偏远山村战贫脱贫，其中历时7年修出8公里绝壁“天路”的感人故事。“七一客户端”没有简单陈述毛相林的贡献，而是走进他的内心世界，探寻他的精神之源：毛相林父亲去世那年很冷，村民们自发给毛家送来柴火，供他和母亲烧了两年；村里很团结，谁家有件好衣服，就要借给大家穿着走亲戚或出远门……这些点点滴滴让毛相林很小的时候就产生了一个朴素的想法——长大了要好好报答乡亲们，要带着他们摆脱贫困。正是以这样的朴素情感，毛相林最终坚守下庄村，并实现了带领乡亲们脱贫致富的理想。“七一客户端”以《“旭”辉暖人心——追忆“时代楷模”王红旭》《未曾离去——再忆重庆市大渡口区育才小学教师王红旭》等为题，创制推出另一位“时代楷模”王红旭的系列报道，同样重视对人物的贡献与其品质之间的必然逻辑进行挖掘和梳理。王红旭高考选择了师范专业，毕业后跟爷爷、父亲一样选择将从教作为自己的终生事业。他从小就铭记爷爷说的三句话：“教良心书，不误人子弟。教清廉书，不歪门邪道。教公平书，不厚此薄彼。”正因如此，见义勇为成为他的必然品质，他大学期间就考取救生员资格证、去世前曾在游泳池和江边救过落水儿童等经历和故事，也是必然结果。

（六）微讲堂：小窍门的价值牵引

在基于以移动互联网为主要传播渠道、以小屏传播为主要传播方式的移动传播格局下，不同于报纸、电视、杂志等传统媒体拥有特定的时间、空间条件可以创制鸿篇巨制，“七一客户端”尤其注重以精巧的传播内容、独特的服务形式以小见大、以小博大，不断提升自己的价值功能。

1. 传播社会主流价值

在把准新闻真实基础上追求“正流量”，引导事件往良性方向发展，是主流媒体获取流量的好方法。为庆祝中国共产党成立 100 周年，“七一客户端”联合重庆市档案馆重磅推出“穿越百年的无声对话”大型纪录片。该纪录片采用纪实风格，分为档案保护、档案修复、档案复制 3 集，用冲突性强的故事、冲击力强的镜头，首次立体生动地展现了重庆红色档案的保护和传承，为各地党史学习教育提供了丰富的学习素材。此专题上线几天，点击量就突破 100 万次。七一微视频“党史故事 100 部”紧紧围绕庆祝建党 100 周年重大主题，以 100 个党史故事为主要内容，以微视频为主要形式，以移动端为主要载体，通过小切口折射大主题，用小故事反映大时代，内容可亲可感、更易抵达受众。每件作品既是一个有机整体，又可以单独播放，被列为“学习强国”重点推荐产品，由重庆市委网信办全网推送，全网传播量已超过数百万人次，并入选“重庆市庆祝中国共产党成立 100 周年主题出版重点出版物”。

2. 提增媒体服务价值

在整个主流舆论的传播领域中，法学、医学、数学等方面的知识在平面媒体时代传播率较低，媒体融合带来的话语体系及多元表达方式，则易于将专业性内容大众化，为老百姓喜闻乐见。“七一客户端”与重庆市两江新区公证处联合打造的普法微视频，以公证人员出镜的形式，将普通民众难以触及或理解的法律知识进行拆解讲述，每个视频时长 3 分钟，以小问题切入，给受众精准匹配传播内容。该系列视频在客户端上播放量总计破 100 万次，形成优良传播效果与正向反馈的良性循环。为让广大基层干部群众在“有特色、有深度、有温度、接地气”的党史学习教育中感悟党的初心使命，“七一客户端”与西南政法大学民商法学院联合推出《革命根据地的商标往事》《中国共产党人婚姻自由思想的法治实践》《以史为鉴，治理高价彩礼》等“法学教授学党史”系列微课。出镜教授以党史为教科书，将法学专业知识融入党史学习教育之中，推动党史学习教育深入群众、深入基层、深入人心。开设“全民反诈公益宣传”专题，创制系列视频作品，增强广大市民防范电信网络诈骗的意识和能力，营造浓厚的全民反诈舆论氛围。为加强新冠肺炎疫情防控政策宣传解读，及时创作《疫情防控小知识》《一分钟抗疫知识》等系列视频作品，引导网民不信谣、不传谣，共同筑牢安全屏障。

（七）情感线：小故事的时代韵律

1. 情感表达是人的社会属性最基本的行为特征

在融媒体时代，“情感流量”仍是媒体传播新闻和受众接受信息的主要诉求。因此，情感线可视作促进媒体与受众有效契合的连接线。虽然作为市委党建门户，“七一客户端”仍然注重以情动人、以情化人，通过挖掘不同人群的感人故事来引导形成正确的价值观，体现不同历史时期人性向上向善的“时代断面”，将“情感流量”转化为传播流量。

2. 在故事中发掘人性美好

爱情是人类永恒不变的话题，美好的爱情是一面镜子，那些名人贤士的美好爱情更能凸显积极的主流价值。美好的爱情是什么样子，怎样拥有美好的爱情呢？“七一客户端”“中国故事 100 部”栏目推出《将军夫妻的国家荣光，大漠戈壁的青春与爱情》《叶永烈和杨惠芬，双人伞下的“二人世界”》等“爱情的样子”系列全媒体作品，从名人贤士的生活一隅出发——叶永烈与妻子杨惠芬游览各国时同撑一柄“双人伞”的美妙画面、将军夫妻张利兴和朱凤蓉扎根罗布泊的伉俪背影……他们的爱情既有受众喜闻乐见的少年心动、浪漫的花前月下、温馨的柴米油盐，也有捉襟见肘时的相互依偎、突遭变故时的不离不弃、与病魔搏斗时的苦苦支撑。此系列从名人贤士的生活日常中透视生活的真谛、爱情的真谛、人性的美好，引导受众树立正向的爱情观、奋斗观、人生观。缱绻从容，步履不停，岁月这首长诗写满家的历史。“我和我的父母”系列全媒体作品从家的角度出发，关注普通人容易忽视的一面，从中寻找“我”和父母之间蕴含的温情能量。受众可以从《母亲的鼾声》《给“萧山彭于晏”留点进步空间》等作品中感悟到，20 世纪五六十年代的父母和现代摩登父母虽然成长于不同的年代，但他们对于家庭的意义都不止于默默奉献。此系列凸显的是一种润物细无声的力量、一种潜移默化的信念，代表着一种积极向上的生活品质和人生态度，展示了人性美好，给受众带来身心愉悦的体验，有助于温情社会的进一步构建。

3. 在故事中彰显时代美好

“微记录·初心如磐”微纪录片聚焦小人物、着眼大时代，讲述建党百年期间6位不同年代的平凡党员，在平凡岗位上做出不平凡事迹的美好故事。如《一颗红心永向党》讲述中华人民共和国成立初期，来自河南的党员禹伯林奔赴重庆，参与彭水建政的故事；《永远跟党走的“少年”》讲述抗美援朝军人王昌元退休不褪色，成立王昌元志愿服务队为大家服务的故事；《“驻”进村民心里的好书记》讲述联丰村驻村书记罗燕不仅在物质上，还从精神上帮助村民脱贫，使联丰村年年被评为“精神脱贫示范村”的故事；《誓把农区变景区》讲述六赢村党委书记吴开英建成荷和原乡AAA级旅游景区，把农区变景区的故事；《万里走单骑》讲述武隆区公安局交巡警、“仙女山骑士”罗旦华骑着摩托车坚守山区服务群众的故事。“七一客户端”在建党百年期间创制的微电影《我走您走过的路》，则从女主人公遇到工作上的困惑开篇，她通过瞻仰红岩纪念馆、感受重庆第一个五年计划建设成就等一系列对党史的回顾与感悟，重塑了激情与力量，重塑了对生活的热情和对事业的热爱。生活的意义、时代的美好，则在主人公曲折的心路历程之中渐次呈现。该纪录片策划和创制紧跟日常、关注细节，生动呈现了一代代共产党人不同的人生轨迹但共同的价值追求，有着强烈的时代气息和价值张力。

请扫码观看讲座视频

解放文化人与文化机构自救

——《关于推进实施国家文化数字化战略的意见》之促进文化机构转型升级专题解读

高书生

讲座时间： 2022年4月22日

主讲人简介： 高书生，中共中央宣传部文改办原一级巡视员、副主任。2003年以来，参与文化体制改革总体文件和配套政策、文化产业振兴规划、文化产业促进法、文化产业统计标准、金融支持文化产业、文化和科技融合、文化数字化和文化大数据等文件制定，发表多篇文章，出版《感悟文化改革发展》《文化数字化：关键词与路线图》等著作。

内容提要： 报告对近期中共中央办公厅、国务院办公厅印发的《关于推进实施国家文化数字化战略的意见》进行解读，其中一项明确指出"鼓励和支持文化旅游、文物、新闻出版、电影、广播电视、网络文化文艺等领域的各类文化机构接入国家文化专网，利用文化数据服务平台，探索数字化转型升级的有效途径"。针对此，首先介绍了国家文化专网是什么，接着回答了如何对接国家文化大数据体系、国家文化大数据体系有什么、接入国家文化专网还能干什么以及如何走低成本数字化转型升级之路等问题。

关键词： 数字化转型　国家文化专网　国家文化大数据体系

首先提三个问题：

第一个问题是文化人最擅长什么。这是我一直在琢磨的一个问题，想来想去得出结论，即文化人最擅长做内容。文化人有擅长的，就会有不擅长的。那么最不擅长的是什么？根据我这些年的观察，我觉得文化人最不擅长的是做生意。在现代化社会，文化和经济的融合程度越来越高，文化人难免要和生意人打交道，在这个过程中就发现文化人确实在做生意这方面不太擅长。

第二个问题是文化机构的短板是什么。文化机构，不管是出版社还是影视制作公司，以及一些其他的文化机构，短板主要体现在两个方面：一是经营管理，二是技术。对于出版界来说，近些年来在经营管理方面有了很大改观，这与近二十年的文化体制改革和文化产业发展密切相关。但是在技术短板方面则“越来越短”。

第三个问题是数字化转型升级的痛点是什么。根据观察，这个痛点主要是建平台。下面的介绍也主要围绕着对这些问题的思考来展开。坚持问题导向，想文化人之所想、急文化机构之所急。

最近，中共中央办公厅和国务院办公厅印发了《关于推进实施国家文化数字化战略的意见》（以下简称《意见》）。在《意见》中，专门有一项重要任务，就是“鼓励和支持文化旅游、文物、新闻出版、电影、广播电视、网络文化文艺等领域的各类文化机构接入国家文化专网，利用文化数据服务平台，探索数字化转型升级的有效途径”。这里面有几个关键词，第一个关键词是国家文化专网，第二个是文化数据服务平台。它们到底是什么含义？下面重点给大家做一些解释。首先介绍一下国家文化专网为何物。什么叫国家文化专网？国家文化专网到底是什么，为什么能够引起我们的重视？实际上现在整个国家，从整个经济上来看是两张网，一张叫电信网，另一张叫有线电视网。我们过去打电话用的就是电信网，而看电视用的则是有线电视网。后来发展到了三网融合，实际上就是多了互联网，三网融合指的就是电信网、互联网和有线电视网这三个网的融合。

推动文化机构的数字化转型升级，为什么不用互联网？简单来说是因为数据安全。我们把文化基因和生物基因看作是一样重要的。如果一个民族的生物基因被盗取，就可能会被人做成生化武器；如果一个民族的文化基因被窃取，这个民族的历史文化就会被改写。所以说数据的安全是优先考虑的一个重要问题，这也是为什么不用互联网的最主要的理由。那么为什么要用有线电视网呢？用有线电视网的主要原因就是它是国家战略性战备资源。关于这个问题，过去谈的不是特别多，实际上我们有大量的理由来证明为什么有线电视网络是国家战略性战备资源，大家现在都已经能接受战略性，但是关于“战备资源”不太好理解，由于今天不是专门讲有线网络，所以就点到为止。第一，主要是因为我们在加入世界贸易组织（WTO）的时候，有一系列的承诺，电信服务是可以向外资开放的，但是广播电视节目的传输是不准外资进入的，这就决定了它的性质，即是永远在中国人自己手里的。第二，在非常时期它发挥了重要作用。比如，在有些地方发生地震的前几秒钟应急广播会做出提示，从而使得我们应对地震这种自然灾害时，可以把它的损失减到最低程度，这就是有线电视网络在发挥作用。第三，从北京到上海的量子保密通讯干线网，也是建在有线电视网络的。第四就是“雪亮工程”，现在各个地方的政法委牵头在做的“雪亮工程”主要还是由有线电视网络来承担的。从这些事例中，我们可以明显地体会到，这张网（有线电视网络）是我们国家战略性战备资源。特别是在目前的国际环境下，我们对这个问题的认识会更加深刻。

一、国家文化专网为何物

用有线电视网络做什么？最主要的就是形成国家文化专网，这是用有线电视网络最主要的目的。那么怎么能够形成国家文化专网？注意，这里用的是“形成”国家文化专网，而不是“建设”国家文化专网，也就是说我们现在已经有了有线电视网络的设施，不用做重复建设，在有线电视网络的基础上做改造升级，就可以形成国家文化专网。这里面最重要的就是要装配一套标识解析系统，这样的话就使得有线电视网形成了国家文化专网。至于什么标识解析系统，后面再给大家介绍。形成国家文化专网以后的第一个重要的任务就是贯通各级各类文化机构的数据中心，这是国家文化专网的重要的目的，就是把所有的文化机构都能够通过国家文化专网，也就是有线电视网络能够联通、贯通，形成一个闭环的系统。第二个重要的任务就是能够在国家文化专网上搭建一个数据超市，就可以让机构和个人在这个数据超市中实现数据的变现，有数据的卖数据，没有数据的买数据，这就是数据超市的概念。第三个功能就是国家文化专网通过算力设施来提供算力的服务，因为数字化时代，最重要的就是计算能力的问题。以上是形成国家文化专网以后的最主要的三个方面的功能。这就解释了专网不是重新去建设，而是依托现有的有线电视网络而形成的。这里面最重要的就是要装配一套或者说是部署一套标识解析系统，然后能够把各类文化机构的数据中心贯通，在这个基础上形成数据超市，如果需要的话，可以提供算力服务，从而打造一张同消费互联网（不管是PC端的消费互联网还是移动端的互联网）并行的一张生产互联网。所以国家文化专网主要的功能是它的生产互联网。在这里强调两点：第一点就是我们不是重复建设。第二点，国家文化专网首先是一张生产互联网，这是跟其他网最大的不同。国家文化专网的主要功能有三个，一是闭环运行，二是标识解析，三是结算支付。

二、对接国家文化大数据体系

文化机构如何对接国家文化大数据的体系？有了专网以后，文化机构通过接入国家文化专网，最后就导入国家文化大数据体系。关键的问题是国家文化大数据体系到底是什么。我们把国家文化大数据体系概括为两侧四端，两侧是指供给侧和需求侧，四端是指资源端、生产端、消费端、云端。资源端和生产端有重合，主要包括三个方面：第一是公共文化机构，像文化馆、图书馆、博物馆、纪念馆、美术馆、档案馆；第二是文化生产机构，包括电台、电视台、报刊社、出版社、文艺院团、影视公司，还有设计公司等；第三是高校科研机构，包括文艺中心、档案馆、电影资料馆、艺术院校、考古研究所、服装学院等。这是我们所说的资源端和生产端，公共文化机构主要是以资源为主，文化生产机构主要是以生产为主，高校科研机构扮演资源角色可能更多一些，比如服装学院里有大量的资源数据。就目前来说消费端包括两个方面，一个是线上，一个是线下。线上可以分为大屏和小屏两部分。大屏包括电视机和我们的户外的大屏，小屏主要是指手机和移动终端。线下的部分主要包括两个方面，一个是宣传文化系统内部的，比如文化馆、新华书店、新时代文化实践中心，也包括县级融媒体等，这些是原来的传统的文化机构。另一个方面包括学校、旅游景区、火车站、机场、购物中心、城市广场以及商业街区等。云端是指两个方面，第一是文化数据的服务中心，第二是文化数据的服务平台。这两者之间的区别在于，文化数据的服务中心主要负责文化数据的存储、传输、分发，文化数据服务平台主要搭建数据超市，做数据的买卖，我们也可以把它作为全国文化大数据交易体系来对待。不管是数据的服务中心还是服务平台，我们都可以把它分为三个层次：第一个层次是省域中心或者说省域平台。文化数据服务中心叫作省域中心，文化数据服务平台叫作省域平台。省域中心负责把资源端、生产端和消费端连接到一起，在这个基础上，就是第二层，即在若干个行政大区设立的多个区域中心，区域中心主要负责省域中心和全国中心之间的链接，以及全国一体化的区域性的、集群式的计算中心（也叫智能计算或者文化计算中心）。2020 年，在全国已经设有八个区域中心，比如华东的区域中心主要是由江苏有线来承建，华南的区域中心主要是由广东有线电视网络公司来承建，还有西北的区域中心、西南的区域中心、华中的区域中心、华北的区域中心、东北的区域中心等。还有一些专业化的数据中心，比如新疆的多媒体中心，云南面向东南亚的中心，以及海南面向海外的等一些专业化的中心。第三层是全国中心。全国中心由中央文化企业来承担，全国中心目前还在规划和建设中。以上把文化服务中心分为三个层次，如果是中央部门和单位，就通过全国中心把大家连到一起，同时也把在全国范围内流转的文化数据交由全国中心来负责链接。文化数据服务平台主要是依托现有的省级文化产权交易所来做的，省域平台主要是省级的文化产业交易所来做，全国的平台则是委托深圳文化产权交易所组建的全国文化大数据交易中心，它是全国平台。下一步还要大力发展省域平台，以及区域的平台。跨省的交易主要通过区域平台中转，能够实现在跨省域范围内进行流转。讲云端，实际上分为两块，一个是数据的存储传输，还有文化数字内容的分发；另一个是数据的交易，数据和内容的交易主要是在服务平台来进行的，这是我们讲的云端的概念。

用一张图（见图 1），我们就可以看出，这个体系是闭环运行的。资源端叫中华文化数据库，生产端叫文化生产线，云端就是文化数据服务平台和文化数据服务中心。资源端的数据进入生产线，生产加工出内容，通过云端交易，就能够进入消费端。在这个过程中，是通过国家文化专网来传输的，而消费端既可以在有线电视网络这个范围内做，下一步也要推互联网，就是文化数字内容要进入互联网，但是一定要有网关，确保我们是一个闭环的系统，互联网的内容不能够倒流进国家文化专网。国家文化专网的数据和内容，特别是文化数字内容，可以通过网关进入互联网。这样的话就保证了这个闭环的系统和互联网有一个接口来对接，因此说它是闭环的，而不是封闭的，这一点是非常重要的。

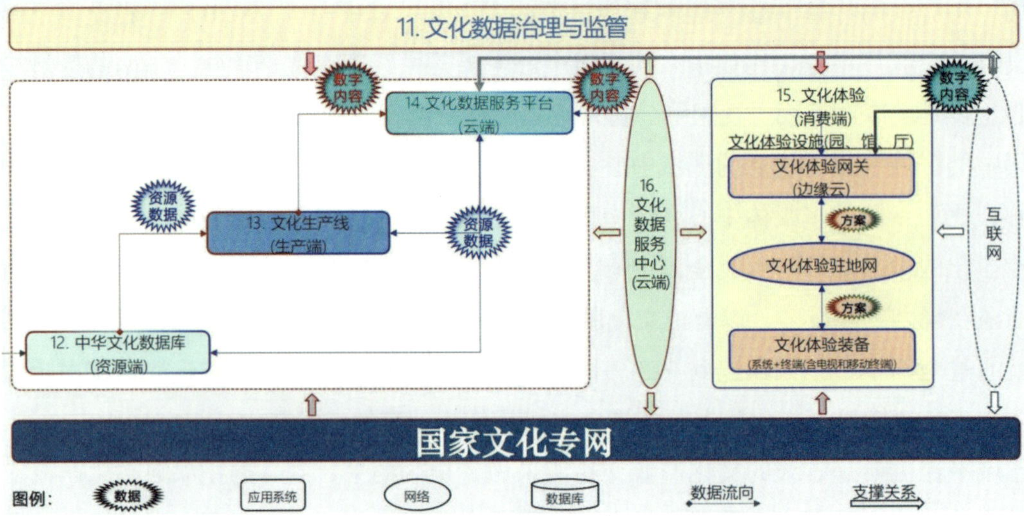

图 1　文化大数据运行体系

三、国家文化大数据体系的内容

国家文化大数据体系有什么?

第一，有数据。国家文化大数据体系中，最核心的问题就是有数据。数据的内容是非常多的。首先，按照物理分布、逻辑关联的原则，汇集文物、古籍、美术、地方戏曲剧种、民族民间文艺、农耕文明遗址等数据资源。这个数据量是非常大的，这是一个宝藏，比如，全国美术馆藏品有 59 万多件，仅藏品照片就有 82 万幅，数据总量达到了 6.9 TB；全国可移动文物大概有 1 亿件套，登记的有 6 000 多万件套，仅高清照片就有 5 000 多万张，数据量是 140 TB。再比如戏曲，全国一共有 348 个剧种。现在年轻人都在找 IP，实际上最大的 IP 就在中国民族民间文艺资源库中，光民歌就有 30 多万首，民间故事有 30 多万篇。这是大量的民俗工作者或者民族民间文艺工作者通过实地普查最后形成成果，民间的歌谣有 4 万多首，民间的谚语有将近 60 万条，至于戏曲、曲艺，还有舞蹈等，也是我们的民族民间文艺资源，在这个基础上形成了数据库。(见表 1、图 2)

表 1　中国文化遗产数据

<table>
<tr><th>项目</th><th>对象</th><th>数量</th></tr>
<tr><td rowspan="6">中国文化遗产</td><td>古籍</td><td>普查数据 672 467 条 6 541 261 册</td></tr>
<tr><td>戏曲</td><td>全国有 348 个剧种</td></tr>
<tr><td>非遗</td><td>国家级非遗代表性传承人 3 068 人
国家级非遗代表性项目 1 372 项</td></tr>
<tr><td>美术馆</td><td>藏品 592 663 件，藏品图片
820 288 幅，数据总量 6.9 TB</td></tr>
<tr><td>可移动文物</td><td>10 815 万件（套）
数据总量超过 140 TB</td></tr>
<tr><td>不可移动文物</td><td>766 722 处</td></tr>
</table>

图 2　十大集成书

其次，开展红色基因库建设采集的数据。从 2020 年开始，由中宣部牵头，以中宣部命名的全国爱国主义教育示范基地为对象，开展了红色基因库的建设，主要是对红色纪念馆中的藏品、设施、纪念碑做高精度的数据采集，这个量也非常大。2020 年做第一批，2021 年做第二批，2022 年继续做第三批，现在已经有 58 家爱国主义教育示范基地形成红色基因库。目前 500 多家爱国主义教育示范基地，展陈实物一共有 525 多万件，光照片就有 200 多万幅，还有一些文献的资料等。

最后，跟出版业密切相关的，就是贯通已经建成的或者在建的思想理论、文化、文物、新闻出版、电影、广播电视、网络文化等领域的文化专题数据库。这些数据库的量也非常大。出版社已经建成的数据库（见图 3），量也非常大，比如中国地方历史文献数据库、中国文物志、中国生物智库、中国传统农具图鉴、中国音乐总谱大典，以及延安时期文献档案数据库、燕赵文化资源数据库、海外藏中国民俗文化珍稀文献等。这些年中央财政支持中央部委出版社和地方的出版集团，建了不少的数据库，但是，从这些数据库现状来看，都是孤岛，这也是在推动文化数字化、文化大数据建设的过程中面临的一个非常现实的问题，就是现在的数据库特别多，但是都是自建自用，使用效率都很低。

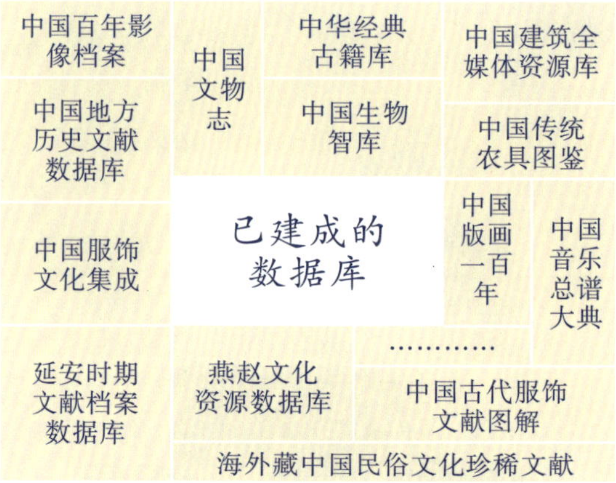

图 3　已建成的数据库

第二，有标准。从 2019 年开始，由中国公共关系协会国家文化大数据产业联盟（目前更名为文化大数据产业委员会）组织业内的文化机构、科研院所制定国家文化大数据标准体系，邀请北京邮电大学教授专门来主持这项工作，现在已经形成了整个文化大数据体系的总体框架。（见图 4）

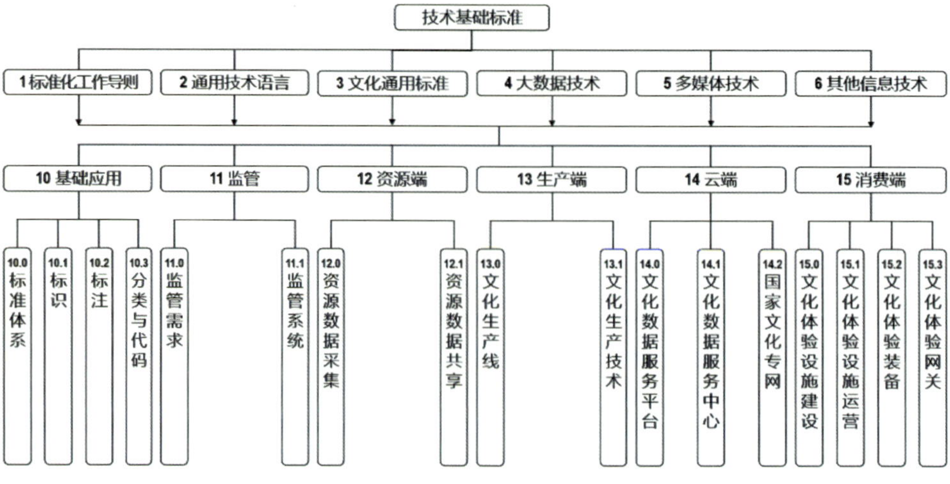

图 4　国家文化大数据标准体系结构图

按照目前的规划，整个体系的标准大概有 70 个，2021 年 10 月已经公布了 11 个标准，近期还有已经成熟的 8 个左右的标准会陆续地公布。第一个是 2021 年已经公布的做国家文化大数据的标准体系，然后对于标识、标注、分类与代码也有一些相关的标准，文化资源数据分类代码这个标准 2021 年也已经公布。在整个文化大数据的监管体系中，现在已经公布了文化数据服务监管系统技术要求，主要是文化数字内容溯源系统。（见图 5）

序号	体系名称	子体系名称	标准名称	建议编号	引用标准编号	内部归口	宜定级别	实施日期	阶段
1	基础(10)	标准体系(10.0)	国家文化大数据标准体系	T/CPRA 1	GB/T 1.1、GB/T 13016、GB/T 20000.1、GB/T 20004、T/CPRA 300、T/CPRA 301、T/CPRA 3000、T/CPRA 4000.1、T/CPRA 4100.1、T/CPRA 4200、T/CPRA 5000、T/CPRA 5300、T/CPRA 5200.1	秘书处	团体标准	2021.10.15	60
2		标识(10.1)	文化数据标识技术要求 第1部分：标识编码	T/CPRA 101.1	待定	WG1	团体标准	待定	40
3			文化数据标识技术要求 第2部分：标识服务平台	T/CPRA 101.2	待定	WG1	团体标准	待定	30
4			文化数据标识技术要求 第3部分：标识服务接口	T/CPRA 101.3	待定	WG1	团体标准	待定	20
5			文化数据标识技术要求 第4部分：标识服务流程	T/CPRA 101.4	待定	WG1	团体标准	待定	40
6		标注(10.2)	文化资源数据与数字内容标注技术要求	T/CPRA 200	待定	WG2	团体标准	待定	20
7		分类与代码(10.3)	文化数字内容分类与代码	T/CPRA 300	待定	WG2	团体标准	待定	40
8			文化资源数据分类与代码	T/CPRA 301	GB/T 1.1、GB/T 10113-2003、GB/T 20001.3-2015、GB/T 32867-2016	WG1	团体标准	2021.10.15	60
9	监管(11)	监管需求(11.0)	文化大数据服务监管需求	T/CPRA 1000	待定	WG2	团体标准	待定	40
10		监管系统(11.1)	文化数据服务监管系统技术要求 第1部分：通用技术要求	T/CPRA 1001.1	待定	WG2	团体标准	待定	10
11			文化数据服务监管系统技术要求 第2部分：文化数字内容溯源系统	T/CPRA 1001.2	GB/T 30247-2013、T/CPRA 101.1、T/CPRA 300、T/CPRA 301	WG2	团体标准	2021.10.15	60

图 5　国家文化大数据标准体系——基础应用 + 监管标准

在资源端，现在已经公布了文化遗产数字化采集技术要求，下一步将继续开展资源端的资源数据共享的一些标准。在生产端也有很多的标准正在制定的过程中。（见图 6、图 7）

序号	体系名称	子体系名称	标准名称	建议编号	引用标准编号	内部归口	宜定级别	实施日期	阶段
12	资源端(12)	资源数据采集(12.0)	文化遗产数字化采集技术要求 第1部分：通用要求	T/CPRA 2000.1	GB/T 1.1、GB/T 2900.75、GB/T 12979、GB/T 18894、GB/T 19471、GB/T 19953、GB/T 20733、GB/T 24356、GB/T 31042、GB/T 31219.4、GB/T 31219.5、GB/T 37696、CH/T 1004、CH/Z 3017、CJJ/T 8、CY/T 168、DA/T 62、DB 14T1926、JB/T 10362、WW/T 0018、WH/T 49、WH/T 81	WG1	团体标准	2021.10.15	60
13			文化遗产数字化采集技术要求 第2部分：舞台艺术录制技术要求	T/CPRA 2000.2	待定	WG1	团体标准	待定	30
14		资源数据共享(12.1)	中国文化遗产标本库技术要求	T/CPRA 2100	待定	WG1	团体标准	待定	30
15			中华民族文化基因库技术要求	T/CPRA 2101	待定	WG1	团体标准	待定	40
16			中华文化素材库技术要求 第1部分：通用技术要求	T/CPRA 2102.1	待定	WG1	团体标准	待定	30
17			中华文化素材库技术要求 第2部分：中华字库	T/CPRA 2102.2	待定	WG1	团体标准	待定	30
18			中华文化素材库技术要求 第3部分：中华乐库	T/CPRA 2102.3	待定	WG1	团体标准	待定	30
19			中华文化素材库技术要求 第4部分：中华像库	T/CPRA 2102.4	待定	WG1	团体标准	待定	30
20			中华文化素材库技术要求 第5部分：中华音库	T/CPRA 2102.5	待定	WG1	团体标准	待定	30
21			中华文化素材库技术要求 第6部分：中华剧库	T/CPRA 2102.6	待定	WG1	团体标准	待定	30
22			中华文化素材库技术要求 第7部分：中华舞库	T/CPRA 2102.7	待定	WG1	团体标准	待定	30
23			文化数据底层关联集成系统技术要求	T/CPRA 2103	待定	WG1	团体标准	待定	10

图 6　国家文化大数据标准体系——资源端标准

序号	体系名称	子体系名称	标准名称	建议编号	引用标准编号	内部归口	宜定级别	实施日期	阶段
24	生产端(13)	文化生产线(13.0)	数字化文化生产线通用技术要求	T/CPRA 3000	待定	WG1	团体标准	待定	10
25			数字艺术生产线技术要求	T/CPRA 3001	待定	WG1	团体标准	待定	10
26		文化生产技术(13.1)	文化资源数据解构技术要求 第1部分：二维图像	T/CPRA 3100.1	待定	WG1	团体标准	待定	40
27			文化资源数据解构技术要求 第2部分：三维模型	T/CPRA 3100.2	待定	WG1	团体标准	待定	10
28			文化资源数据解构技术要求 第3部分：文字	T/CPRA 3100.3	待定	WG1	团体标准	待定	10
29			文化资源数据解构技术要求 第4部分：音频	T/CPRA 3100.4	待定	WG1	团体标准	待定	10
30			文化资源数据解构技术要求 第5部分：视频	T/CPRA 3100.5	待定	WG1	团体标准	待定	10
31			文化资源数据重构技术要求 第1部分：纹样重构	T/CPRA 3101.1	待定	WG1	团体标准	待定	40
32			文化资源数据重构技术要求 第2部分：色彩重构	T/CPRA 3101.2	待定	WG1	团体标准	待定	10
33			文化资源数据重构技术要求 第3部分：构型重构	T/CPRA 3101.3	待定	WG1	团体标准	待定	10
34			文化资源数据重构技术要求 第4部分：文化基因重构	T/CPRA 3101.4	待定	WG1	团体标准	待定	10
35			文化资源数据重构技术要求 第5部分：风格化重构	T/CPRA 3101.5	待定	WG1	团体标准	待定	10
36			文化资源数据重构技术要求 第6部分：多模态重构	T/CPRA 3101.6	待定	WG1	团体标准	待定	10
37			文化数字内容增强质量评价 第1部分：视频	T/CPRA 3102.1	待定	WG1	团体标准	待定	30
38			文化资源数据矢量化技术要求 第1部分：二维图像	T/CPRA 3103.1	待定	WG1	团体标准	待定	10

图 7　国家文化大数据标准体系——生产端标准

在云端的文化数据服务平台和文化数据服务中心方面，已经公布了两项标准，正在推进的是国家文化专网组网的技术要求。（见图 8）

序号	体系名称	子体系名称	标准名称	建议编号	引用标准编号	内部归口	宜定级别	实施日期	阶段
39	云端(14)	文化数据服务平台(14.0)	文化数据服务平台技术要求 第1部分：通用技术要求	T/CPRA 4000.1	GB/T 1.1、GB/T 22239-2019、GB/T 32867—2016、GB/T 35295-2017、GD/J 037-2011、GD/J 038-2011、T/CPRA 101.1、T/CPRA 101、T/CPRA 300、T/CPRA 301、T/CPRA 3000、T/CPRA 4100.1	WG2	团体标准	2021.10.15	60
40			文化数据服务平台技术要求 第2部分：文化数据确权系统	T/CPRA 4000.2	待定	WG2	团体标准	待定	10
41			文化数据服务平台技术要求 第3部分：文化数据交易系统	T/CPRA 4000.3	待定	WG2	团体标准	待定	10
42			文化数据服务平台技术要求 第4部分：文化数据分发系统	T/CPRA 4000.4	待定	WG2	团体标准	待定	10
43			文化数据服务平台技术要求 第5部分：文化数据服务运营系统	T/CPRA 4000.5	待定	WG2	团体标准	待定	10
44			文化数据服务平台技术要求 第6部分：数据管理系统	T/CPRA 4000.6	待定	WG2	团体标准	待定	10
45			文化数据服务平台技术要求 第7部分：统一用户管理系统	T/CPRA 4000.7	待定	WG2	团体标准	待定	10
46			文化数据服务平台技术要求 第8部分：服务门户	T/CPRA 4000.8	待定	WG2	团体标准	待定	10
47			文化数据服务平台技术要求 第9部分：运维管理系统	T/CPRA 4000.9	待定	WG2	团体标准	待定	10
48		文化数据服务中心(14.1)	文化数据服务中心技术要求 第1部分：通用技术要求	T/CPRA 4100.1	GB/T 1.1、GB/T 22239-2019、T/CPRA 101.1、T/CPRA 101.2、T/CPRA 300、T/CPRA 301、T/CPRA 3000、T/CPRA 4000.1、T/CPRA 4200、T/CPRA 5000、T/CPRA 5300、ISO/IEC 20000-1:2018	WG2	团体标准	2021.10.15	60
49		国家文化专网(14.2)	国家文化专网组网技术要求	T/CPRA 4200	待定	WG2	团体标准	待定	10
50			国家文化专网接入服务技术要求	T/CPRA 4201	待定	WG2	团体标准	待定	10

图 8　国家文化大数据标准体系——云端标准

消费端的标准相对来说公布得多一些，比如文化体验设施通用技术要求、文化体验馆技术要求，还有文化体验装备技术要求，以及前面提到的网关技术要求，都已经有了，相对来说整个文化大数据体系标准的主干部分都已经形成了。（见图 9）

序号	体系名称	子体系名称	标准名称	建议编号	引用标准编号	内部归口	宜定级别	实施日期	阶段
51	消费端(15)	文化体验设施建设(15.0)	文化体验设施通用技术要求	T/CPRA 5000	GB/T 1.1-2020，GB/T 13016，GB/T 20000.1，GB/T 20004	WG3	团体标准	2021.10.15	60
52			文化体验厅技术要求 第1部分：县区文化馆	T/CPRA 5001.1	待定	WG3	团体标准	待定	10
53			文化体验厅技术要求 第2部分：新时代文明实践中心	T/CPRA 5001.2	待定	WG3	团体标准	待定	10
54			文化体验厅技术要求 第3部分：新华书店	T/CPRA 5001.3	待定	WG3	团体标准	待定	10
55			文化体验馆技术要求 第1部分：沉浸式教室	T/CPRA 5002.1	GB/T 1.1-2020，GB 4706.43-2005，GB 8898-2011，GB/T 19259-2003	WG3	团体标准	2021.10.15	60
56			文化体验馆技术要求 第2部分：商业综合体	T/CPRA 5002.2	待定	WG3	团体标准	待定	10
57			文化体验馆技术要求 第3部分：移动沉浸式体验馆	T/CPRA 5002.3	待定	WG3	团体标准	待定	10
58			文化体验园技术要求 第1部分：景区	T/CPRA 5003.1	待定	WG3	团体标准	待定	10
59			文化体验园技术要求 第2部分：城市广场	T/CPRA 5003.2	待定	WG3	团体标准	待定	10
60		文化体验设施运营(15.1)	文化体验设施用数字内容管理系统技术要求	T/CPRA 5100	T/CPRA 300	WG3	团体标准	2021.10.15	60
61			文化体验设施用数字内容设计指南	T/CPRA 5101	待定	WG3	团体标准	待定	30
62			文化体验设施运维管理系统技术要求	T/CPRA 5102	待定	WG3	团体标准	待定	40
63			文化体验设施运维管理接口技术要求	T/CPRA 5103	待定	WG3	团体标准	待定	30
64		文化体验装备(15.2)	文化体验装备技术要求 第1部分：通用技术要求	T/CPRA 5200.1	GB/T 3811-2008，GB 5226.1-2008，GB 7000.217-2008，GB 8408-2018，GB 8898-2011，GB/T 18164-2020	WG3	团体标准	2021.10.15	60
65			文化体验装备技术要求 第2部分：沉浸音效体验系统	T/CPRA 5200.2	待定	WG3	团体标准	待定	40
66			文化体验装备技术要求 第3部分：位置服务系统	T/CPRA 5200.3	待定	WG3	团体标准	待定	20
67		文化体验网关(15.3)	文化体验网关技术要求	T/CPRA 5300	GB/T 1.1，GB/T 22239-2019，GB/T 32887-2016，T/CPRA 1011.1，T/CPRA 4000.1，T/CPRA 4200，T/CPRA 5200.1	WG3	团体标准	2021.10.15	60

图 9　国家文化大数据标准体系——消费端标准

第三，有客户。整个文化大数据体系有多少客户？估算了一下，前面列举的博物馆、美术馆、图书馆、文化馆，包括电台、电视台、报刊社、出版社、文艺院团，还有一些文化企业，有 4 万多家资源端和生产端的机构。消费端数量就更大了，比如旅游景区全国有将近 1 万个，新华书店网点有 1 万个左右，学校有 23 万所，购物中心有 3 000 多座，县级文化馆有将近 3 000 个，社区服务中心 15 000 多个，机场 248 个，车站有 5 000 多座，这些消费端机构加在一起，再加上 1 000 多家新时代文明实践中心、2 000 多家县级融媒体，共有将近 30 万家，所以说整个客户的数量巨大，并且还没有加上文化个体户。根据国家广电总局普查的数据，整个文化领域中还有 200 万左右文化个体户，有将近 2 000 万文化从业人员，所以说客户的量是非常大的。

第四，有交易。前面反复强调了云端当中一个是文化数据服务中心，一个是文化数据服务平台。具体来说就是基于国家文化专网来搭建数据超市，通过数据超市来满足法人机构和公民个人对数据买卖的需求，在数据超市中很重要的一个功能就是搜索查询。这样就使得在整个文化大数据体系中有一个中介，既作为供给和需求的中介，也作为生产和消费的中介，这是两个中间的环节。

第五，有安全感。在整个国家文化大数据体系中，核心的问题就是数据安全问题。如果数据安全做不到，整个体系的建成就非常困难，即使建成了体系，也会出现很多的问题。那么，如何来实现数据的安全？在文化大数据体系中设置了多道的闸门（见图 10）。第一道闸门就是国家文化专网，是闭环运行的。第二道闸门是数据存储采取一种分布式。第三道闸门是用标识解析来实现可溯源。重点就是两个方面，所有数据的存储采取物理分布、逻辑关联的原则，这也是国家大数据的一个基本的原则。这就需要我们必须统一标准和统一接口。统一标准不是把目前大家的标准都给统一掉，而是把这些数据连接到一起，这个关联的标准一定是统一的。同一接口就是国家文化专网这个接口。这样就做到了谁的数据谁做主，谁的数据谁保管，而不是把大家的数据都集中到一起，避免或者解除文化机构的一些后顾之忧。第三道闸门是标识解析（见图 11）。标识是数据互联的基础，在整个国家文化大数据体系或者国家文化专网的标识解析中，有一套类似于互联网域名解析的系统，我们把它叫作标识解析系统。标识码用的是中国主导的一项国际标准——信息与文献国际标准关联标识符。我们用它来做整个的标识解析系统底层的标准和它的底层技术，来实现文化元数据信息的收集和解析数字内容访问的地址。这样的话在整个的国家文化专网中就部署提供标识编码的注册登记和解析服务的技术系统，即文化数据标识服务系统，同时在各个文化机构的数据中心来部署底层关联服务引擎和应用业务软件，来实现标识解析的功能。可以看到是在文化机构或者文化企事业单位通过装配底层关联集成系统、有线电视网络，装配部署文化数据的标识服务系统，来实现国家文化专网的标识解析，这是它的业务的流程，这样的话就实现了从资源端到交易，到生产加工，到内容的产品运营，到消费，到体验全生命周期的交易授权的链条，也就解决了大家所关心的版权问题，这是用标识解析系统的一个最重要的原因。

图 10　为数据安全设置多道“闸门”

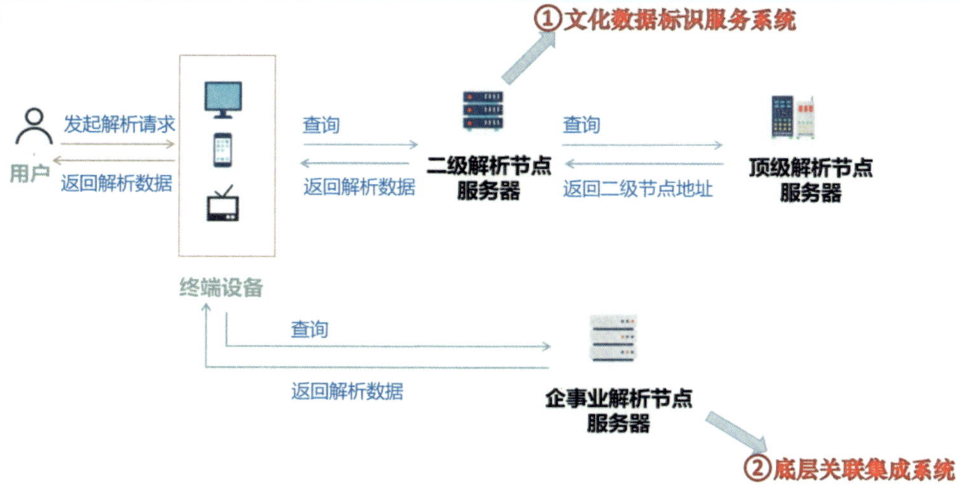

图 11　标识解析—解析流程

四、接入国家文化专网的作用

接入国家文化专网以后，能够对接国家文化大数据体系，也就是说能够成为国家文化大数据体系的一个组成部分，此外还能干什么？

第一个方面，不用每个出版社建平台。现在大家都在建平台，而且投入都很大，投入完之后，维护的成本很高，还要想各种办法去引流，实际上现在平台的利用效率不是太高。但如果接入国家文化专网，就已经进入这个体系中，通过装配底层关联集成系统，就可以把每一个出版社、每一个文化机构打造成数字化文化生产线（见图 12）。在这个生产线上，我们通过解构数据、关联数据、重构数据、呈现数据，形成了两个产品，第一个是文化资源数据，可以把它比喻成种子；第二个是文化数字内容，可以把它比喻成小麦或者面包。为什么叫文化资源数据而不叫数据资源，是因为这些数据来源于文化资源，这就是说要强调它的本源性。这个数据到底从哪来的，必须通过文化资源去提取出来这些数据，然后把这些数据做成中间产品，即素材，然后通过素材的进一步再加工形成文化数据内容，比如出版物等。这就是不用建平台了，进入文化专网之后就打造出生产线。如果说你有资源，你去加工数据，通过解构，通过关联形成文化资源数据，你去卖数据。如果说你没有数据，你去购买数据，然后就可以把它转化为文化数字内容，再进入交易环节做交易。实际上我们就是通过进入国家文化专网，不用自己去建平台，打造生产线就可以了。平台是谁来做？主要是由国家文化专网和文化数据服务平台来做。推动文化机构数字化转型升级，不管是出版社，还是文化机构，通过接入国家文化专网，依托文化数据服务平台，就可以探索出数字化转型升级的新路径。这样的话文化资源的数据化就成了文化机构的一项经常性业务，文化资源数据的采集、加工、挖掘和数据的服务，变成一些经常性的工作。不管是公益性单位，还是经营性文化生产机构，都会把它做成一个经常性的工作。能够将凝结文化工作者智慧和知识的关联的数据转化为可溯源、可量化、可交易的资产。实际上下一步就是要形成关联数据，将关联数据变成资产。首先要实现数据资源的数据化，在此基础上形成关联的数据，这种关联的数据是可以转化为资产的。这是下一步需要重点去推动的。数据的分享，在不同的层级，不同的平台，不同的主体之间，去进行文化数据的分享。

图 12　打造专业化数字化文化生产线

第二个方面是创新业态。在推动数字化转型升级中，遇到了很多的问题，其中一个很重要的问题就是，未来的图书到底是什么样式。如果图书的样式定不下来，转型升级就会遇到很多问题，会阻碍转型升级。这些年在文化数字化转型升级上投入很大，但是现在还在探索转型升级，也就是说转型升级没有完成，那么核心问题在哪里？标志性的问题在哪里？就应该是在业态上，未来的图书到底是什么样。这个问题不解决的话，下一步的转型升级可能还会留后遗症。所以现在通过国家文化大数据建设，实际上也在探索业态的新的样式，就是要把零散的数据关联起来，不同领域的数据关联起来，把不同的业态的，包括文字的、图片的、音频的、视频的、平面的、立体的也能够关联起来，而且把数据源和实体之间也关联起来，这样的话就变成了万物互联（见图 13）。那么怎么实现关联？

图 13　万物互联图

关联主要是做三件事：第一件事是分类，第二件事是编目，第三件事是标准。分类是按照联合国教科文组织的文化统计框架，把文化分为六个方面：第一是文化和自然遗产，第二是表演和庆祝活动，第三是视觉艺术和手工艺，第四是书籍和报刊，第五是音像和交互媒体，第六是设计和创意服务。编目起什么作用？就是在分类的基础上，按照每一个行业的一整套的类似知识图谱的东西做分类，通过编目实际上就等于进一步分类，然后在这个基础上，获得了相关元数据，包括标题、标识符、著作权人登记者等核心的元数据。关键的问题在哪里？就是标签，就是要对数据的特征进行描述，形成业内说的标注或者标签化。这样的话，对特征描述得越详细，颗粒度越细，将来的检索准确度就越高。刚才说的是内关联，但是关联完之后，通过在国家文化专网的交易过程中，通过检索能够发现数据和数据之间除了自己的关联以外，还可以实现一种外关联。这种外关联丰富了关联的内容，通过内关联和外关联，最后就形成了关联链。未来的业态可能是以关联链面目出现的，举例来说，律师考试的辅导书对于每个人来说都是这一套书，这是过去的形态，以后的形态会是什么样？应该是不同的人、不同的背景应该有不同的教材。在这个基础上，通过分类，可以给不同背景的人提供不同的关联链，通过这种关联把我们存量的数据利用起来，然后通过最后的结算支付，用了谁的数据就给谁付款，最后实现将来的图书的一种新的样式。

第三个方面是精准检索。现在很多的检索都是通过互联网检索，精准度是不够的。而在国家文化专网检索，至少可以节约时间。

五、低成本数字化转型升级之路

我国在文化体制改革过程中实际上走了一条低成本改革之路。现在讲数字化转型升级是讲发展，我们也应该走一条低成本的转型升级之路。那么怎么能够实现低成本？最主要的有三个方面。第一个是就地取材。以上所说的中华文化数据库和其他所有数据库都是依托我们现在已经建成的或者在建的数字化的工程和数据库来形成，不是重新去采集的，是把大量的数据孤岛连到一起。第二个，国家文化专网也是就地取材，依托现有的有线电视网络设施来形成，抱团取暖，各级各类文化机构通过国家文化专网联合在一起。现在的形式是做出版的不了解有线网，做电视的不了解出版，手里有大量的数据资源、文化资源的对出版和广电又很陌生。大家都很困难，能不能通过国家文化专网联合到一起？第三个就是依托现有的工作基础。现在我们有很多的工作基础已经做得很好了，我们可以用底层关联集成系统，直接接到国家文化专网，然后进入数据超市，做文化资源数据和文化数字内容的交易。实际上就是找到一个平台，这个平台不用自己建，直接用就可以了。就是可以利用现有的基础来实现数字化转型升级，已经建好了这样一个体系，通过国家文化专网，通过文化数据服务平台，可以去实现这种转型升级，而且是数字化的转型升级，所以这是一种低成本的数字化转型升级之路。希望出版界，特别是高校科研机构，能够对国家文化大数据体系，对国家文化数字化战略，开展更多的研究，能够应用到出版业中，推动出版业的数字化转型升级。

请扫码观看讲座视频

智慧出版新时代大学出版社的职责与使命

金鑫荣

讲座时间：2022 年 4 月 22 日

主讲人简介：金鑫荣，现任南京大学出版社社长，博士，编审，博士生导师。先后荣获“第五届中国出版政府奖·优秀出版人物奖”“第十三届韬奋出版奖”“文化名家暨‘四个一批’人才”“2018 年中国十大出版人物”“全国新闻出版行业领军人才”等奖励和荣誉称号。兼任中国大学出版协会副理事长、教育部出版专业教指委秘书长、华东地区大学出版协会理事长、中国版权协会常务理事。

内容提要：以“智慧出版新时代大学出版社的职责与使命”为主题进行报告，从以下五个方面展开：一、助推大学“双一流”学科建设；二、聚焦原创性精品学术出版；三、倡导学术走出去，建设提高国家文化软实力、提升国家国际传播力的“前哨站”和“桥头堡”；四、提供知识服务解决方案；五、着力建构具有中国特色的学科体系、学术体系、话语体系及评价体系。报告指出，助推大学“双一流”学科建设是新时代大学出版社的职责，一流的学术必须具备一流的出版。大学出版社应该致力于“新文科”学术成果的推广与出版，要关注“国之大者”，为国家重大发展战略提供优质服务。

关键词：智慧出版　“双一流”学科建设　学术出版

各位听众大家好，非常荣幸有这个机会跟大家交流，跟大家分享一下我个人的一点体会。我主要是讲一下智慧出版新时代大学出版社的职责与使命。我的分享主要是五个方面，一是在新时期大学出版社怎样助推大学“双一流”学科建设；二是聚焦原创性精品学术出版；三是倡导学术走出去，建设提升国家文化软实力、提高国家国际传播力的“前哨站”和“桥头堡”；四是提供知识服务的解决方案；五是在着力建构具有中国特色的学科体系、学术体系、话语体系及评价体系中，大学出版社可以做什么。

第一方面来说一说大学出版社怎样在推动大学“双一流”学科建设方面发挥作用。（见图 1）首先，我觉得这一直是大学出版社的使命。进入新时代以来，高校把立德树人作为新时代高校的重要使命，新时代要为国家、社会建设培养高素质、高水平的优秀人才，因此作为大学出版，一定要践行高校的知识和使命，与教学的科研部门同频共振、协调发展。

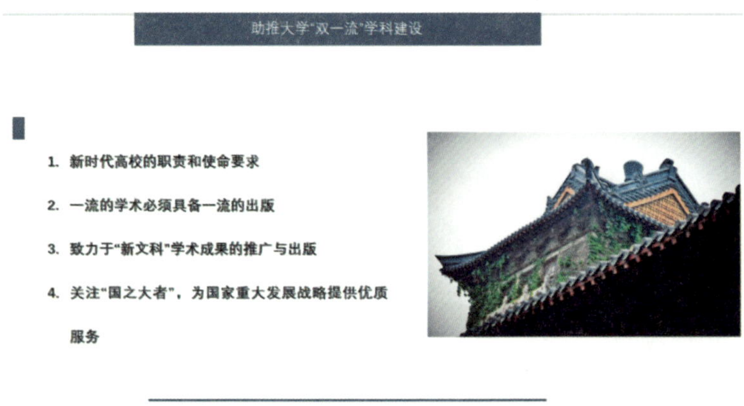

图 1　大学出版社助推大学“双一流”学科建设

习近平总书记在十八届五中全会提出了创新、协调、绿色、开放、共享的新发展理念，高校要把理论创新和科技创新、人文社科和科技发展进行双轮驱动来实践。所以高校或者大学没有优秀的人文社科理论创新，就难以对科技提供源源不竭的思想动力。同样，科学技术成果也能反哺人文社科的理论创新，它们是这样一种辩证关系。那么在这一点上，大学出版社如何来实现这样的一种使命和职责？大学出版社在整个出版谱系当中占据很重要的地位，全国的五百多家出版机构中，有近 112 家大学出版社，可以说大学出版社是五分天下有其一。尤其是在学术素养方面，或者说其他的高水平的文化出版方面，大学出版社做了相当多的工作。例如南京大学出版社历时20多年出版的总结从孔子到孙中山时代中国两千多年优秀思想传统文化的中国思想的评论丛书，清华大学出版社出版的机器学习，上海交通大学出版社出版的大飞机工程，浙江大学出版社出版的历代名画大系，华东师范大学出版社出版的中国文字发展史等。所以说新时期大学出版社在重大学术项目的出版中有一席之地，对高水平的学术出版做出了很多贡献。在两个一百年历史进程当中，尤其是在新时期，我们怎样跟西方一流的学术出版比肩？怎样用世界的眼光、中国的智慧来实现高校的高水平发展？在践行国家新发展理念这一方面，高校大有所为。首先，要有主体意识，要把出版社这个“副业”变成“主业”。因为在常规的认识中，教学、科研是高校的主业，出版只是服务教学科研，这固然没有错，但是在新时期的高校发展中，尤其是一流大学、一流学科的建设中，大学出版社不能仅仅满足于出版人的角色，更要主动进位，由被动走向主动。怎样来激励新时代高校在这方面的职责与使命，就是要主动作为、慎思而为，把出版工作主动纳入新时代高校的发展历史进程中去。高校出版人必须有比较高的站位，即作为社会主义意识形态领域的一个重要的文化出版部门的政治站位，也要有很高的学术定位，这样才能和西方一流的出版社来相互比肩，担负起大学出版社的职责与使命。

其次，一流的学术必须有一流的出版，就是说在“双一流”建设的进程中，如何来建设一流的学术出版。综观世界著名的高校，以及它们的出版社，对我们有所启发。比如哈佛大学、斯坦福大学、普林斯顿大学、牛津大学、剑桥大学、芝加哥大学等，它们的出版社都是一流的大学出版社，它们不说“双一流”，但是实际上它们在一流的学科建设、一流的学术出版方面有很高的建树。比如哈佛大学出版社的哲学、文学和历史学的出版，斯坦福大学的自然科学出版，普林斯顿大学的经济学出版，芝加哥大学的社会学和经济学出版，哥伦比亚大学的哲学、心理学、教育学出版，以及牛津大学和剑桥大学的教育出版等。它们一方面具有悠久的历史，另一方面有高水平的学术出版成果，同时都是一流的出版机构。在欧美的出版序列中，大学出版社是一流学术出版的主阵地，是高水平学术出版的质量保证。与国外的高校出版社交流，或者与国外院系著名的学者交流，他们的很多学术著作都要拿到大学出版去出版，因为他们有清晰的学术定位，就是学术出版或者说比较高水平的学术出版，一般来说都是在大学出版社出版，不会拿到商业出版社或者社会出版社出版，这在欧美或者西方已经成为出版的思维定式。国内有中国特色，集团、社会出版社、商业出版社、地方出版社、城市出版社都在出版学术作品，但是需要注意的是，大学出版社有独特的优势，比如学科优势、学术优势。中国的大学出版社建立时间都不长，大部分是改革开放之后建立的，在学术出版经验、学术的积累方面，与西方一流出版社相比，我们还存在一定的差距。因此，在新时期怎样做好一流的学术出版，这是当下中国的大学出版社应该思考的问题。我们做一流的学术出版有天时、地利、人和的条件。首先是天时、地利，在改革开放 40 多年来的波澜壮阔的历史进程中，大学和科研机构产生了一大批优秀的学术成果，这是源源不竭的出版资源，也是扎根一流学术出版的丰沃土壤。比如说 1978 年，《实践是检验真理的唯一标准》这篇雄文，它的起草人是南京大学哲学系胡福明老师，可以看出高校是思想的发源地。因此，高校出版社要主动参与到学术进程中去。所以说办一流的学术出版，绝不是句空话，我们有深刻的学术积累和广阔的学术平台，给我们提供强有力的学术支撑。说到学术出版，我们一般从事的学术出版好像主要是人文社科的学术出版，其实学术出版还有一个重要的方面是科技出版。所以中国版协下面也分了几个分支，科技出版有专项机构，人文社科也有专项机构。人文社科出版与科技出版两者是相辅相成的。人文社科是创新理论和实际的要求相融合相呼应，与时代的脉搏同频共振。如果没有一流的人文社科的学术出版，就没法推动学术理念的创新。在这方面大学出版社大有可为，通过几十年的发展，现在已经有了一流的硬件设施，未来我们还会有一流的大师，并会诞生一流的大作。对于科技出版来说，改革开放 40 年来科技出版突飞猛进，实现了跨越的发展。这首先是国家与科技进步、科技发展、科技繁荣的结果。“十三五”以来，科研经费连续几年位居世界第二，专利申请连续多年位居世界第一，科研经费投入也达到了世界第一的水平，工程技术人才的培养也位居世界第一，每年培养上千万的本科生、研究生，优秀的科技人才不断涌现，科技创新的成果硕果累累。这为我们打造一流科技出版提供了优越的条件。21 世纪的大学出版社就是要在坚守使命的基础上有所突破，即在服务好教育科研的同时，推动、促进一流学术成果的出版，以一流的学术成果来彰显时代的特色，突破大学出版社原来单一的为教学科研服务。

再次，致力于“新文科”学术成果的推广与出版。何为新文科？新文科应该是创新性的学术成果与科技文化集合的新概念，是互联网时代人文科学、社会科学契合社会政治、经济、教育、文化综合发展的一个新理念，是交叉学科、前沿学科成果的新平台，同时也是人文社科与数字出版、融合出版相结合的新形态。所谓的新文科，也是人文理性与工具理性相结合的一个新概念。所以新文科的学术出版也应当成为大学出版社制定的目标，大学出版人要牢牢抓住新文科的出版理念，在新文科出版的成果上去做灿烂的出版硕果。不论概念如何变化，大学出版社的使命不会改变。身处高校这个场域里，就应该要重视人文社科在学术出版中的作用。人文社科的学术成果，绝不是社会经济的无用之学，或者说是边缘学科，它是无用之用，是为大用。一个社会如果只有经济发展，没有人文社科的话，那是没有思想和灵魂的，所以新文科是科技时代、信息时代和互联网时代出现的新形态，大学出版社可以在新文科的建设上发挥自己独特的优势。

最后，大学出版社要关注"国之大者"，为国家重大的发展战略提供优质的服务。关注国家重大发展战略，践行国家重大发展理念，关注国之大者，是大学出版社应有之义。何为国之大者？就是十八大以来党中央提出的一系列方针政策，两个一百年以及社会主义现代化强国的发展等这些自十八大以来提出的新发展理念、区域发展理念、理论成果。对于这些新理念、新概念，大学出版人要发挥大学出版机构的能力，彰显大学基础学科的特色，做深入的阐释与研究。比如"两个一百年"奋斗目标的产生、美丽中国建设、生态文明建设、绿水青山就是金山银山的理论、五位一体、供给侧改革等理论的阐述，这些都是国之大者，是十八大以来党中央制定的重大决策性的意见和建议。也要关注区域发展，比如京津冀协同发展、长江三角洲区域一体化发展、大湾区协同发展、长江经济带发展等国家重大战略。这些都是十八大以来提出的一系列重大责任。这些都是出版人应该关注的国之大者，要关注国家宏观和微观社会经济发展上的一些新理念、新要求，为国家的重大战略出版服务提供优质的出版工程。事实上许多浩大的文化出版工程绝大部分是由大学和相关科研机构合力完成的。比如 20 世纪《辞源》《辞海》的出版就是很多高校的中文系、很多院系协同配合来完成的。新时期的蛟龙探海、大飞机工程、高铁技术等许多重大科技成果的出版，都是由大学和大学出版社协同完成的。大学出版社虽然是小机构，可能在大学教学科研部门之外，甚至可能是边缘部门、边缘机构，但是做的却是大事业、大使命。

第二个方面是聚焦原创性精品学术出版。（见图 2）什么叫原创性？必须是具有中国特色的重大理论研究成果。首先要弘扬中华优秀传统文化，五千年来的中华优秀传统文化是我们民族的底色和基因，是我们的国之命脉，传统文化承载了历史的重担。如何从博大精深的优秀传统文化中汲取知识的营养，发挥大学出版社学术平台的核心作用，肩负起宣传五千年华夏文明的重任，大学出版社应该是可以有所作为的。在新时代传统文化有新表现，我们也要有新目标、新路径、新方法，要真正让优秀传统文化扎根出版文化中。一个伟大的时代一定会有伟大的作品，古代中国产生了很多文化大作，如永乐大典、四库全书等，但我们现在是盛世，盛世修典，盛世修志，当下的中国正处于中国历史长河中的一个伟大的盛世。从大方面来讲，我们不能辜负这个伟大的时代给我们的馈赠，不能辜负五千年优秀的传统文化，对我们的知人、敬人和教化。大学出版社怎样做好优秀传统文化的工作？具体来说涉及的面很广，比方说优秀传统文化、优秀民族文化、优秀区域文化等。怎样在现实中做一些顶天立地的原创精品？大学出版社需要好好去思考，去阐释。比如南京大学出版社出版了两百部的中国思想家评传丛书，这是一种学术精品，但是比较学术化，它是一种学术性的话语建构。到了新时期，我们要走向普罗大众，就要用通俗易懂的语言和阐述向大众推广。因此，南京大学出版社将其中的 50 种做成了《中国思想家评传》简明读本，并入选了历年的农家书屋以及中宣部向青少年推荐的百种读本等。这就是对中华优秀传统文化很好的阐释。南京大学出版社还出版了一套中国传统文化教材，从小学一年级到高中三年级，在江苏区域率先推广。这就是我们顶天立地做出版，一方面我们有高水平的学术著作，另一方面也有很多接地气的，比如中小学生使用的或者普通大众读者阅读的文化精品，这些都是大学出版社可以做的事情。

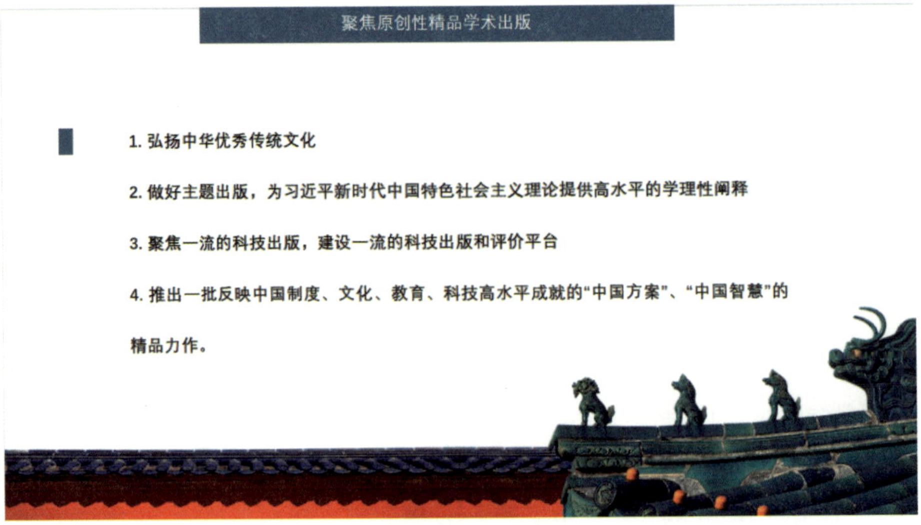

图 2　大学出版社聚集原创性精品学术出版

其次，要做好主题出版，为习近平新时代中国特色社会主义理论提供高水平的学理性阐释。主题出版是大学出版社非常关注的出版新形态，自从2007年提出主题出版的概念，中宣部对主题出版做了一些要求之后，现在进入新时期、新时代，我们对主题出版的关注越来越高。我认为主题出版已经成为传统的教育出版、大众出版、学术出版之外的第四种出版形态。那么，大学出版社怎样来做好主题出版？目前业界有一种畏难情绪，总觉得主题出版是中央级出版社、中央文献出版社、学习出版社的事情，或者认为到了地方上，应该也是人民出版社，或者集团等主要从事主题出版的一些出版社来出。但其实这是不对的。大学出版社在主题出版上大有可为。那么怎么来做好主题出版？除了高校的人才优势、选题优势之外，我们与其他的出版机构相比，还有内容优势。主题出版的很多内容产自于大学的学术研究机构，所以我们在主题出版的学术性研究、学理性阐释、特色化探索方面有核心优势，这样我们可以出版一批深入浅出、通俗易懂的精品力作。

再次，要聚焦一流的科技出版，建设一流的科技出版和评价平台。科技是第一生产力，科技创新也是一切创新的基础。面临百年未有之大变局，如何突破科技发展的瓶颈，如何抓住科技创新的历史机遇，突破卡脖子关键技术，这都与一流的科技发展与一流的科技出版紧密相连。西方的科技出版在工业革命之后远远地走在我们前面，从第一次工业革命到现在的信息化时代、互联网时代，众多的科技创新成果源自西方，他们也有一批优秀的科技出版机构，比如爱思唯尔、施普林格等，他们占据了科技出版的高地，掌握了科技出版的话语权、评价权。我们国家的科技出版社在改革开放短短的40多年中取得了快速的发展，但是在新时期我们确实存在这样一个局面，即科技成果在国内，成果发表在国外，学术评价在国外这样一个尴尬局面。很多一流的学术论文，比如SCI、SSCI都是发表在国外的学术期刊上，更不用说自然科学领域一流的科技期刊都是西方的，国内原创性的学术期刊或者学术专著相对来说比较脆弱。在这方面，国家已经高度重视科技成果的出版，尤其是科技期刊的建设与科技评价平台的建设。2018年11月，国家通过了《关于深化改革培育世界一流科技期刊的意见》，它有具体的实施方案和任务分工，优化科技期刊的出版，从布局、总量、结构、质量四个维度，统筹我国的科技期刊建设工作，争取在短时期内建设一批服务于国际竞争力和影响力的世界一流的科技期刊。科技出版、图书出版、科技期刊的建设等，都与大学出版社相关联。有些大学已经把所有的大学所属的科技期刊归置到大学出版社中，这是一个很好的政策性的举措，使科技出版和科技期刊两个不同的出版形式相互碰撞，资源可以相互补充，能达到一个更好的科技出版水平。大学出版社怎样介入这方面的进程中？应该说国家释放了很多政策性红利，比如人文社科的期刊申请非常困难，但是一流的科技期刊的申请相对来说比较容易一点。然后，从学校到政府各级部门，对一流科技期刊的支持力度很大，给予经费、人才配置等相关的政策性的措施，所以大学在这方面是大有可为的。

最后，大学出版社应该出版一批反映中国制度、文化、教育、科技高水平成就的"中国方案""中国智慧"的精品力作。在打造原创精品，推出反映中国制度文化的中国方案，做智慧精品力作这方面我们有很多的题材和成果可以出版。2020 年全面实现了小康社会，解决了几亿贫困人口的吃饭问题；我们建立了世界上最大的劳动保障体系；我们的基础建设、民生发展、教育和文化发展等各方面取得了举世瞩目的成就；我们为世界的发展中国家提供了中国方案、中国智慧。我们需要协同研究机构，思考如何将这些成果的研究和理论成果的总结进行出版，要有一个比较清醒的认识，不能有自大的喧嚣，也反对自负的膨胀，提倡理性的阐释。因为我们毕竟是一个 14 亿人口的泱泱大国，改革开放 40 多年取得了翻天覆地的变化，其中应该有发展的历史逻辑、理论逻辑，这个逻辑怎样来总结，这是出版社应该去努力的目标，这些理论逻辑怎么样来出版，应该是大学出版社发展的方向。比如说改革开放、农村的改革、工业的快速发展，世界上应该没有一个经济学家、没有一种经济学理论能给我们 40 多年来的快速发展提供理论的依据，只有我们自己在实践中摸着石头过河这种创新的精神、这种发展的理念来总结。但是实际上我们在学术出版方面，很少有这样的代表性力作能向世界推广。我们 40 多年来取得这么大的、世界第二的经济发展奇迹，但是我们没有一本经典的经济学著作来阐述我们 40 多年来的发展成就，没有阐述清楚它的内在发展的历史脉络，没有阐述清楚它的内在的发展逻辑等。所以这些是大学出版社应该去努力的一个方面。

第三个方面是要倡导学术走出去，建设提升国家文化软实力、提高国家国际传播力的"前哨站"和"桥头堡"。（见图 3）第一，百年未有国际大变局下的中国话语阐释，我们怎么进行？尤其是近年来我们面临着中美贸易战、反全球化这些功利主义倾向，我们刚刚走上发展的康庄大道，就遇到了当头风。特朗普上台以后，发动贸易战，现在中美关系应该是改革开放以来最紧张的时期，我们该如何应对？中国学术应当发出中国声音，我们应该在理论建构、学术框架概念创新走出独一无二的道路，掌握国际的话语权，提升国家的文化软实力，建设文化"走出去"的"前哨站”和“桥头堡”。国家给我们建立了很多渠道，比如中华学术外译项目、“文化走出去”的系列项目，很多项目都有大学出版社的加入。自从2018年，放开国家社科基金办，放开中华学术外译项目以来，南京大学出版社历年都取得了很好的成绩，位居大学出版社前列，甚至全国出版社的前列，在选题的储备、作者的遴选等方面做了很多前瞻性的工作，才能在学术“走出去”的过程中取得比较好的业绩。所以出版人应该思考话语阐释体系的建立。

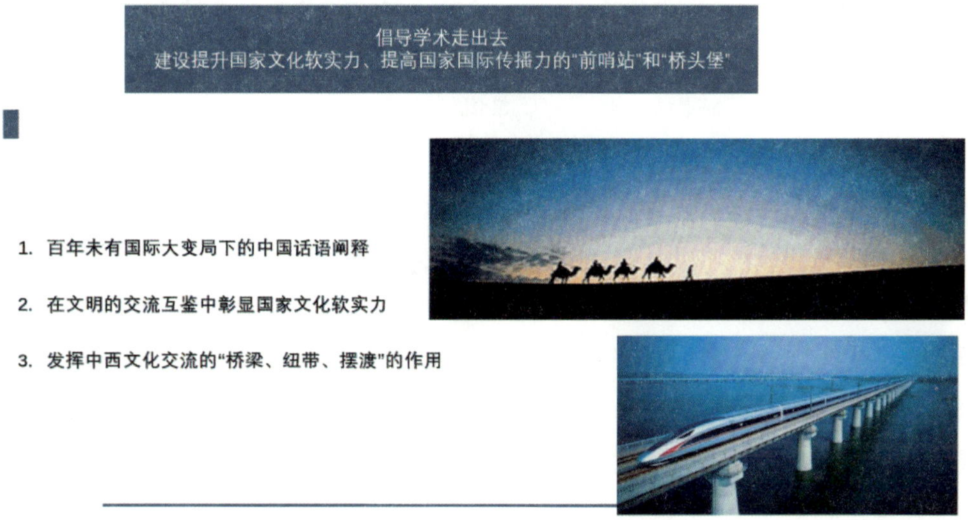

图3　大学出版社要倡导学术“走出去”

第二，要在文明的交流互鉴中彰显国家文化软实力。习近平总书记说，文明因多样而交流，因交流而互鉴，因互鉴而发展。这是中西文化交流的历史趋势。大学出版社应该在历史的交流当中，做好阐释性工作。我们国家的文化包括制度文化、科技文化、教育文化、创新文化，都要在中西文明的交流互鉴中凸显出来。我们的文化是以柔克刚，以静制动，讲究的是天人合一，这是中国文化的精髓，所以不能都依赖西方的话语体系，跟着人家的脚步走，我们应该凸显我们的文化主体性作用，要彰显主心骨的风范。让五千年的华夏文明在新时代凤凰涅槃、浴火重生，在百年建设行程中彰显中华文化的灿烂辉煌。

第三，大学出版社还要发挥中西文化交流的“桥梁、纽带、摆渡”的作用。大学出版社应该是一个中心文化交流的平台，应该是“走出去”的纽带，也是我们中西文化的摆渡，就是我们把优秀的文化“引进来”，也要让优秀的文化“走出去”，不能老是有文化的逆差，要打破文化的逆差。我们一直引进西方的人文社科学术著作，但我们国家的学术著作一直局限在国内，因此我们也要向世界分享我们五千年华夏文明的精髓。

第四个方面，大学出版社在新时期怎样提供知识服务解决方案？（见图 4）“知网事件”是我们当下关注的一个问题，怎么看，怎么办？“知网事件”是牵扯到高校的知识产权、知识服务的，以及与数字服务商、著作权人和使用者之间的信任等的关系问题。第一，怎样在“知网事件”上发现问题并着手解决问题，让坏事变好事，促进知识服务合理化的资源配置，合理化的解决方案，这是大学出版社可以做的事情。南京大学的智慧出版与知识服务国家重点实验室在这方面也是可以有所作为的，南京的很多大学出版社在这方面也做出了很多努力，尤其是一些兄弟高校，他们在知识服务方面提出了很多的方案、路径方法，而且有些已经建设了卓有成效的服务平台。比如南京大学出版社主要是做学术评价方面的工作，建立了中国人文社科学术图书的评价体系，建立了中国智库信息平台，还建立了南京大学中华民国史研究中心，对民国文献研究的服务平台等。“知网事件”对大学的教学科研形成了某种不小的冲击，今后知识服务怎么做，怎么去从事这样的工作？出版社要深度介入。我们智慧出版与知识服务国家重点实验室，或者说其他集团、大学出版社等研究机构，应该来解决这个问题。我们可以通过合理合法的途径来解决知识服务产生的著作权、服务意识问题等相关方面碰到的难题。

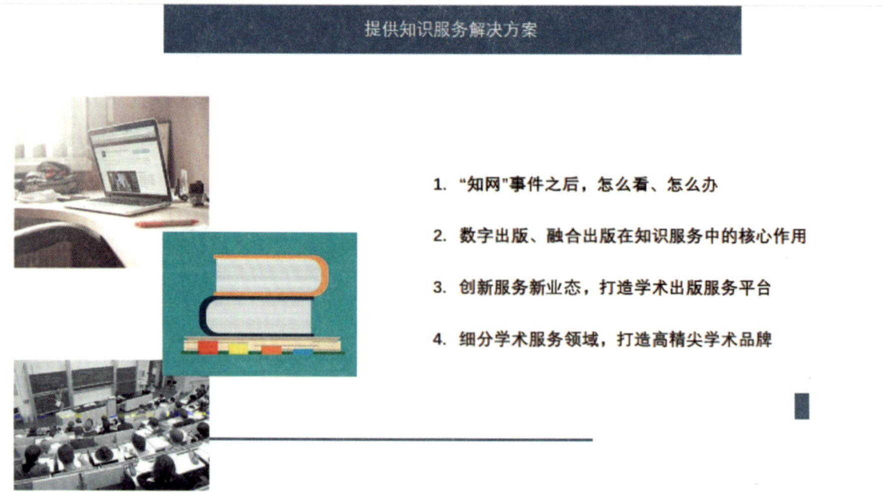

图 4　大学出版社要提供知识服务解决方案

第二，要强调一下数字出版、融合出版在知识服务中的核心作用。数字出版、融合出版是新时期出版的新形态，知识服务是学术出版的新业态，如何促进二者之间的关联，加强或者发挥知识服务在数字出版、融合出版中的作用，应该体现在知识服务解决方案上。大学在这方面有独特的优势，因为大学是一个知识集聚的场所，是创新理念、创新知识集聚的场所，是数字化出版研究的重镇，也是科技、智慧、知识的聚合地，我们可以发挥什么作用？发挥组织者的作用，为广大学术界、科研机构提供知识服务的平台。那么如何服务？大趋势不会改变，就是用数字出版和融合出版来解决知识服务中的核心作用，来加强这方面的关系。大学出版社在“十三五”期间，经过近 20 年的发展，建立了不少的数字出版平台或者知识服务平台。中央财政也提供了系列化的资金、政策方面的支持，但是结果还是不如人意，在具体的运营、应用中，大学出版社并没有做出特殊的贡献，这方面值得我们反思，做一些总结经验、总结教训。我们投入了很多的资金，人力、物力各方面都做了很大的投入，但实际上知识服务在数字出版、融合出版中的作用体现得还不够充分。南京大学出版社也遇到这样的困惑，三个平台建设用了十年，每个项目投资都是一千万元以上，比如中文学术图书的评价体系、中国智库评价网、中华民国文献资料库。但是具体的运营或者服务机构、服务个人、服务学者方面的作用，并没有得到彰显。在新时期怎么样打破这方面的梗阻，真正地让知识服务走向市场，还要做很多的工作。

第三，要创新服务业态，打造学术出版服务平台。我们在融合出版、知识服务、互联网出版、科技出版以及科技评价等方面都比较弱势，那我们怎样打造中国版的爱思唯尔和中国版的施普林格？我想应该在整合协调各方面资源上找到共同点，出版管理部门可以在政策层面上予以宏观指导。在微观层面上，由于政策性的扶持，打通了平台与政策之间，平台与服务商、著作权人、使用者之间的任督二脉，建设具有中国特色的知识服务体系。所以现在的科技，尤其是科技出版方面，怎么样创新科技出版的服务新平台，这是需要我们思考的。国家已经在各方面做了很多努力，在科技期刊、科技出版包括人文社科的学术的支柱、学术的出版方面释放了很多的政策性的红利，那我们怎么样来做好这项工作？大学出版社应该及时介入进去，因为这方面我们有先进的优势。我们和研究机构、学术生产部门、管理部门有良好的沟通，也有良好的协作。所以我们应该发挥我们的优势，来打造这优秀的知识服务平台。

第四，我们怎么样来细分学术服务领域，打造高精尖的学术品牌。现在的学科分类越来越细，比如人文社科，教育部有将近 22 个学科分类，这 22 个学科下面又细分为很多不同的学科，自然科学分类就更多了，数学、物理、化学等很多细分的学术领域需要我们去打通、去打造。大学出版社应该积极地做好学术领域细分。但对于单个的出版社来说，不可能做到面面俱到，即使是世界著名的大学出版社，它也主要是从一些特色学科、优势学科中去细分服务领域，比如前文提到的哈佛大学出版社的哲学、文学、历史学，芝加哥大学出版社的社会学，普林斯顿大学出版社的经济学，中国的大学也一样，比如北京大学出版社的文学、历史、哲学，中国人民大学出版社的社会科学等，应该要做很好的规划。拿南京大学来说，我们的优势学科是什么？我们出版社怎么样去做好服务工作？这是我们应该思考的问题。比如与文学院合作出版了前清词、前清戏曲。因为这两个专业学术积淀非常深厚，那么我们就做好这两个优势学科的特色产品出版。单部书的规模也是很浩大的，有 100 卷以上。比如说我们还是建设中华民国史的出版基地，南京大学历史学院有中华民国史研究中心，是教育部的重点研究基地，有张新文教授等一批著名的民国史研究专家，所以我们就把中华民国史作为出版的重镇，出版了 18 卷中华民国史，出版了民国文学数据库，出版了南京大屠杀史等。当然，我们还审核学校各个院系的力量，历时 20 年，持续地出版了一套当代学术丛书。所以我们既要细分又要综合，才能打造高精尖的学术品牌。

第五个方面是大学出版社应该着力建构具有中国特色的学科体系、学术体系、话语体系及评价体系。（见图 5）

图 5　大学出版社着力建构具有中国特色的学科体系、学术体系、话语体系及评价体系

法国学者福柯在 1970 年的演讲中提出了话语理论，他认为话语具有权力，话语的外在功能就是对世界秩序的管理，因此，谁掌握了话语，谁就掌握了对世界秩序的主导权，也就掌握了权力。对一个国家而言，参与全球治理需要与之匹配的话语权力，即运用话语处理关系到国家利益的内外部事务的能力，甚至全球议政的能力。现在乌克兰战争就是一个话语体系角逐，在公开的报道中，西方的话语体系占了绝对优势，俄罗斯话语体系中几乎没有什么声音。所以党中央提出了建设具有中国特色的学科体系、学术体系、话语体系，以及我们的评价体系。出版社是其中重要的一员，我们是教学科研的服务部门，我们怎样来做好学科体系、学术体系、话语体系的建设？我们应该有所作为。我们必须在建构新时代中国话语体系的基础上，努力打造具有中国特色、中国风范、中国气派的学术风格的学术类图书。我们既不能躲在学术的象牙塔里自娱自乐，应该走出全国，走向世界，同时，我们也不能迷失在单纯的经济效益中不能自拔。因为大学出版社在大学是一个独特的存在，它是一个经营部门，是一个独立法人企业，它与教学科研部门有完全不同的性质，所以有时候目标方向也会发生偏向。因为要自收自支，我们就把出版当作一个纯粹的经营工具，来从事所谓的出版，这样方向就偏离了。所以不能迷失在经济效益上，我们应该坚持初心与使命，必须在新时代的学术话语体系建构中做出大学出版人应有的贡献。

请扫码观看讲座视频

元宇宙与出版远景展望

张新新

讲座时间： 2022 年 8 月 19 日

主讲人简介： 张新新，上海理工大学出版印刷与艺术设计学院教授、博士生导师，数字编辑正高级职称，获中央宣传部宣传思想文化青年英才、全国广播电视和网络视听行业领军人才、北京市新闻出版领军人才、北京市出版百人工程人才等多项荣誉。兼任中国画报协会副会长，南京大学、北京印刷学院教授、硕士生导师，上海出版传媒研究院特聘研究员，第二届全国新闻出版标准化技术委员会委员等职务。担任起草组组长，主持制定新闻出版领域国家标准 3 项、行业标准 4 项。获中华优秀出版物、省社科应用研究精品工程奖优秀成果一等奖等奖励多项。

内容提要： 报告讲解了元宇宙的科学内涵与多维外延，并分析了元宇宙的系统性、数字性、融合性、文化性、交互性等基本特征；最后，基于远景视角，展望了出版的未来，包括“融合出版 4.0——虚实融合出版、面向元宇宙的出版标准化、元宇宙与出版科研、元宇宙与媒介革命、元宇宙与出版技术革命”，并且创新性地提出了元宇宙出版与本宇宙出版这一对新范畴。

关键词： 元宇宙　融合出版

关于元宇宙，大家其实应该都不陌生了。2021 年被称为元宇宙“元年”，到现在为止，元宇宙的热度一直持续不减。2022 年科技部国家重点研发计划专门就元宇宙相关的“孪生数字人”做出了相应部署，上海市也出台了《元宇宙基础》《宇宙与产业经济》等一系列元宇宙相关的白皮书，从政府决策咨询方面开始关注元宇宙的发展。今天从学科的角度，就元宇宙和出版做一个分享。分享的内容分为四个方面，包括元宇宙本体论、系统论、功能和价值，以及元宇宙和出版的新模式和新业态。

在正式开始前，请各位先看一下这个视频。这个视频是 2021 年 4 月 13 日在人工智能及高性能计算技术盛会上的一个片段。受疫情影响，这是他们的第二次线上会议。英伟达的创始人黄仁勋穿着皮衣在自己家的厨房举办了发布会，发布会取得的效果也非常好。但如果再认真地看的话，可以发现场景中有很多细节发生了变化，比如他的皮衣衣领在发布会中途突然变了，由小圆领变成了立领。其实这整场发布会中有 14 秒的时间全部是基于元宇宙技术虚拟出来的，包括黄仁勋本人，如他的身体、发型、衣服、声音都是虚构的。甚至后面所有作为背景的厨房以及厨房的一些摆件也都是运用元宇宙数字技术实现的。因此在发布会结束三个月后，2021 年 8 月 12 日，英伟达发布了一个消息，说他们欺骗了全世界三个月。因为 62 分钟的发布会中有 14 秒是假的、虚拟的、孪生的。同时，他们也向世界介绍了全球首个为元宇宙建设提供基础模拟和三维协作的平台——Omniverse。

按照英伟达的说法，元宇宙将为工厂和企业提供一个虚拟世界，为娱乐、旅游、教育提供与现实世界接近甚至身临其境的体验，促使全球人类学习能力发生一个革命性的变化。这个消息一出来，就引起了整个社会的轰动，引起了各行各业的思考和探讨，也由此迎来了 2021 年的元宇宙元年。

在 2022 年的国家重点研发计划中，文化科技与现代服务业的重点研发计划包含“实时高逼真的孪生数字人关键技术研发与应用示范”的课题。可能有人觉得元宇宙和出版关联度不太大，但实际关联度是非常大的。在这个重点研发计划中，就提到要研究未来人偶共生的社会场景与伦理规范，研究数字孪生对文化产业、文化法规及文化传播的影响，建立中国人物高逼真孪生数字人的三维数字资产库，创新文化表现形式，在文化传承、思政教育、党建宣传、网络传播等领域开展应用示范，制定相关的标准规范，打造多种线上线下大众化、个性化实时交互的应用的落地场景等。同时在具体的指标方面，提出要构建中国人物的三维资产库，革命先烈、共和国功勋、科学与艺术大师等人物资产不少于 20 个，形成数字人文伦理基础理论，以及相关的法规、建议、报告等。因此，作为元宇宙的一个核心技术，数字孪生技术和文化产业、出版业具有较强的关联度。但是如何在出版领域探讨元宇宙呢?

一、元宇宙的科学内涵与多维外延

首先要知道究竟什么是元宇宙。受到资本商业的影响，现下已经有诸多关于元宇宙的论述，比如说有人提到党建元宇宙、展览元宇宙、航天元宇宙、历史元宇宙、科普元宇宙等。但是这种提法，其实是把 VR/AR 等同于元宇宙。这些元宇宙，是完全可以替代，如 VR 党建、VR 展览、VR 航天、VR 历史和 VR 科普。另外也有一种提法，把数字藏品 NFT 等同于元宇宙。但是 NFT 数字藏品是区块链技术应用的一个具有代表性的成果，是元宇宙中一个非常小的应用场景，并不等于元宇宙。因此，有必要对元宇宙的概念特征、外延做一些分析，以正视听。

数字化作为一种思维方式、工作方式或者生活方式，是数字技术作用于人们的思维、生产、生活、工作等方方面面的总和。数字技术的迭代是苟日新、日日新又日新的，推动着经济格局、政治格局、文化格局、科技格局、安全格局的深度变革，尤其推进第四次科技革命的深入发展。这几年也出现了很多这种数字技术带来的冲击，包括 2013 年号称“大数据元年”，2016 年叫“虚拟现实元年”“人工智能元年”，2019 年又叫“5G 商用元年”，以及 2021 年的“元宇宙元年”。元宇宙的概念一经提出，马上成为话语的焦点，成为一个现象级的事件，引发了科技、商业、学术等各个领域强烈的关注和探讨。当然，当各行各业在强调、提及元宇宙的同时，也看到一些其他的说法，比如元宇宙空有概念、没有技术，元宇宙炒房、元宇宙传销、元宇宙的培训课割韭菜，它是资本炒作、游戏骗局、精神鸦片等，也有一些负面的现象和论断。这种负面的现象和论断的出现，客观地讲是由于它的概念的设定方法、价值设定等不清晰、不规范、不准确造成的。还有一个方面，就是资本商业逐利所造成的故意滥用、故意混淆视听而引发的结果。

从元宇宙的提法来看，1992 年尼尔·斯蒂芬森在《雪崩》这本小说中提到了超越现实宇宙的另外一个宇宙，或者说超越物理世界的宇宙，这是元宇宙提法的源头。当然，在很多影视作品中也出现了各种元宇宙的原型或者雏形，即元宇宙的外延，比如说《黑客帝国》中所塑造的矩阵，自然人通过接入设备穿梭于现实和虚拟世界之中;《头号玩家》中通过 AR 和 VR 可穿戴设备进入三维的数字虚拟世界;《盗梦空间》中的多重梦境;《阿凡达》当中的虚拟世界；等等。

不过元宇宙的中文概念，最早是由山东社会科学院副院长韩明清先生在2002年提出的。他将元宇宙视为一个哲学概念，是指形成了另一种或者另一层面上更为广大更为深远的存在。尽管他所讲的元宇宙指的是多宇宙群，拥有一个更大的共同的背景和基础，和目前提到的基于数字技术的元宇宙有本质差异。但是基于哲学视角的关于元宇宙的认知，对加强目下元宇宙的认知也会带来一些启发。比如说他提出来关于元宇宙虚时间、虚空间、虚时空性的特征，在许多文章及其观点中也都得到了呈现；提出了元宇宙具有量子的时空性、高维时空性，构成了更为基本的宇宙状态和层次。此外，也提出了元宇宙的理论意义是认识当代人类文明的一个困境和出路，指出人类社会经历过渔猎采集农业时代、工业时代之后再造新宇宙的一个时代。目前所讲的元宇宙，某种程度上也属于再造新宇宙，准确地说是由孪生数字人借助数字化、智能化等技术，基于信息、数据、知识等要素再造的一个新宇宙。当然，Facebook的更名、元宇宙第一股的出现，更进一步推动了元宇宙的兴起、火爆。

回到元宇宙是什么的初始问题，在厘清元宇宙是什么的情况下，首先要搞清楚元宇宙不是什么，即从正反两个方面进行论述，才能得到正确认知。刚才已提到元宇宙不是VR元宇宙，不是区块链，不等同于NFT，也不等同于虚拟机器人、AI主播，也不等同于5G。好多人提到元宇宙未来的网络基础是5G,实际上，5G的网络速度是无法支撑元宇宙的系统运营的，能够支撑的可能是6G、7G甚至量子通信等。刚才提到的一系列的元宇宙个体形态，也导致很多人以沉浸性、交互性、身临其境等特点来取代对元宇宙一般属性的认知，没有抽象出元宇宙真正的内涵和本质，因此，也无法从科幻的、商业的概念上升到学术概念，实现理论抽象的提升。

在学术层面，关于什么是元宇宙，已经有数十位学者提出了相应观点。经梳理后，大概可以分为三类学说。第一类就是新互联网说。新互联网说指用“互联网及其工具、平台等要素”来指称元宇宙的对象属性。这类学说从微观要素层面突出了数字技术集成在元宇宙中的重要作用，明确了技术创新应用与元宇宙发展的必然关系，强化了元宇宙经济层面的考量，适宜与当下经济社会发展相接轨。如喻国明老师提出元宇宙是一个虚拟与现实高度互通且由闭环经济体构造的开源平台。沈阳教授提出，元宇宙是整合多种新技术而产生的新型的虚实相融的互联网应用和社会形态。喻国明老师后来在一篇文章中也提出，元宇宙就是互联网、虚拟现实、沉浸式体验、区块链、产业互联网、云计算以及数字孪生等互联网全要素的未来融合形态，又称之为“共享虚拟现实互联网”，或者叫“全真互联网”。那么新互联网说共同的特点是把元宇宙的属都定位在互联网或者互联网的工具平台、互联网的技术集等要素层面。表述方式大概是元宇宙是什么样的集成技术工具集合、什么样的开源平台、什么样的互联网以及什么样的互联网应用。新互联网说的主要观点，第一，提出元宇宙是虚实高度互动的开源平台，是全程互联网，是共享虚拟现实的互联网，把 VR、区块链、数字孪生等视作元宇宙的一个要素。第二，提出来元宇宙是基于多种数字技术的虚实相容的互联网应用，是下一代互联网，是虚拟空间、增强现实和互联网的总和。第三，提出元宇宙就是基于大数据、区块链等信息技术、人工智能等多种数字基础的、技术工具的一个集合，是数字技术、继承机制或者融合载体等。这些观点的共同点就是从微观要素层面，把元宇宙最终描述成为一种什么样的新型互联网，突出了数字技术集成在元宇宙中的重要作用，明确了技术创新应用与元宇宙发展的必然关系，强化了元宇宙经济层面的考量。可以说，新互联网说是与当下经济社会发展接轨度更高的一种观点。

第二类是数字社会说。数字社会说就是用数字社会或者虚拟社会来指称元宇宙的对象属性，界定元宇宙的内涵的学术的统称。这是元宇宙概念中的一个中间学派，其基本特点就是把元宇宙界定为是什么样的一种数字社会，元宇宙是什么样的社会。它把元宇宙临近的属定位在新型互联网以及数字世界中间，包括典型的数字社会、虚拟社会以及非典型的互动现实数字空间、虚拟空间，属于中观维度的内涵界定。主要的观点是元宇宙是整合多种数字技术产生的虚实相容的社会形态。非典型的一个提法，则是认为元宇宙是覆盖生活每部分的、完全互动的、可以创造社交共同体验的数字空间。比如武汉大学信息管理学院的吴江副院长提出来元宇宙是基于数字技术而构建的一种以数字身份的数字社会说，它的共同点是把元宇宙的属定位在数字社会，定位在新互联网和数字世界中间，定位在虚拟社会。这类学说在强调元宇宙的技术属性的同时强调了元宇宙的社会属性。数字社会说在进一步完善新互联网说认知视角的同时，开始关注元宇宙的社会属性、经济属性等。把元宇宙的属性从微观的互联网上升到一个中观的数字社会，视野得到了进一步的扩充。但是如果以宇宙的视角来审视，数字社会说的观点还无法辐射元宇宙的全部外延，比如它忽视了宇宙是包含经济、社会、自然等庞大的生态系统的组合。

第三类是数字世界说。数字世界说指用数字世界或者数字宇宙来指称元宇宙的对象属性，从而以界定元宇宙内涵的一种学说，属于元宇宙概念中的宏观学派，所涵盖的元宇宙外延是最广的，也更接近于元宇宙的本质属性。数字世界说的最核心观点就是它将元宇宙的界定落脚在元宇宙是一种什么样的数字世界，把元宇宙临近的属性定位在数字世界或者数字宇宙。主要观点包括两种，第一种认为元宇宙是虚拟与现实深度融合、无缝衔接的一种数字世界、数字生态世界、人造虚拟世界，或者是为人类社会建构的新的虚拟世界、映射并且独立于现实世界的虚拟世界等。第二种是从宇宙视角出发，认为元宇宙是与物理现实或者数字虚拟融合的一种后现实宇宙，是基于数字技术建构的、映射自然宇宙并且能够提供人类自由创造空间的数字虚拟宇宙。甚至有更宏大的提法，即将元宇宙视为由数百万个数字星系所构成的可观测的数字宇宙。关于数字世界说有很多种观点，比如方凌志提出来元宇宙是高度发达的、与现实相交融的但是又不依托于现实的虚拟世界；王海龙提出元宇宙是由数字信息技术驱动构建所形成的具有经济社会属性、虚拟现实交融的生态世界等。

可以说，数字世界说最接近元宇宙的本质属性，因为其将视野放大到由时间空间总和所构成的宇宙或者世界，它在符合宇宙的语义学的概念的同时，又融入了数字技术赋能虚实融合互动等内涵。仅有的一点局限是这类学说的描述重心在空间维度，对时间维度的阐释和着力略显不足。

那么，怎么确定元宇宙的概念？首先从语义学来看，元宇宙的“元”，有“开始”“为首”之意，《易经》开篇之语即为“乾：元、亨、利、贞”。元宇宙之“元”，是指其基于数字技术建构一个新的、数字的、虚拟的宇宙，形成数字时空总和；这里的“元”等同于数字、数字化，是数字世界建构的开始，也是数字文明之首。元宇宙的“宇宙”即时空总和，其中，“宇”是指无限空间，“宙”是指无限时间；哲学意义上，宇宙即世界，也就是自然界和人类社会一切事物的总和。另外，从种属逻辑来讲，即从种差和邻近的属的角度来看，作为数字世界的一种类型，元宇宙和目前很多游戏场景、体验场景有很多的不同。

第一，它是数字时空的总和，是数字时空的方方面面，可体现由时间线所贯穿的虚拟经济系统、虚拟文化系统、虚拟政治系统、虚拟自然生态系统等。而目前的很多沉浸式的场景主要是一些数字时空的片段，或者说是数字空间的一个片段。第二，元宇宙的主体是虚拟数字人，包括基于数字孪生技术映射，并且与本宇宙与现实世界自然人相互动、同步的孪生数字人。目下很多沉浸式场景的主体主要就是人造的虚拟形象，就是虚拟人。第三，元宇宙的建构和提出，它的科幻和影视作品的价值源头是在实现更好的一种生活方式。那么元宇宙发展的逻辑起点在于推动数字文化的博兴。元宇宙发展目标的设定，应该是推动数字文明的提高，而非目下沉浸式游戏所追求的娱乐功能。因此元宇宙的种差，至少要包含数字时空的总和、数字人、数字文明等特有属性。但是正如一千个读者心中有一千个哈姆雷特一样，一千个人的眼中也有一千个元宇宙。

关于元宇宙的认知具有多面性和多元性，仁者见仁，智者见智，在概念层面，很难做到整齐划一。但是就上述分析，元宇宙可指基于数字技术进行建构，以促进人的自由全面发展为价值归依，以系统完备的数字文明为最终目标，蕴含数字人、资本、信息、数据、知识等要素，由虚拟文化、经济、政治、社会以及自然生态系统所构成的数字时空总和(数字世界)。基于此，其概念呈现出来的内涵包括以下几点：第一，元宇宙是数字时空的总和，包括数字时空的方方面面。第二，元宇宙的数字世界中，主体是孪生数字人。第三，它的目标设定是提高数字文明的。对这个内涵做进一步剖析，可以发现，首先，元宇宙是一个超级复杂的巨系统，前面提到包括虚拟文化子系统、虚拟经济子系统、虚拟政治子系统、虚拟社会子系统、虚拟自然生态子系统等，它的功能当然包括数字经济、政治文化、社会生态等各个方面的功能。其次，数字技术体系是支撑元宇宙建设发展的一个关键能量，或者说是核心要素和内在的主线。在元宇宙的建构过程中，资本、信息、数据、知识好比建设大厦的砖块，而把这些砖块按照一定的规则搭建成井然有序、巍峨壮观的主体是数字人，搭建的动能或曰能量是数字技术。其中，核心的数字技术覆盖数字孪生、网络及运算、物联网、交互、区块链、人工智能、空间架构、安全隐私保护等各个类别。最后，元宇宙的最终价值是在促进人的自由全面的发展，在于通过自然人和数字人的交互融合，实现本宇宙的物理空间、元宇宙的赛博空间的虚实互动。解除本宇宙的自然人或者是受到主、客观环境的束缚性的限制，最大限度地摆脱自然人对物质客观条件的依赖，在更加丰富、更加广阔、更加和谐的虚拟社会关系中，实现人的自由全面的发展，而不是被迫的、片面的一种发展。满足自然人在本宇宙当中所获得、无法实现、无法完成的价值追求，实现了从必然王国向自由王国的飞跃。

从外延的角度，刚才提到了很多关于元宇宙在科幻形象中的外延的一些案例。元宇宙的外延就是从不同的分类角度，划分为不同的分类方法。但是对于元宇宙外延的阐述，一定要具备足够的联想能力和创造思维，比如《星际穿越》所塑造出来的五维空间，《火星救援》中的火星时空等。

基于开发者的分类视角，元宇宙的外延又可包括由我国自然人和组织主导研发的元宇宙，以及由其他国家的自然人和组织主导建构的；基于时间性质的划分，分为面向过去的元宇宙，面向现在的元宇宙，以及面向未来的元宇宙；基于时空的维度，包括三维的、四维的、五维的甚至更高维度的元宇宙。

关于元宇宙的属性也存在很多误区，这些误区存在的原因，第一是把元宇宙的要素特征等同于元宇宙整个系统的属性。比如去中心化，其实去中心化是区块链的一个特征，不是元宇宙的一个整体属性。第二是误将子系统的属性作为元宇宙的属性，比如说有人提出元宇宙的属性是经济增值属性，但经济增值属元宇宙经济子系统的属性，不能够作为元宇宙的本质属性。第三是误将一般的属性作为元宇宙的特有属性。因此，元宇宙的本质属性是数字文化性，固有属性包括数字经济属性、数字社会属性、数字政治属性以及数字自然生态属性等。为什么数字文化性是元宇宙的本质属性呢？首先，元宇宙发源于文化，刚才提到的众多文学当中的原型，以及影视作品中的原型均是文化产业所推出来的，它寄托着人们对于更加自由全面以及更加美好的一种生活方式的愿景。

关于元宇宙的功能定位，元宇宙具备文化功能，它在推动文化发展进步上有着积极的作用，不仅推动元宇宙的虚拟文化事业和文化产业的发展，也协同带动了本宇宙文化事业和文化产业的发展，以更好地满足人们的精神文化需要。元宇宙本身也是一种最为前沿的数字文化形态，是数字文明高度发达的一个结果，也是数字文明系统完备的一个重要的标志。

而元宇宙的特征是元宇宙属性的外在体现。它的本质特征是时空拓展性，就是把本宇宙的时间和空间拓展、开拓到虚拟世界。当然这种拓展的具体方式包括几种，第一个是时空迁移，就是基于数字孪生等技术，把本宇宙的人、时间、空间等映射到元宇宙，形成平行于现实世界的虚拟世界。第二个是时空再造，即在元宇宙原生再造出一个虚拟世界，形成完备的时空运行系统。第三个是时空交融，本宇宙与元宇宙、物理世界和虚拟世界通过交互融合，自然人、数字人得以变换身份进行相关的穿梭。

当然，基于元宇宙时空再造的本质特征，又衍生出系统性、数字性、融合性、文化性、交互性等一系列的基本特征。第一，系统性，就是说元宇宙是一个超级复杂的巨系统，包括一系列要素以及由这些要素组合成的虚拟经济、虚拟政治、虚拟文化等一系列子系统。第二，数字性，是说元宇宙是基于数字技术而建构的。不管是它的底层技术，如网络技术、区块链技术、增强现实、虚拟仿真还是作为关键主体的数字孪生技术，都是数字技术体系的一部分。第三，融合性，即本宇宙和元宇宙之间，数字人、孪生人和自然人之间，赛博空间和物理空间之间的交融共融的关系。第四，文化性，即元宇宙本身就是数字文明高度发达的重要标志。第五，交互性，即本宇宙和元宇宙的数字人、孪生人、自然人虚拟行为之间的交互。当然，在基本特征之下，还有一系列的经济性、社交性、政治性、生态性等一般性的特征。

二、从系统论的角度分析元宇宙

从系统论视角对元宇宙做一个分析。元宇宙是一个超级复杂的巨系统，从系统论角度对元宇宙的要素、结构、功能做一个分析也有利于更加深刻地认知和理解元宇宙。

从要素的角度来讲，元宇宙的要素是建构元宇宙的一个必不可缺少的因素。相对于目下所处的物理世界，即本宇宙，土地、资本、劳动力、技术数据等生产要素而言，元宇宙的系统要素主要包括虚拟数字人、数字技术、数据、信息、知识、资本等。其中虚拟数字人是元宇宙的主体性力量，数字技术是元宇宙运行建构的一个逻辑遵循，数据、信息和知识则是有机融合形成了虚拟经济、政治、文化等子系统，数字经济资本、文化资本、社会资本等各种资本则是支撑和维系各个子系统运行的一个维系性因素。

第一个方面的要素，在虚拟数字人方面，其是元宇宙建设的一个主体性力量。虚拟数字人其实可以追溯到 20 世纪 80 年代。随着人工智能发展，虚拟数字人开始向着智能化、精细化的方向发展。比如湖南卫视推出的数字主持人“小漾”，抖音的虚拟人 UP 主“柳夜熙”，以及花西子同名的虚拟形象代言人，2022 年江苏卫视春晚上的邓丽君等。根据数字人的虚拟化程度的划分，可以分为仅存在于元宇宙的数字人、本宇宙的自然人在元宇宙当中的映射。因此，关于数字人的技术方案或者技术路线也包括两种，一种是基于人工智能技术原生出来的，还有一种是基于原型孪生出来的数字人。因此这里又提到数字分身、虚拟分身和虚拟化身的观点，虚拟分身就是自然人在元宇宙创建的多重虚拟人的分身，也是自然人与人工智能的有机集合。虚拟化身则是为自然人的这种行为、思想、情感与元宇宙同步映射，本质都是属于推动元宇宙发展、文化建设核心参与的主体。

第二个方面的要素是作为元宇宙发展逻辑遵循的数字技术。第一，打破了本宇宙和元宇宙的融合边界，为实现元宇宙和本宇宙交互延伸提供了底层支持。数字技术包括 6G、7G、边缘计算等网络级运算技术，为元宇宙提供了实时流通的通道，支持元宇宙系统的有序运动。第二，操作系统、信号传输传感器等物联网技术为元宇宙的万物互联、虚实共生提供多维的支持。第三，数字孪生技术，通过构建数字孪生的原型、数字孪生的实例和聚合体，来实现本宇宙和元宇宙之间的数据和信息的流动。第四，像 AR、VR、MR、脑机接口传感等交互技术为自然人到数字人的转换提供基础通道和接口。第五，区块链的验证机制、共识机制、智能合约等技术是元宇宙经济体系运转的基石。第六，机器学习、自然语言处理、决策智能等人工智能技术，为元宇宙系统的自我革新提供现实依托。第七，像云原生平台、自主系统、3D 建模等空间架构技术，为元宇宙提供了开放的创作平台、自动化的系统协作以及精细化的社交场景。第八，还有比较重要的网络安全网格增强、隐私计算等安全隐私保护技术，有效地实现元宇宙的要素子系统以及功能的平衡，抑制产业风险、技术风险、治理风险等各种风险的发生。

第三个方面的要素是作为元宇宙建设机制的数据、信息和知识。数据、信息和知识的重要性好比元宇宙建设大厦的砖块等基本物质，简称为元宇宙的基质。

第四个方面的要素是作为元宇宙运行支撑的资本。元宇宙的资本要素，是指通过直接、间接的形式投入产品服务或者生产流程中的中间产品，或者金融资产。出版的相关资本，即投入出版产品生产过程中实体型的厂房、机器印刷设备工具、原材料等。元宇宙的运行也同样需要一系列的资本要素来进行支撑，以提供相关的激励机制和支撑机制。

从结构的角度来讲，元宇宙的结构构成主要有五个方面，分别是虚拟文化系统、虚拟政治系统、虚拟经济系统、虚拟社会系统以及虚拟自然生态系统。另外，从功能的角度来分析，有对应的文化功能，比如在继承和弘扬本宇宙先进文化基础上，发展虚拟文化，推动人类数字文明达到新高度，形成系统完备的高度发达的人类数字文明。当然也有政治功能、经济功能、自然生态功能、数字技术功能等。数字技术功能主要是数字技术作用于元宇宙空间结构，扩充元宇宙价值维度的重要体现，既包括促进提质增效、多元交互、沉浸体验等正向价值功能，也包括衍生出数据安全、隐私风险等负价值功能。因此，如何基于技术理性主义追求实现数字技术的正向价值，避免、减少数字技术的负向价值，是非常重要的议题。

同时，从系统论的角度来论述元宇宙整体和部分的关系，也涉及如何产生一加一大于二的协同效果的议题。其实元宇宙系统的有效运转并不是各个子系统以及各个要素的简单相加，其整体的功能发挥成效取决于各个层次的相互作用关系。因此，在元宇宙系统中，存在着要素协同、子系统协同以及元宇宙和本宇宙之间协同的协同机制，由相关的需求启动、支撑保障等所构成的动力机制，以及包括相关的信息、物质和能量交换所形成的反馈机制。

三、元宇宙与出版的前景

讲一下关于元宇宙与出版的前景或者说出版远景的展望问题。首先要明确一个前提，即出版业与元宇宙的耦合机理。第一，出版业能够为元宇宙提供数据、信息、知识要素，甚至起到中流砥柱的角色。第二，出版业的文化选择、文化建构、文化承载、文化传播的使命，能够更好地推动元宇宙建设和发展为系统完备的全人类的数字文明。第三，未来出版业的经济、政治、文化、教育等功能，不但可以在本宇宙的物理空间发挥，更可以延伸到元宇宙的虚拟空间。第四，未来出版是以虚拟出版形态出现在元宇宙的虚拟文化子系统，并且可以成为元宇宙虚拟文化子系统的重要组成部分，以及支柱性的虚拟产业。第五，元宇宙赛博空间的出版业基于内化吸收型的耦合原理，元宇宙的数据、信息、数字技术等新的生产要素被出版系统所吸收发展成为新的动力，推动着元宇宙之中出版业的持续发展。

元宇宙与出版的第一个应用场景是虚实融合出版 4.0。融合出版的机理是什么？机理在于深度融合性的协同。出版本身存在着文化子系统、经济子系统、技术子系统。那么融合出版就是两个子系统通过融合产生一种新的共同的新姿态，达到融为一体、合二为一的新状态。因此，目前出版业的文化子系统和技术子系统之间就属于深度融合性的协同，内容和技术之间的结合重组和重构催生出了出版业高质量发展的融合出版这一新的制态。梳理融合出版相关论述，可以认为融合出版 1.0 就是传统出版、新兴出版“相加”的一个阶段；融合出版 2.0 是传统出版和新兴出版“相融”的阶段；融合出版 3.0 是传统出版、新兴出版的“深度融合”阶段；那么融合出版 4.0 可能就是“虚实融合”的阶段，就是传统出版和新兴出版在现实和虚拟这两个维度的融合，也由此出现本宇宙出版、元宇宙出版这一新的二元结构。元宇宙出版的发展，也将历经比如数字孪生虚拟映射、虚拟原生、反馈进化、虚实融生等阶段，实现本宇宙和元宇宙、本宇宙出版和元宇宙出版的虚实融合、实时镜像的高维度融合发展。2022 年 4 月，清华大学新闻传播学院和中文在线共同打造了清华大学新闻传播学院的元宇宙文化实验室，中国人民大学也成立了元宇宙实验室。在这个方面，新闻出版对元宇宙的重视程度，包括科研等都在呈现出不断加强的态势。

第二个是基于元宇宙或者面向元宇宙的出版标准化。在这个方面，近年来包括知识服务、出版物 AR 技术应用规范、出版物 VR 技术应用要求、版权区块链等标准已经陆续出台。这些数字技术和出版融合的标准揭示了数字技术应用于出版业的规律，并且示范性地提供了出版业数字技术应用的流程和场景。科技标准是引领出版业创意性发展的两翼，那么面向未来的出版业，这些相应的标准，以及包括更加前沿的基于数字孪生技术、全息技术的出版业应用标准，也会不断地往前推进和发展。

第三个是元宇宙与出版科研。孪生数字人关键技术研发是国家重点研发计划中的一个专项。从科研的角度，元宇宙与出版的学术探讨也需要应用多学科、跨学科的方法来不断深入地推进。

第四个是元宇宙与媒介革命。出版媒介的进化经历了由重到轻、由实到虚的演化进程。从最早石头、泥土，到比较便捷的龟甲、兽骨、木板、竹简、羊皮、纸张等实体媒体的不断演化。在此基础上，又从实到虚，即从实质的纸质媒介，转向了磁盘、软盘、光盘、电子屏等。元宇宙的建构和发展将继续推进出版媒介、出版载体实现一个由虚向无的发展演进。基于元宇宙赛博空间及相关的全息技术，它可能会取代虚拟现实，成为虚拟现实的终极进化版本。在不需要穿戴任何设备的前提下，用户能够实现面对面的沉浸式的视听享受。阅读也可能会从智能阅读走向全息阅读时代，所提供的全息出版物将不再依赖任何的载体、媒介，而是呈现于透明的空气之中。

第五个是元宇宙与出版的技术革命。每一次媒体技术的革命，都会对人类社会带来巨大的影响，加速人类文明的进程。出版的发展史也是一种科技赋能史，是不断涌现出来的新技术要素被吸收内化，成为出版子系统中一部分的演变历史。比如说汉字激光照排系统，将出版周期从 300~500 天，缩短到目前的 100 天左右，这就是出版从铅与火走向了光与电的时代。而目前人类正处于数与网的时代，未来可能会呈现基于脑机接口的即时知识服务形态，自然人和虚拟数字人之间的智能知识交互、基于未来全新计算机赋能的出版形态革新等，都可能带来新的出版技术革命。

同时，元宇宙出版和本宇宙出版这一对新范畴，也衍生了元宇宙出版话语体系构建的新议题。即在元宇宙中，出版如何反映中华传统优秀文化，展现当代中国特色社会主义先进文化，如何用好元宇宙这个技术工具，在元宇宙中构建出版话语体系等。当然，也包括元宇宙时代的出版产业链重构、元宇宙出版的价值重塑等。

从未来学的角度，享誉全球的未来学大师阿尔文·托夫勒在《未来的冲击》《第三次浪潮》《权力的转移》中提出，知识是社会力量的核心，是质量最高的力量源泉。而出版本身就是关于知识选择、表达与传播的科学，元宇宙出版这一新范畴的提出，对于拓展出版发展想象力、拓宽出版研究的视野，某种程度而言具有出版未来学研究的意义。期待出版学界、产业界能够有更多的关于元宇宙出版的研究型文章的涌现。

请扫码观看讲座视频

智慧出版：出版发展的新趋势

杨海平

讲座时间： 2022年8月19日

主讲人简介： 杨海平，南京大学教授、博士生导师，南京大学出版研究院副院长，中宣部国家新闻出版署智慧出版与知识服务重点实验室主任、国家社会科学基金重大项目首席专家。现阶段主要研究方向包括智慧出版、知识组织与知识服务、出版经济与管理、数字出版与数字图书馆、竞争情报与战略管理、文化产业等。

内容提要： 报告对现有研究中有关“智慧出版”的定义进行了梳理，采用“属加种差法”对智慧出版的概念进行了界定。结合行业的具体案例，提出了从广度到深度到精度再到温度的四步实现路径。从产业全局、横向对比和纵向趋势三个角度剖析了智慧出版评价指标体系构建的意义，按照科学性、系统性、可比性和可操作性四大原则，构建了智慧出版评价指标体系。

关键词： 智慧出版　出版转型　指标体系

多年来，“智慧”这个词，跟我们不同的行业有很多的关联，比如智慧城市、智慧旅游、智慧教育等。作为出版来说，能不能用“智慧出版”这个词？一段时间以来，我们都在思考这个问题。无论是技术上的进步，还是出版行业的不断改革，实际上都要求我们来思考这个状态。我们遇见的各种实践，也要求我们回答这么一个问题。从最早的数字出版，到融合出版，再到智能出版等，概念在不断地前进，这背后既有技术的因素，也有我们出版行业本身的努力和探索。所以我想就智慧出版这个概念，跟大家做一个交流。报告之所以用了一个最普通的标题，就是因为这个概念我们虽然有一些涉及，但是还没有真正地完完整整地来把这个事情说清楚，甚至可能有不同的看法和争议，也欢迎大家共同来研讨和思考。

今天我的汇报分为三个主要方面，一个是智慧出版的定义，第二个是智慧出版的实现路径，第三个是智慧出版的指标评价体系。

一、智慧出版的定义

智慧出版的定义，我们选择了两个不同的角度来归纳。第一个角度，这么多年来在不同的场合、不同的文献、不同的会议和报告中出现了很多 ×× 出版，比如数字出版、融合出版。那 ×× 出版这个词是怎么形成的呢？为什么要用这种说法？为什么叫网络出版？为什么叫互联网出版？它的使用频率怎么样？在不同的场合它代表的含义是什么？这是我们思考的出发点，即从我们现在已有的认知出发。第二个角度，智慧是什么？智慧这个词跟我们过去的信息知识，跟我们的智能是什么关系？从这两个角度，从智慧出版的本源，我们试图看一看，组成智慧出版四个字后，能不能在学界、业界和管理界把这个概念立起来、用起来并拓展下去。

1. 论文关键词统计

我们对论文关键词中出现的“×× 出版”进行了词频统计，以此来展现出版的发展和出版的外延。

我们对 1998 年以来中文社会科学引文索引（CSSCI）来源期刊中论文关键词进行统计，发现出现了 100 多种 ×× 出版。在这一百多种称呼中，出现频次在 100 次以上的有 18 个（见图 1），出现频次在 10 次以上的有 99 个。我们发现在现有比较正规的文献里面出现频次较高的词，都是各界比较认可的。比如数字出版在 20 多年里总共出现了 2 013 次，编辑出版总共出现了 492 次，图书出版总共出现了 482 次，学术出版出现了 466 次，主题出版出现了 362 次。通过对论文关键词进行简单的定量分析，大致能看出来出版领域在使用这些名词的时候，管理者、研究者和实践者的基本判断和趋向。

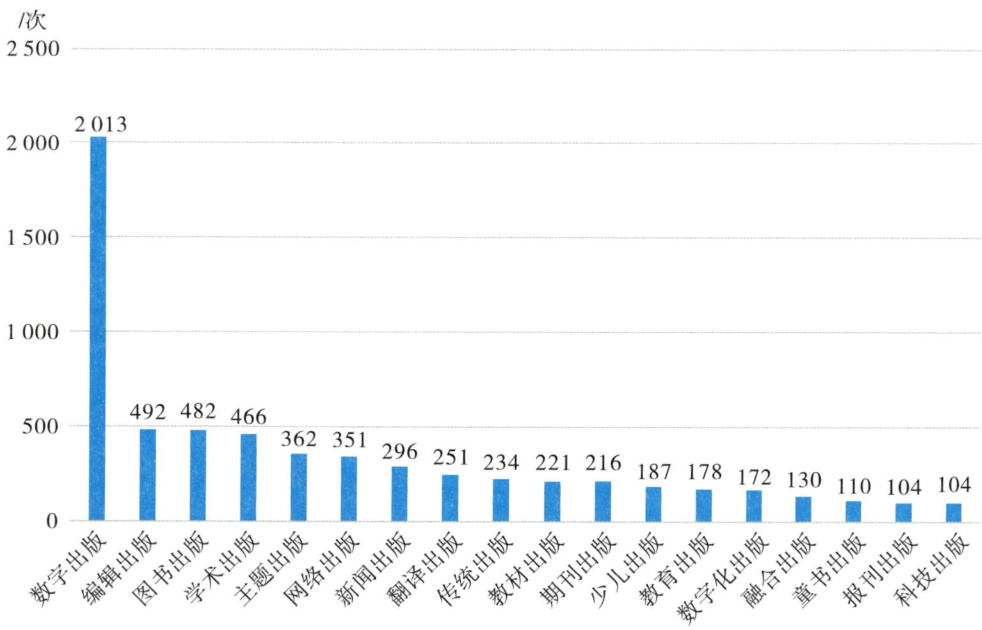

图 1　1998—2022 年 CSSCI 来源期刊中论文关键词统计

2. 智慧定义

通过厘清“智慧”的概念，从而辨析“智慧出版”的概念，进而辨析“智慧出版”的独特性和发展性。

通过对“智慧”这个词含义的理解可以帮助我们来思考怎么搞清楚智慧和出版的联系。“智慧”这个概念最早可以追溯到公元前 2500 年左右的古代埃及，当时的文献将智慧界定为身处不公平、不公正的境遇中仍能保持信心。在中国儒家经典中，智慧主要是指审时度势之后，再择机行事。在现有的工具书中，我们选择了《现代汉语词典》与《新华词典》进行查阅，它们对智慧的解释又不一样。比如说《新华词典》（第 12 版）对智慧的解释是“迅速、灵活、正确地理解事物和解决问题的能力”。工具书上强调的是能力，儒家强调的是心智，古埃及强调的是信心，表达都不一样。我们大致归纳认为：智慧既能够包容诸如能力、智力、才智、智谋等一系列相关概念，同时又能将这些概念整合到一个更高的层次和境界，即真、善、美统一的层次和境界。

3. 智慧出版定义

很多专家都做了涉及智慧出版某个角度的研究。从 2019 年开始，不断地有各方面的专家研究智慧出版，或者在研究中提到相关词，这些词的内容主要包括技术和出版流程。一个是从出版延伸出去的，我们从事的各种知识生产、知识筛选、知识服务、知识评价和知识反馈等。另一个是将出版过程中出版机构跟用户之间的互动作为研究内容。不同的专家学者、行业管理者，试图从不同的角度来定义智慧出版。有的从现有不同载体的角度来对智慧出版做出定义，包括图书出版、期刊出版、报纸出版等。还有一些专家学者从技术和内涵的角度来进行定义。

在定义智慧出版概念的时候，我们选择的定义逻辑是被定义项等于种差加邻近的属概念。在这个逻辑下，我们要找出智慧出版的属概念，就是要找出它的种差，找出种差实际上就是找出被定义项所指对象的本质属性。智慧出版的本质属性既是智慧出版区别于低碳出版、数字出版、智能出版等其他出版业态的根本特征，也是智慧出版特有的而其他出版业态缺乏的属性。我们希望通过图 2 来尽可能地把数字出版、智能出版和智慧出版的关系讲清楚。最终目的是要解决两个问题：第一个问题是出版今后怎么管理，第二个问题是出版业界怎么去发展。

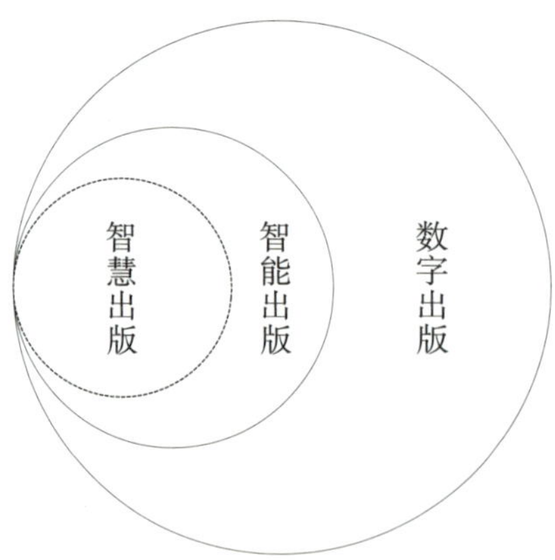

图 2　数字出版、智能出版与智慧出版的关系

种差是智慧出版的本质属性，涉及智慧出版技术、智慧出版流程、智慧出版内容、智慧出版服务、智慧出版生态。在整个过程中，智慧出版的流程和智慧出版服务变得越来越重要。

根据前文的梳理，我们对智慧出版有了一些认识：一是智能出版是对出版走向未来科学发展的战略认知。二是智慧出版是以人工智能为主的技术体系作用于出版流程，构建泛在、共享、共创的出版机制，为用户提供个性化、场景化、智慧化的出版服务，进而实现出版生态的可持续发展。三是智慧出版既不等于数字出版，也不完全等于智能出版。数字出版、智能出版是智慧出版的基础，智慧出版是出版发展的顶级形态。

二、智慧出版的实现路径

（一）智慧出版的实践意义

智慧出版主要有四个方面的实践意义。

第一，智慧出版能提升阅读体验，助力保障阅读权益。智慧城市、智慧教育、智慧旅游等“智慧 +”，都有其实践意义和产业价值，智慧出版的意义就在于提升阅读体验，助力保障阅读权益。

第二，提供优质服务，实现深度互联。AR/VR 互动以及情景化，这些功能在未来的元宇宙中都会发挥很大作用。在这样一个体系下，出版本身也要做好相关准备。

第三，优化人才结构，深化产学协作。这么多年来，无论是业界取得的重大成绩，还是学界在推进出版一级学科的过程当中，我们都在努力做一个工作，就是希望我们的理论能指导我们的实践，我们的实践能不断地推动我们的创新。

第四，更新出版理念，推动绿色生产。在发展过程中，通过智慧出版来更新我们的出版理念，推动绿色生产，这也是出版发展最长远的目标。出版的双重属性决定了我们在出版过程中始终坚持出版社会效益，同时兼顾经济效益，无论是出版机构还是出版人，都要履行社会责任。这个社会责任就包括了绿色生产，所以智慧出版在实践阶段意义重大。

（二）智慧出版的路径思考

智慧出版的实现路径主要有广度、深度、精度和温度共四个层次。

1. 从广度到深度

从广度到深度，智慧出版实际上要完成两个工作。

第一个工作是全面掌握信息。首先，要全面掌握知识信息，即出版领域中相关的知识点、组织、人员和架构，最后形成知识产品。让知识产品在市场上经受住考验，变成一种信息增值服务，实现变现。我们要把传统的知识生产，变成特有领域的知识提供，为产业、管理等各方面提供知识服务，同时为行业决策、国家的重大战略决策提供智力支持。出版作为知识生产的重要源头，对知识服务这个下游起着重要的引领作用。通过智慧出版，可以全面掌握知识信息，带动整个知识服务行业发展。其次，要深度挖掘内容价值。出版行业有两大优势：一是优质内容。与新媒体和其他内容相比，出版的优势在于内容经过了三审三校，通过对内容的审核把关和加工整理，形成了具有高附加值和高质量的产品。二是出版人的情怀。这决定了我们围绕着知识生产的源头来奉献自己的努力。从过去知识产品的提供到现在知识服务的实现，实际上充分体现了出版内容生产的价值。最后，搭建内容资源库，打造高质量的“产品”。出版要更多地提供高质量的服务、参与高层次的智库建设，这需要我们在履行出版的流程、义务和要求之外，还要向着产业化、国际化、集团化、多元化、品牌化方向发展。出版的下一步应该是品牌建设，品牌与文化的结合将会成为新的增长点，最后成为我们赖以生存和高效发展的名片。

第二个工作是全面了解用户。过去很多研究是从产品出发，比如出版物、数据库、知识服务产品等。但是在当前网络媒体发达、各种信息充斥的情况下，我们了解用户需求、为用户服务需要全面认知用户信息，深度理解用户的行为模式、阅读场景和服务场景。场景化是出版未来发展必须追求的东西，这其实已经在我们身边有所展现了。例如抖音，现在很多产品的销售都是通过抖音开展的。在这个过程中，除了销售产品和传播文化之外，还有各种服务。出版业也在尝试这种模式，比如说直播带货、图书直销等。在这方面，智慧出版的目标就是要在广度上进行拓展，在深度上进行挖掘。

从广度到深度，实际上有一些新闻出版机构已经做了一些探索。例如“齐鲁智慧媒体云”生产平台，包含“中央厨房”“5G短视频智能生产平台”“端媒统一生产管理平台”“大数据开发应用”等融媒传播支撑项目，形成了“内容+后台+终端”新型传播体系。通过端媒统一生产管理平台实现了新闻产品的智能生产、智能审核、精准分发、传播分析、版权追踪等功能。出版是媒体的重要组成部分之一，这种“内容+后台+终端”的新型传播体系，为出版行业提供了借鉴。

另外，在中国图书行业无界零售创新峰会发布的图灵4.0智慧书店解决方案，从书店的角度说明了这个问题。这个方案构建的是一整套基于新零售模式下的生态系统，将人、货、场进行有效连接。互联网实际上就是全球最大的局域网，互联网的进化阶段将是物联网，物联网就是将人和物等全部连接在一起的状态。在物联网状态下，我们要实现的是跨界融合的全新业态，是共生、共赢和消费产品以及服务的融合与再造。

2. 从深度到精度

从深度到精度包含三个方面。

第一，匹配内容和需求，搭建信息关系网络。过去的选题和策划更多的是从内容的角度，对需求的理解在逐步深入，但还不是那么出色。在搭建信息关系网络过程中，我们更多地用强关系，对弱关系的理解和使用还不够。所以我们应当将内容资源库和用户需求进行匹配，搭建信息之间的关系网络，为用户提供所需要的知识信息。多年来，我们参与的标准和规范建设、政策解读等工作实际上都在做这一工作。

第二，定位群体差异，提供精准化服务。核心竞争力的核心在于人无我有，人有我优。不同的用户需求不同，在全面了解用户信息的基础上，针对不同群体提供各自所需的精准化、差异化服务是未来发展的必然趋势。例如英国的按需印刷，有的产品就为了一两个用户的不同需求开展生产，但最后无论是从长尾理论还是别的理论来讲，价值都是非常可观的。

第三，从理解到学习，从被动满足需求到主动提供服务。无论是人工智能，还是各种机器算法，最重要的是深度学习，即分析用户的需求、学习用户的行为模式。有很多同仁和专家都在做出版用户行为分析、出版用户意愿分析、出版用户动向分析，这是因为大家都认识到出版领域需要用户的参与，需要掌握用户需求。我们最大的目标就是要从被动满足用户提出来的需求到主动为用户提供精准化、个性化的服务。

深圳出版集团在这方面做了一些探索，它的 AI 智慧书城和掌上书城就实现了一部分功能。AI 智慧书城借助大数据 AI 中台实现各业务子系统数据的互联互通，达到精准触达、顾客分层、精细化营运的目标，实现了“一部手机逛书城”“一部手机查书城”“一部手机管书城”，推进书城综合体管理向智能化、智慧化迈进。同样的，掌上书城也实现了这些功能。此外，深圳首家智能“无人书店”可以根据用户的使用需求进行组合配置（RFID 选用），实现自助智能借还机等功能。深圳出版集团的这些探索给我们提供了很多示范。

另外，社会科学文献出版社在 2014 年就提出了智慧型出版社建设战略，目前已经进入智慧型出版社 3.0 构建阶段。他们的目标就是推进“智慧七化”，即互联网化、流程化、数据化、移动化、知识化、协同化和智能化建设。社会科学文献出版社在发展过程中开发了一个智慧出版系统，这个平台主要是面向组织内部，是服务内部业务生产和经营管理的平台。平台基于统一账号和统一门户体系，是所有社内部业务系统和管理系统的集合，呈现方式就是数字产品平台和数据服务平台。数据出版是我们今后重要的发展方向，也是我们未来为社会服务、更好地融入社会发展的一个路径。

我们现在回头看一看，国外的出版机构不仅做出版物生产和知识服务，还做了很多跟社会相关的一些东西，比如行业排名、高校排名、企业评价、政府信用评价，以及对生态环保领域、政策法规领域的关注。所以说出版行业的产品是多种多样的，并不局限于图书、报刊、数据库等。

社会科学文献出版社还与阿里云进行了合作，将大部分系统迁到云上，将所有数据和内容重新整合到一个新的大数据框架里，便于后续分析、查询和挖掘，类似于一个数据中台的概念。还有一个业务中台，为客户提供定制化的数据库产品或者数字产品、服务，在支撑业务的同时起到提效降本的作用。这是一个比较好的探索。未来，社会科学文献出版社还尝试推进一系列智能化应用，包括知识图谱、智能审校、智能写作等。知识图谱目前是我们知识服务里面比较新的东西，在出版业运营中发挥着重要作用，下一步将向事理图谱方向发展，就是要找出知识和知识之间的关系，在现有知识的基础上找出它的关联、关系和算法，形成新的知识，形成新的更有价值的东西。

3. 从精度到温度

从精度到温度主要包括以下方面。

第一是用户。用户在智慧服务中享受个性化和人性化的服务。在满足用户个性化需求的基础上，智慧出版能够进一步学习人类的思维模式，为用户提供人性化的服务，这是我们想到达到的一个目标。

第二是出版机构。在出版机构层面，智慧出版通过优化生产流程、创新出版理念，不断实现绿色出版，实现可持续发展的良性循环。

第三是社会。在社会层面，需要保障用户的基本权益，实现社会效益和经济效益的统一。智慧出版能够提供有“温度”的出版服务，发挥其社会性和文化性的特质，保障人民群众对美好生活的精神文化需求，实现经济效益和社会效益的统一。在这方面，我们不仅要从供给侧来解决，也要从需求侧来考虑，从出版机构自身的社会功能来完成。

这里有一个案例，即卫星数字农家书屋。卫星数字农家书屋利用卫星平台的无障碍覆盖，把老百姓喜欢的图书、视频、生活保健、报纸杂志等内容投放到终端并每天更新。在农家书屋的管理方面，利用互联网渠道，通过搭载有农家书屋管理服务平台的农翼网，建设“数字农家书屋”，实现对省局、市局、区县、行政村农家书屋四级管理架构和信息交互、书屋建设、书屋资源、书屋统计、远程管理等多样化数字信息管理手段。各级管理人员在室内通过网络就能实时掌握所属区域农家书屋的开放和使用情况，查看分析出版物借阅数据，并可进行在线咨询问答，音、视频互动沟通等。这种方式实际上满足了“十四五”规划中强调的公共文化体系服务的要求。公共文化体系中有很大一部分涉及数字农家书屋，包括图书馆、档案馆、博物馆等各种社会机构，也包括出版、影视等各个领域。卫星数字农家书屋在各个地区都有一些成果，在少数民族地区的成果更加丰富，特别是一些地广人稀的地方。我们将优秀的少数民族节目通过卫星数字发行平台投递到少数民族聚居区域，实现民族特色内容的“进村”“入户”“到人”。

三、智慧出版评价指标体系构建

智慧出版对行业起着重要的促进作用，如何对其进行评价也是衡量这个概念能否在理论上立足的重要方面。所以，我们团队研究的第三个方向就是智慧出版评价指标体系构建。

（一）研究背景

1. 理论研究需要

评价指标体系的构建，实际来源于理论研究需要。信息技术的发展重构了出版信息资源数据库和信息数据传输路径，渗透于出版行业各个环节，为出版发展进入新的生态阶段带来了诸多新机遇。出版业呈现生态协同化、服务个性化、流程智能化等趋势。理论研究的主要目的是驱动出版业向智慧化的文化服务方向革新，并在该理念的基础上拓展出新业态——“智慧出版”。

2. 实践发展的需求

诸多出版机构已经利用自身的资源优势在智慧出版的实际应用层面做出尝试，比如北京北大方正电子技术公司和社会科学文献出版社。但在出版机构“数智化”转型过程中，如何有效地追踪并评估出版业的智慧出版水平，强化智慧出版推进工作力度，并为构建智慧型出版机构提供参考依据等亟待思考和解决。鉴于此，构建智慧出版评价指标体系显得尤为重要。通过评价指标体系的构建来指导、反馈、评价我们现有的工作，拓展我们未来的发展方向。

（二）智慧出版评价指标体系构建的意义

智慧出版评价指标体系的构建有三个方面的意义。第一，瞰产业全局。通过对产业全局的了解，来助推我国出版产业智慧化的转型，衡量行业和企业的智慧出版的发展水平，这是对整个产业全局的意义。第二，设横向对比。分维度比较具体指数，有利于出版机构聚焦智慧出版发展中的重点与弱点，为精准施策提供参考。第三，观纵向趋势。从纵向角度找出我们的趋势，主要是从时间序列维度对出版行业的智慧出版指数进行分析，动态追踪智慧出版发展水平和发展趋势。

（三）智慧出版评价指标体系的构建原则

在整个智慧出版评价指标体系的构建过程中，我们坚持四个原则。

第一，科学性原则。要坚持理论和实践的统一，确保逻辑结构严谨合理，具体指标概念规范。所构建的指标体系要能反映评价对象智慧出版水平的客观实际情况，即准确表达智慧出版的内涵。

第二，系统性原则。这一原则强调从系统整体性角度出发，围绕“智慧出版”的内涵和特点，构建具有层次性、整体性、关联性的评价指标体系。

第三，可比性原则。在指标和指标体系确定以后，最大的问题就是数据可比性。在这方面需要明确两个工作：一是明确指标体系中各指标的含义、统计口径、时间和适用范围；二是平衡相对指标和绝对指标的选取比例，综合考虑指标的绝对水平和变化水平。

第四，可操性原则。评价指标不可能是完全定性或定量的，只能是定性和定量的结合。因此，评价所需要的数据资料应较易获取，并可进行量化处理，部分指标也可采用定性方法来描述。指标数量应适当。

（四）评价指标体系构建方法及思路

当前我们对评价指标体系构建的方法和思路，大致就是指标 + 权重 + 逻辑架构。指标体系这一块我们主要是采用德尔菲法，以匿名反馈的方式分两轮咨询专家，对初步拟定的智慧出版评价指标体系提出修改意见，然后整合处理并最终确定具体的评价指标体系。这方面需要我们同行和管理者来提供帮助，这是大家共同关注的事情，需要积极努力实现共建、共享、共赢。在指标权重这一块，我们打算结合层次分析法的主观经验价值与熵值法的客观信息熵价值，通过定量与定性结合的方式来确定各项指标在智慧出版评价指标体系中的权重。

（五）体系构建

我们的研究主要分四步：一是拟定调查提纲。运用李克特五级量表法设计问卷，并对各指标的“必要性”等级分别赋值（1—5）。二是选择访谈和调查对象。所选择的专家为国内智慧出版研究和实践领域的领军人物，在理论研究和实践经验层面对智慧出版都有深入的了解。三是收集调查结果。分为两轮：第一轮针对初步构建的“智慧出版评价指标体系”进行咨询，第二轮对整合后的各项指标提出修改意见。四是整合调查结果。整理和分析专家建议，并根据意见确定指标体系。

1. 指标

在指标方面，我们设计了4个一级指标、14个二级指标和63个三级指标。4个一级指标包括智慧出版流程、智慧出版服务、智慧出版生态、智慧出版保障。二级指标方面，如智慧出版流程包括出版策划与分析、资源获取与管理、知识组织与生产、知识发行与传播（见表1）。在智慧出版服务这一指标中，包括服务内容、服务质量、服务效果和服务效益（见表2）。在智慧出版生态这一指标中，主要包括智慧出版政策环境、智慧出版组织管理和智慧出版协同共建（见表3）。在智慧出版保障这一指标中，主要包括人才、基础设施和资金（见表4）。

每一个一级指标下面都有对应的二级指标和三级指标，比如智慧出版流程中的二级指标知识组织与生产就包括智能审校系统应用程度、智能协同编纂平台建设水平、知识内容的按需化生产情况3个三级指标（见表1）。在后面的指标属性中，我们也会做出定性和定量的区分。此外，这个评价指标体系是动态的，会根据智慧出版的发展状态做出相应调整。在智慧出版服务中的服务内容部分，我们强调的是知识挖掘服务开展程度、知识组织服务开展程度、知识关联服务开展程度、决策支持类服务开展程度、知识组织与传播类服务开展情况（见表2）。这里我们也可以看出一个问题，过去我们强调的是知识内容生产和服务，现在我们强调的是知识的关联和决策支持。智慧出版生态中的智慧出版协同共建，我们强调的是数字资料共享程度、协同翻译共享程度、作者网络建设完善度、共建数据库数量、智能协同平台建设水平（见表3）。在智慧出版保障的资金这一块，我们强调的是近三年智慧出版综合投入资金额、智慧出版专项资金占营业收入比率和中长期项目经费占全部经费比重，这些指标都是定量指标（见表4）。

表 1　智慧出版流程评价指标

一级指标	二级指标	三级指标	指标属性
智慧出版流程	出版策划与分析	选题挖掘及策划的智能化程度	定性
		用户需求分析智慧化水平	定性
		资源可行性分析智慧化水平	定性
		技术可行性分析智慧化水平	定性
		市场可行性分析智慧化水平	定性
	资源获取与管理	资源获取智能化程度	定性
		数字资源共享程度	定性
		数据库建设水平	定性
		资源管理过程智慧化水平	定性
	知识组织与生产	智能审校系统应用程度	定性
		智能协同编纂平台建设水平	定性
		知识内容的按需化生产情况	定性
	知识发行与传播	用户画像构建精准化程度	定性
		知识内容发行协同化水平	定性
		全媒体传播矩阵建设情况	定性

表 2　智慧出版服务评价指标

一级指标	二级指标	三级指标	指标属性
智慧出版服务	服务内容	知识挖掘服务开展程度	定性
		知识组织服务开展程度	定性
		知识关联服务开展程度	定性
		决策支持类服务开展程度	定性
		知识组织与传播类服务开展情况	定性

续上表

一级指标	二级指标	三级指标	指标属性
智慧出版服务	服务质量	服务专业性	定性
		服务创新性	定性
		服务时效性	定性
		服务精确性	定性
		服务多样化	定性
		服务有效性	定性
		服务个性化	定性
	服务效果	用户满意度	定性
		年度用户规模	定量(人)
		专家评估情况	定性
	服务效益	出版服务产品上一年营业收入	定量（%）
		出版服务产品总收入占比	定量（%）
		出版服务产品获奖情况	定量（种）
		社会反馈与评价情况	定性

表 3　智慧出版生态评价指标

一级指标	二级指标	三级指标	指标属性
智慧出版生态	智慧出版政策环境	产业政策科学性	定性
		产业经费支出	定量（万元/年）
		减免税政策	定性
		知识产权保护政策	定性
	智慧出版组织管理	业务流程科学合理化程度	定性
		管理制度完备化程度	定性
		组织扁平化程度	定性
		人员管理智能化程度	定性
		绩效评估智慧化水平	定性

续上表

一级指标	二级指标	三级指标	指标属性
智慧出版生态	智慧出版协同共建	数字资料共享程度	定性
		协同翻译共享程度	定性
		作者网络建设完善度	定性
		共建数据库数量	定量（个）
		智能协同平台建设水平	定性

表 4　智慧出版保障评价指标

一级指标	二级指标	三级指标	指标属性
智慧出版保障	人才	人员专业结构	定量（%）
		人员学历层次	定量（%）
		人员职称结构	定量（%）
		人员职业素养水平	定性
		绩效考核机制应用的成熟度	定性
		专业技术培训的次数	定量（次）
		人员对自我能力提升的重视程度	定性
	基础设施	网络集成程度	定性
		网络安全水平	定性
		移动互联支持程度	定性
		局域网建设水平	定性
		基础数据与信息管理平台建设水平	定性
	资金	近三年智慧出版综合投入资金额	定量（万元）
		智慧出版专项资金占营业收入比率	定量（%）
		中长期项目经费占全部经费比重	定量（%）

2. 指标权重

智慧出版评价指标确定以后，我们拟采用专家直接赋权的方式来确定权重。根据各专家的赋分数据进行加权计算，最终得到三级指标权重。后期我们还会借鉴一些其他方法，尽可能在权重方面有比较好的依据，提高指标体系的权威性。

四、总结与展望

前面从智慧出版的定义、智慧出版的实现路径、智慧出版的评价体系三个方面做了一个简单汇报，这三个方面我们都形成了一些内容和成果，还在不断完善中。关于智慧出版主要可以总结以下几点。

第一，智慧出版是出版行业发展过程中的新阶段，技术、内容、流程、服务、生态这五个维度的发展与更新，促进了智慧出版的产生与发展。

第二，智慧出版的出现进一步推动了出版行业的发展，调动了创作的原动力，构建了共享生产机制；重塑了出版流程，创新了产品呈现效果；推进了人机结合，打造了全媒体知识库；提高了互动质量，创造了多元阅读场景；实现了全程留痕，保障了内容生产环境。

第三，从广度到深度到精度再到温度的四步实现路径，也体现了智慧出版不断发展并成为现实的过程。所以，我们有理由相信智慧出版这个概念是符合理论研究和实践发展需要的。

第四，以流程、服务、生态、保障四个维度为一级指标的指标体系，能有效地追踪并评估出版业的智慧出版水平，强化智慧出版推进工作的评价反馈，为政府和行业管理提供依据，为构建智慧型出版机构提供理论指导。

请扫码观看讲座视频

附录　中共中央宣传部印发《关于推动出版深度融合发展的实施意见》的通知

（中宣发〔2022〕13号，2022年4月18日）

关于推动出版深度融合发展的实施意见

为深入学习贯彻习近平总书记关于媒体融合发展的重要论述，按照《中华人民共和国国民经济和社会发展第十四个五年规划和2035年远景目标纲要》有关部署，根据《出版业“十四五”时期发展规划》有关安排，围绕加快推动出版深度融合发展，构建数字时代新型出版传播体系，坚持系统推进与示范引领相结合的总体思路，制定如下实施意见。

一、加强出版融合发展战略谋划

1．坚持正确发展方向。以习近平新时代中国特色社会主义思想为指导，深刻领悟“两个确立”的决定性意义，增强“四个意识”，坚定“四个自信”，做到“两个维护”，坚持党对出版工作的全面领导，弘扬和践行社会主义核心价值观，坚守中华文化立场，坚持把社会效益放在首位、实现社会效益和经济效益相统一，确保出版深度融合发展始终沿着正确方向前进。

2．科学设定发展目标。锚定出版强国建设目标，对标《出版业“十四五”时期发展规划》，到“十四五”时期末，出版深度融合发展取得明显成效，传统出版与新兴出版“融为一体、合而为一”的体制机制更加健全，以内容建设为根本、先进技术为支撑、创新管理为保障的新型出版传播体系更加完善。推动主力军进入主战场，打造一批竞争力强、优势突出的出版融合发展示范企业，有效巩固数字时代出版发展主阵地，始终用主流价值引领网上出版舆论，进一步扩大主流价值影响力版图。

3．统筹规划发展布局。鼓励各地区和各级各类出版单位立足实际、改革创新、做出特色，优化调整出版融合发展的种类、布局、结构，解决好功能重复、内容同质、力量分散问题，推动出版融合集约化、差异化、高质量发展。加强示范引领，深化开展出版融合发展工程，实施好产品、平台、企业、人才等相关系列子计划，突出重点，扶优助强，打造标杆，培育出版融合发展第一方阵和示范矩阵。对接国家区域发展战略，加强对数字出版基地（园区）的规范管理、考核评估、动态调整，发挥好数字出版基地（园区）的孵化、服务和支撑作用。

二、强化出版融合发展内容建设

4．扩大优质内容供给。坚持内容为王，把握数字化、网络化、智能化方向，发挥出版单位内容资源和编辑把关优势，大力推进出版供给侧结构性改革，优化出版融合发展内容结构，加强网络原创优质内容建设，打造更多突出思想引领、彰显主流价值、富有文化内涵、产生广泛影响的出版融合发展项目，切实把出版内容优势转化为融合发展优势。探索通过版权合作、项目共建等方式，整合更多优质内容资源，形成品类齐全、内容丰富的出版融合发展资源池和项目库。

5．创新内容呈现传播方式。积极贴近读者，增强服务意识，适应网络传播分众化、差异化趋势，探索通过用户画像、大数据分析等方式，充分把握数字时代不同受众群体的新型阅读需求，推出更多广为读者接受、适合网络传播的数字出版产品和服务。坚持效果导向，适应数字时代舆论生态、文化业态、传播形态的深刻变化，更加注重利用新型传播手段，加强全媒体运营推广，提高优质数字出版内容的到达率、阅读率和影响力。

6．打造重点领域内容精品。大力实施精品战略，坚持精品引领、精品带动，构建主题突出、质量上乘的出版融合发展精品体系。围绕服务党和国家工作大局、满足人民群众精神文化生活新期待，打造宣传阐释习近平新时代中国特色社会主义思想、展示新时代伟大成就、弘扬中华优秀文化、彰显时代精神风貌、促进经济社会发展、服务高水平学术研究、引导青少年健康成长等方面的精品项目。加强重要领域专业数据库建设，推动出版单位打造代表国家水平的党史文献、社科文献、科技文献、学术文献、古籍整理融合出版精品，推出更多具有中国特色、世界影响的数据库项目。

三、充分发挥技术支撑作用

7．加强前沿技术探索应用。紧盯技术发展前沿，用好信息技术革命成果，强化大数据、云计算、人工智能、区块链等技术应用，创新驱动出版深度融合发展。鼓励出版单位与高等院校、科研机构、科技企业等加强合作，搭建支撑出版融合发展的技术型高水平实验室，提升实验室建设效能，促进相关科技成果高效转化，为推动出版融合发展提供更大动能。

8．促进成熟技术应用推广。着眼适合管用，充分挖掘满足出版融合发展业务需要的各类适配技术，促进数字出版内容的多介质、多角度延伸，打造出版融合发展新产品、新服务、新模式。建立科技工作与标准化工作联动机制，及时将科技创新成果融入相关标准，重点支持出版新型业态和融合技术等领域的标准研制，以高质量标准促进技术成果产业化应用。

9．健全科技创新应用体系。强化出版企业创新主体地位，有效对接出版融合发展技术需求，促进各类创新要素整合集聚，形成以企业为主体、市场为导向、产学研用相衔接的技术创新体系。以出版业科技与标准创新项目为抓手，评选确定一批出版技术研发应用、标准研制推广等方面的优秀成果，推动科技创新有效赋能出版融合发展。

四、打造出版融合发展重点工程项目

10．优化提升重大工程实施效果。深入推进“新时代　新经典——学习习近平新时代中国特色社会主义思想重点数字图书专栏”、中国共产党思想理论资源数据库等项目建设，丰富专栏和数据库内容形式，创新传播方式，持续推动形成网上学习党的创新理论浓厚氛围。加快推进国家古籍数字化工程，建设国家古籍数字化总平台、中国古籍总目网络版、古籍资源专题数据库，汇聚共享优质古籍数字化资源，更好地继承弘扬中华优秀传统文化。高标准建设《中国大百科全书》网络版、《辞海》网络版，创新编纂、出版、传播方式，更好满足读者对权威百科知识的新需求。

11．着力打造重点品牌项目。推动出版单位实施品牌提升计划，立足优势领域精耕细作，充分发挥内容资源、作者资源、品牌资源优势，积极布局重点产品、服务和平台，集中力量打造读者认可度高、行业竞争力强的出版融合发展重点项目。实施数字出版精品遴选推荐计划、数字出版优质平台遴选推荐计划，着眼重点领域和关键环节打造示范样本，遴选推荐一批质量上乘、影响广泛的精品项目和优质平台，构建重点项目带动、全面协调推进的出版融合发展格局。

12．做强做优头部示范企业。推动有条件、有实力的出版单位加大投入力度，大幅提升融合发展的资源聚合力、产品创新力、品牌运营力，打造技术领先、融合度高、精品聚集、示范性强的知名企业。实施出版融合发展示范单位遴选推荐计划，推出一批有影响的融合发展旗舰单位和特色单位，推动入选单位加强融合发展战略部署，加大资金、技术、资源、人才等方面投入，不断增强核心竞争力，带动出版融合发展向纵深推进。

13．加强重要成果展示交流。用好北京国际图书博览会、中国数字出版博览会、中国数字阅读年会等重要展会平台，全面展示出版融合发展重要成果，进一步扩大重点项目和品牌企业的示范力引领力影响力。办好出版融合发展经验交流会，加强政策宣介、经验分享和案例交流，深入挖掘示范项目的典型意义和引领价值，进一步凝聚行业共识，坚定发展信心，推动深度融合。

五、建强出版融合发展人才队伍

14．夯实人才培养基础。发挥高校人才培养重要作用，在出版学科建设中加强融合发展理论与实践人才培养，支持重点高校与出版单位、数字出版企业等合作培养急需紧缺人才。组织有关行业协会、研究机构等分层分类办好出版融合发展培训班、研修班，重点围绕融合发展新趋势、新理念、新技能，精心选配师资，打造精品课程，着力培养“一专多能”的出版融合发展人才。各级党委宣传部和各主管主办单位开展出版融合发展专题培训，对出版企业及其融合发展业务负责人、重点项目核心成员等加强培训，提升出版融合发展骨干队伍的思想政治素质和专业能力水平。

15．强化高层次人才培养激励。加大国家重大文化出版人才工程对出版融合发展人才的重视支持力度，在文化名家暨“四个一批”人才评选、中国出版政府奖优秀出版人物奖评选中，增加融合发展人才入选比例，造就更多高层次复合型人才。实施好出版融合发展优秀人才遴选培养计划，突出优秀人才发现、培养、使用，打造一批思想政治素质过硬、创新创造能力突出、引领发展表现出色的出版融合发展人才。聚焦出版融合发展重大问题研究、重大技术攻关、重大工程建设，整合各方面优质资源和创新要素，在重大任务中打造融合发展高端人才和领跑团队。

16．发挥企业人才建设主体作用。出版企业根据出版融合发展事业需要，制定相关人才建设规划、制度、举措，坚持全员参加与专人负责相结合、内部挖潜与外部引进相结合，不断扩充融合发展人才队伍。对专门从事融合发展业务的人员实施专项培养计划，在产品策划、内容编辑、技术开发、传播运营等方面，培养一大批骨干人才、青年英才、业务新秀，对优秀人才在考核评价、工资待遇、职业发展等方面给予更大支持。鼓励有条件的出版企业，聚焦融合发展前沿，跨单位调集优秀人才组建攻坚团队，在人才梯队、科研条件、资金投入等方面给予配套支持。

六、健全出版融合发展保障体系

17．完善政策扶持机制。在出版单位年度核验、社会效益评价考核中强化出版融合发展情况考核，推动出版融合发展成效与有关评奖评优、出版资源配置联动挂钩，进一步激发出版深度融合发展活力。创新资金投入方式，引导推动各地区各有关部门根据实际加大对出版融合发展的资金支持力度，鼓励出版单位设立出版融合发展专项资金，推动国家出版基金对出版融合发展重大项目择优支持，强化出版融合发展资金保障。对出版融合发展精品项目、优质平台、示范单位、优秀人才等，在宣传推广展示、支持政策对接等方面适当倾斜。

18．深化体制机制改革。健全数字化环境下一体化内容生产传播机制，全面推进机构融合、业务融合、资源要素融合，提高出版融合发展海量资源集聚、优质 IP 运营能力。在出版产业链上下游资源整合、出版与其他行业跨界融合等方面，加强改革创新，不断拓展融合发展新模式，形成数字时代出版融合发展新优势。鼓励出版企业大胆探索融合发展质量评估体系，建立以创新价值和综合贡献为导向的绩效评价机制，更好地促进出版深度融合发展。

19．营造良好发展环境。坚持安全为要，用主流价值导向驾驭技术，加快构建数字内容安全风控体系，筑牢出版融合发展安全底线。强化版权意识，充分体现优质内容资源的市场价值，大力整治重点领域侵权盗版行为，有力遏制侵权盗版行为对出版融合发展的不利影响。坚持融合共生，支持出版单位之间、出版单位与网络平台之间通过项目合作、联合研发、资源共享等方式有效对接、优势互补，释放产业链各要素活力，构建良性的融合发展新格局新生态。

20．逐级抓好贯彻落实。中央宣传部加强对出版深度融合发展的总体统筹、规划、布局，加大对出版融合发展重点工程项目的协调推进力度。各地党委宣传部和各主管主办单位要把推进出版深度融合发展作为落实意识形态工作责任制的重要内容，主要负责同志要亲自抓、负总责，既抓好谋划部署、统筹协调，又抓好政策支持、业务指导。出版单位要切实履行主体责任，把出版融合发展作为“一把手”工程，加强组织领导，优化资源配置，加大工作力度，把出版深度融合发展各项任务落到实处。